पॉपूलर कल्चर के विमर्श

सुधीश पचौरी

वाणी प्रकाशन

वाणी प्रकाशन

4695, 21-ए, दरियागंज, नयी दिल्ली 110 002

शाखा

अशोक राजपथ, पटना 800 204

फ़ोन: +91 11 23273167 फ़ैक्स: +91 11 23275710

www.vaniprakashan.in
vaniprakashan@gmail.com

POPULAR CULTURE KE VIMARSH
by Sudhish Pachauri

ISBN : 978-93-5000-729-7
Media/Literature

प्रथम संस्करण

मूल्य : ₹ 395

ओम ऑफसेट प्लेट मेकिंग
जगतपुरी एक्सटेंशन, दिल्ली-93

वाणी प्रकाशन का लोगो मक़बूल फ़िदा हुसेन की कूची से

भूमिका

'पॉपूलर कल्चर' के विविध रूपों का अध्ययन करने वाली इस लेखक की यह चौथी पुस्तक है जिसमें समकालीन 'पॉपूलर कल्चर' के अनेक रूपों एवं स्तरों की समीक्षाएँ हैं।

सांस्कृतिक विमर्श बताते हैं कि भूमंडलीकरण के इस दौर में संस्कृति के क्षेत्र में 'पॉपूलरिटी' के सिद्धान्त निर्णायक हो उठे हैं। सिनेमा, नाचगाने, सीरियल, विज्ञापन, फैशन, मॉडल, खेल, आइकन, तमाम ऐसे 'पॉपूलर रूप' बन चले हैं, जो लोगों का ध्यान आकर्षित करते हैं। उनसे पैसा खर्च कराते हैं। वे संस्कृति का उपभोग करके उसके हिस्से बनते हैं।

पुराने सांस्कृतिक विमर्श यह मानकर चलते थे कि सिनेमा, नाचगान आदि आम जनता को गुलाम बनाते हैं। नये सांस्कृतिक विमर्श मानते हैं कि 'उपभोग की प्रक्रिया में ही अर्थ का निर्माण होता है' और यह 'अर्थ निर्माण' उपभोक्ता को गुलाम नहीं रहने देता, बल्कि उसे 'सक्रिय' बनाता है।

इन टिप्पणियों में 'पॉपूलर कल्चर' के जिन रूपों के बारे में चर्चाएँ की गयी हैं, वह इसी 'पॉजिटिव' दृष्टि से की गयी हैं। 'पॉपूलर कल्चर' जिस क्षण हमें अपनी गिरफ़्त में लेती है, उसी समय हमें 'मुक्त' भी करती है। यही पॉपूलर कल्चर की 'द्वन्द्वात्मकता' है। उसके विमर्श हैं।

—सुधीश पचौरी

अनुक्रम

1. अमरता एक भ्रम है 9
2. नाच को नाच ही रहने दो 12
3. वही बरफी, वही झूम-झूम 16
4. ये शहर किसके हैं 18
5. धनतंत्र और जनतंत्र 20
6. रामायण का कलि पाठ 22
7. इश्क की गली विच... 26
8. यह जो है मर्दानगी 28
9. दिल, दिमाग और ताकत 31
10. बजट 33
11. पाउच होली 35
12. मुतालिक के कलेजे में रेणुका का खंजर 37
13. राजेन्द्र दरियागंजवी की प्रेम पाती 39
14. सँभालो अपनी ये दुनिया 41
15. 50-50 शादी 43
16. क्रिकेट रसम् 46
17. चीयर लीडर्स से डर काहे का 48
18. धर्म की काया माया 53
19. नये पैसे की रोशनी 56
20. मन्दी में आनन्द 58
21. हाय मिक्स-मिक्स 60
22. परिवार से अ-परिवार तक की यात्रा का दशक 62
23. वानर लीला 68

24. सच का धन्धा है यह 74
25. जो शहीद हुए हैं 78
26. शुभकामनाओं का रेला 80
27. निन्दा रस चुनिन्दा रस 82
28. अमेरिका में मन्दी, भारत में सुस्ती! 85
29. जो बहुत रंग गिरे 87
30. आईकॉन नहीं आइटम 91
31. लोकतंत्र का लोकनृत्य 94
32. जूता और हेट स्पीच 97
33. पाँचवाँ वेद 100
34. दिल्ली का दिल 102
35. उठाईगीरी कला 104
37. एक साल के सवाल 106
38. लोकप्रियता का फार्मूला 110
39. बुरा न मानो होली है 113
40. होली क्या आइडिया सरजी? 115
41. दिल तो होली है जी 118
42. गालियाँ 120
43. 'आईकॉन' अमिताभ की मुश्किलें 123
44. निजता हनन का कारोबार 126
45. क्या-क्या छोड़ेंगे? 129
46. मारे गये गुलफाम 131
47. गन्दा है पर धन्धा है 136
48. सीरियल मण्डी 139
49. चल चल खल खल 144
50. खुशी का समारोहण 147
51. ग्लैमर 149
52. मन्दी के दौर में देह 153
53. जय हो की जय जय 158
54. भारत एक और खोज 163

55. नरेन्द्र का म्यूजिक सिस्टम 165
56. एक बेटी की जिद के मायने 170
57. मन्दी के मारे पप्पू वर्ग का चुनाव 173
58. जाति का पुनर्चक्रण 178
59. गिरते बाजार, बढ़ता प्रतिक्रियावाद 183
60. माओवाद की शक्ति और सीमा 186
61. ओबामा का आना 191
62. मुक्ति का बाजार 196

अमरता एक भ्रम है

हर सीजन नये स्टार लेकर आता है। इन दिनों भी नये स्टार बन रहे हैं। कल्चर इण्डस्ट्री में इन्हें बनाया जाता है। रोज बनाया जाता है। उत्सव ही कल्चर को बनाता है, बदलता है।

कोई भी स्टार, कोई हीरो-हीरोइन, कोई ब्राण्ड, कोई 'आईकॉन' अपने आप नहीं बनता। बाकायदा बनाया जाता है। उसे बनाने वाले होते हैं। हर नया हीरो, नया ब्राण्ड पहले अपनी चमक दिखाता है। प्रतिभा की चमक, पाँच-दस फीसदी प्रतिभा तो जरूरी होती है। फिर लोकप्रियता प्रतिभा के आसपास प्रभामण्डल बनाने लगती है। लोकप्रिय है तो जिस लोक यानी लोगों के बीच वह प्रिय है, उसकी ताकत और प्रतिभा की चमक मिलकर एक साइनर्जी या कहिए मिली-जुली शक्ति बनाने लगती है। साइनर्जी में कई ताकतें, कई जादू मिक्स हो जाते हैं। कोई गायक है तो उसका गाना उसके बारे में किस्से और उसकी छवि उसका परिवार उसकी अच्छी बातें सब उसकी साइनर्जी को बनाती हैं। इसके बाद उस साइनर्जी को अपनी बनाने के लिए बाजार की शक्तियाँ कूदती हैं और देखते ही देखते मामूली सा बन्दा ब्राण्ड एम्बेसेडर बन जाता है, करोड़ों में खेलने लगता है। उसके बाद पोस्टर उतरता भी है। पोस्टर का चढ़ना बस याद रखते हैं उतरना नहीं।

पॉपुलर कल्चर इसी मानी में 'माया' का कल्चर है। माया जिस तरह से मिथ्या कही गयी, उसी तरह पॉपुलरिटी होती है। आप इसके भ्रम में रहते हैं कि आप बड़े ताकतवर हैं, पॉपुलर हैं, लेकिन वह ताकत अकेले आपकी नहीं होती और जिनकी होती है, वे किसी के सगे नहीं पैसे के सगे होते हैं। आप जब तक माल दे सकते हैं, आप ही माईबाप हैं, जब नहीं दे सकते तो जाइए भाड़ में। पूँजीवादी कल्चर के नियम बाजार के नियम ही होते हैं एकदम निष्ठुर। मतलब के यार!

फिल्मी दुनिया से ज्यादा इस पॉपुलर की माया को कौन जानता है?

'कागज के फूल' फिल्म का नायक जब एक से एक हिट फिल्म दे रहा था

तो वह हीरो था, जब वह फ्लॉप देने लगा तो उसे कम्पनी ने ही निकाल दिया और अन्त में वह एक्स्ट्राज में आ खड़ा हुआ। यह सबके साथ होता है। हिन्दी फिल्मों के एक वक्त के हीरो जब जीरो बने तो दयनीय ही नजर आये। एक नाम नहीं है। पुराने वक्तों की हीरोइन सुरैया का नाम तो बड़ा है ही। भारत भूषण और भगवानदादा का भी कम नहीं है। संगीतकार नौशाद का हाल किसी से छिपा नहीं और तो और परवीन बॉबी या पुरानी नादिरा की दयनीय स्थिति मरने से पहले कितनों को मालूम थी? बॉलीवुड की दुनिया में चढ़ते-उतरते सितारों के ग्राफ कामिक त्रासद ही नजर आते हैं।

वक्त गिरा तो बन्दा गिरा। यही पॉपुलर कल्चर का रहस्य है। यहाँ अमरता एक भ्रम है। जब तक आदमी दिखता है, तब तक वही-वही होता है, उतार दिये जाने के बाद वह कुछ भी नहीं होता। दुष्ट बाजार की माँग यह भी रहती है कि सीट खाली नहीं रहनी चाहिए। सो एक पधराया जाना है। शाहरुख खान के पैर अमिताभ जितने बड़े नहीं। छोटे सही। मगर वे अमिताभ की जगह पर बिठाये जाने लगे हैं। उन्होंने उस जगह को बाजाप्ता डिफाइन भी किया है और उसके पीछे खड़ा हजारों करोड़ रुपये का उनका बाजार भी! इस जगह के लिए उन्होंने अपनी बॉडी बिल्डिंग की है। जिसके बारे में वे खुद ही बोले।

वे एक बौद्धिक शिखरचर्चा में बुलाये गये। यह वही शिखर विचार चर्चा रही, जिसमें पीएम को न्यूक्लियर पर पीछे हटना पड़ा था, जिसमें अन्तरराष्ट्रीय ख्याति के विद्वान् भी बोले, हर तरह से ऐतिहासिक। शाहरुख खान बिना किसी टण्ट-घण्ट के, बिना किसी गम्भीरता के सहज होकर बातचीत की शैली में बोले। उन्होंने अपने पेट की छह परतों के बारे में बताने और पूछने वाले से कहा कि अगर आप लड़की होते तो मैं जरूर आपको अपने पेट के कसरती मरोड़ें दिखाता। एकदम सेक्सी-सी बात और मजाक में कही गयी। उन्होंने राजनेताओं पर चुटकियाँ लीं। यहाँ तक कि राहुल गाँधी की खूबसूरती पर भी मीठी चुटकियाँ कसीं। व्यंजनाओं में मजाक उड़ाया। अपना भी उड़ाया। अपने को 'दौलत दा पुत्राँ' तक कहा।

अपना मजाक उड़ाकर अपने को महानता की जगह सहज निचले आदमी के बराबर कर लेना अपनी बतकही से गम्भीर वातावरण में हल्कापन पैदा कर सहज कर देना मनोरंजन इण्डस्ट्री का एक अमोघ अस्त्र है। वही उन्होंने किया। यही मैनेजरियल कला भी है।

लम्बे गम्भीर उपदेश नहीं दिये। लाइन नहीं दी कि ये करो वो करो कि मेरे सपनों का भारत ऐसा-वैसा होगा...। सपने की जगह मामूली बात करके अपनी बात को सहज आदमी की तरह करना नये हीरो का, नये ब्राण्ड का अपना नया तरीका है।

यही चलना है। नया हीरो ऐसा ही सहज होगा तो चलेगा। यही इस नये ब्राण्ड का सन्देश है।

नाच को नाच ही रहने दो

हीरोइन बिपाशा को नयी साल की पूर्व सन्ध्या पर डांस आइटम दिखाने के नब्बे लाख रुपये मिलेंगे। तीस मिनट के नब्बे लाख। एक मिनट के तीन लाख। एक सेकेण्ड के पाँच हजार। एक गाने में तीस ठुमके कम से कम तो होते ही हैं। कम से कम तीस बार ही कमर लचकायी गयी होती है। पूरे साठ सेकेण्ड लम्बी मुस्कान रह सकती है। यह उनकी मेहनत होगी, जिसमें कला होगी। डांस को देखने जाने वाले लोग कम से कम बारह हजार प्रति व्यक्ति देंगे। डांस का मतलब इन दिनों आइटम नम्बर होता है। आइटम नम्बर यानी ऐसा गाना जो फिल्म की थीम के साथ जुड़ा नहीं भी हो सकता, जो फिल्म के कथनाक से आसानी से आजाद किया जा सकता है। कई बार वह अलग से लगाया गया भी होता है।

बहुत पहले हिन्दी फिल्मों में जो आइटम नम्बर क्रान्ति हुई उसकी पराकाष्ठा इस तरह के जिन्दा आइटम नम्बरों में ही प्रकट होती है। ताजादम खबर है बिपाशा इस साल की सबसे सेक्सी स्त्री चुनी गयी है। पिछले साल भी बिपाशा को सबसे सेक्सी बताया गया था, लेकिन इस साल तो उनके मुकाबले कोई नजर नहीं आती। पिछले साल मल्लिका सहरावत ने मुम्बई के एक पाँच सितारा होटल में डांस दिखाया था। तीस मिनट नाचने के उसे पचास लाख मिले थे, लेकिन मल्लिका तब नाराज हो गयी रहीं जब उन्हें मालूम पड़ा कि उनकी बीडियो रिकार्डिंग प्रसारित भी की जा रही है। नाच के पचास लाख ठेके में यह सब तो तय नहीं था। उनका प्रसारण लाइव हुआ था।

इस बार यह मौका बिपाशा के हाथ लगा है। कारण वही कि वह सबसे सेक्सी मानी गयी है। एशिया की सबसे सेक्सी औरत का खिताब उसे मिला है। विश्व की सबसे बड़ी सेक्सी औरत होने का खिताब मिलता तो क्या होता? वह कहाँ जाके नाचती? क्या जो नाचती उससे ज्यादा नाचती? इससे भी अव्वल सवाल यह आता है कि क्या वह नाचना जानती है और एक सवाल तो यह उठता ही है

कि नाच का सेक्सी से क्या कोई आत्यन्तिक या तात्विक सम्बन्ध है? संगीत के नृत्य के विशेषज्ञ ऐसा हरगिज नहीं मान सकते, लेकिन यह घटना तो अपने मानक बना ही रही है।

बहरहाल, तीस मिनट नाचने के नब्बे लाख देने वाला वही मुम्बई का वैसा ही होटल होगा, वैसा ही फ्लोर होगा और नाच? वही नम्बर वन 'बीड़ी जलाइले' और जितने गाने बिपाशा के हिट हुए हैं, वे होंगे। यहीं लाइव परफारमेंस का अर्थ कुछ-कुछ स्पष्ट होता है। टीवी पर और फिल्मों में जिस तरह के गाने नजर आते हैं, उस तरह के हुए तो उसे कौन देखेगा? तो कुछ असल होगा। यही तो 'असल' बात है। यही है लाइव परफॉरमेंस का मजा। एलबम में, सीडी-डीवीडी में घर पर बजाकर देखने में असल बात नजर नहीं आती। लाइव नाच में ही असल बात नजर आती है।

यह असल बात क्या होती है—चन्द मासूम मन जिज्ञासा कर सकते हैं, लेकिन आप न करें। आप इतने भी मासमू न बनें कि पूछें कि हीरोइन जब नाचती है तो उसकी लाइव परफॉरमेंस के माने क्या होते हैं? लाइव के माने क्या होते हैं।

असली जिन्दा नाच! शायद यही पोस्टर हुआ करता था जो मेलों में आयी हुई नाच टोलियाँ लगाया करती थीं। अन्दर घुँघरुओं की, तबले, ढोलक, हारमोनियम, सारंगी की आवाजें साथ-साथ उठती-गिरती रहती थीं।

बहुंत पहले तब 'नागिन' फिल्म का 'मन डोले मेरा तन डोले' की धुन उठती रहती। 'अपने पे भरोसा है तो एक दाँव लगा ले' और 'मेरा नाम चिनचिन चू' की धुनें आती-जाती थीं। पोस्टर पर जिन्दा नाच का मानी पूछने पर भी बताया नहीं जाता था। एडल्ट होने पर ज्ञात हुआ कि यह एडल्ट नाच होता था। उसे देखने लोगों की भीड़ होती। कहते कि वहाँ. नाचने वालियाँ नाचती हैं। एकदम असल नाच! असल नाच यानी... अब समझ आता है कि वह देसी किस्म का तब वाला स्ट्रिपटीज होता होगा, तभी तो 'जिन्दा नाच' कहा जाता था। नाच से अतिरिक्त कुछ और!

यह फिल्मी नाच उद्योग का नया विस्तार है। उसका अतिरिक्त है। इस अतिरिक्त का अपना बाजार है। फिल्मों में एक बड़ी चीज ये आइटम नाच हैं। आइटम गर्ल हैं। बड़ी हीरोइनें तक आइटम देती हैं। कहानी से एकदम आजाद गाना। इस गाने का मुक्त होकर संस्कृति में क्षणिक वर्चस्ववाद बनाना एक समूची देह कथा बनाता है, जो परम्परागत देह कथा से एकदम भिन्न है। ये गाने देह के वृत्तान्त हैं।

इसका अन्त होटल में नाच की रात में हो सकता है या कमजोर निकले तो डांस बारों में हो सकता है या और कमजोर निकले तो कोठों पर हो सकता है। शादियों में, जन्मोत्सवों में सर्वत्र अब देह अपनी लीला कहती है। डीजे, वीजे, आरजे के विविध संयोगों से यह देह कितनी तरह की क्रियाएँ कर सकती है, इसे देखना-पढ़ना नयी पीढ़ी की देहभाषा को अलग से पढ़ने के बराबर है। सदियों से नियन्त्रित देह अचानक जब खुली है तो अपने भीतर से जरा ही बाहर खुली है। यह बुरा नहीं है। मगर सिर्फ देह कथा बन उठे और जीवन की कथा कहे बिना थक चले तो देह जीवन का और जीवन देह का वहन नहीं कर सकेंगे, यह अन्तर्विरोध आज के इन डांस आइटमों की देह भाषा में प्रकट है। आप उनमें अपस्मार और धड़ की सक्रियता देख सकते हैं, जिसमें सिर की भूमिका नहीं है। परम्परागत सारे नाच समूचे शरीर को सक्रिय करते हैं। यहाँ शीर्ष गायब होता है।

इस क्रम में मर्द की देह भी शोषित है और औरत की भी। किसी और के द्वारा नचायी जाती औरत की देह को कितने तरह से शोषित किया जा सकता है? उसके इतिहास में जाने का वक्त नहीं है। नाच अपने आप में समग्र औरत देह की अभिव्यक्ति होता है। उसे आरम्भ में ही आइटम बनाकर बेच दिया जाता है। लेकिन कलाएँ इसी तरह जनता तक पहुँचा करती हैं। पॉपुलर कल्चरल उद्योग यही बताता है। इसी तरह पहुँचा जाता है।

जो नये साल से ऐन पहले के क्षणों में बिपाशा का नाच देखेंगे, वे कम संख्या में होंगे, लेकिन उसी तरह के 'बीड़ी जलाइले' को अब तक हजारों तरह से लाखों बच्चे-बच्चियाँ नाच-गा चुके हैं। ऐसे हर मौसम के गाने को गाते हैं। उसी में अपनी अभिव्यक्ति भी करते हैं। और उसकी कैद में भी रहते हैं। हर गाना इस तरह का अभिव्यक्ति-व्यूह है।

यह आइटम नम्बरों का फलता-फूलता बाजार है। इसे आप देह की अभिव्यक्ति व्यूह की तरह दुहराव-तिहराव से पढ़ सकते हैं। जितना पढ़ते हैं, उतना ही फँसते हैं। फिल्में अब इसी आइटम नम्बर के आसपास होती हैं या आइटमों से भर दी जाती हैं। 'ओम शान्ति ओम' में एक नाच में बत्तीस पुराने नाचने वाले फिल्मी हीरो-हीरोइनों में कलाकारों को एक नाच में शामिल सुपर आइटम नम्बर बनाया गया है जो कहता है कि पॉपुलर फार्मूले में अब कहानी नहीं, संवाद नहीं सिर्फ डांस नम्बर फिल्म की जान होते हैं।

यह फिल्मों का एक सकल संरचनावादी संस्करण बन रहा है। फिल्में कहानी या आख्यान या वृत्तान्त में नहीं रहतीं। कहानीपन से मुक्त एक वृत्तान्त अगर है

तो किस तरह का होगा? क्या तब भी उसे वह जनता पसन्द करेगी जो हमेशा कहानी पसन्द होती है और जो अपनी कहानी में ही रहा करती है।

अब तक हिन्दी फिल्में कहानी बनाया करती थीं। दुखान्त या सुखान्त। फिर सुखान्त पर जोर बढ़ा। दुखान्त कला फिल्मों के लिए रह गया। दुख से सुख की कहानियाँ अक्सर सामन्तवादी ढाँचे के परे मुक्त प्रेम को एक छोटे स्वतंत्र शहरी परिवारी जीवन को प्रमुख माना करती थी। परम्परा से कुछ लेन-देन और कुछ आजादी रहती थी। लेकिन यह नेहरू समय के साथ-साथ सम्पन्न हो गया। बाद की फिल्मों में कहानी से सतही प्रेम कथाएँ रह गयीं, जिनमें बेहद मधुर गाने बनते रहे। यह हरित क्रान्ति का दौर रहा, जिसमें हरित क्रान्ति देश भक्ति और फिर अचानक जय जवान से होती हुई लक्ष्मी-प्यारे और आरडी बर्मन तक सिमट गयी। कोई अचरज नहीं कि इन दिनों के आइटम डांस अगर सत्तर के दशक के गानों का मिक्स में बनाते हैं। इससे साफ है कि फिल्मकारों-मनोरंजकों की यह पीढ़ी तकनीक और मार्केटिंग के नये तरीकों को ईजाद करने के अलावा फिल्म को नया आकार नहीं देती। नकल की नकल की नकल, नकल...यही क्रम नजर आता है। पॉपुलर के निर्माण की अपनी हद यही है।

यहीं कहीं बॉलीवुड की कथा का अन्त और हॉलीवुड का मिक्स होना चाहिए। कम से कम दो बड़े हॉलीवुड स्टूडियो बॉलीवुड के निर्माताओं से सहयोग में पिक्चरें बना रहे हैं। कोई डेढ़ सौ करोड़ का निवेश है। यह तो एक ग्रास भी नहीं है। मगर बाजार परखने के लिए काफी है। 'साँवरिया' फेल-सी नजर आती है जो कहानी और गाना मिलाने चली थी। 'ओम शान्ति ओम' हिट है जो मूलतः फिल्मों की पार्टी लाइफ है, जिसे दोबारा-तिबारा कितनी बार फिल्म किया जा रहा हैं। 'साँवरिया' को सोनी और एक हॉलीवुडीय कम्पनी ने पेश किया है। 'ओम शान्ति ओम' को अब निमंत्रण दे रही है कि करना है तो कहानी कविता की ओर न जाकर बॉलीवुड की आत्मोपभुक्त कथा की ओर आओ। नाच है तो नाचो। नाच को कोई नाम न दो।

यह विकट विचलन का बिन्दु बन रहा है। कुछ दिनों बाद बॉलीवुड हालीवुड के साथ मिक्स हो जाना है। बहुत-बहुत पूँजी लगने वाली है। फिल्म की रचना, वितरण, संरचना, दर्शक-नियन्त्रण सब अपने विकसित रूप में आना है। तब मनोरंजन के नये सवाल उठेंगे। अभी तो बस ओम शान्ति ओम में रहिए।

24 नवम्बर 2007

वही बरफी, वही झूम-झूम

पिछले दिनों दीवाली गयी। पड़ोस की सोसायटी में रोशनी सप्ताह पहले ही होने लगी थी। रोशनी यानी लाइटें बल्व तरह-तरह के। वे बाउण्ड्रीवाल और पेड़ों पर ऐसे लटका दिये गये हैं, जैसे पेड़ों में रोशनी के फूल फूट आये हों। बाकी सब सूना। इधर रोशनी दूनी। एक रात वे ग्यारह बजे तक दीवाली मनाने लगे। यह रविवार है। सब छुट्टी पर हैं। दीवाली मनाने का एक नया संस्करण बन रहा है। एक मैदान है, जिसमें कुर्सियाँ, कुछ मेजें डाल दी गयी हैं। लोग यत्र-तत्र जमा हो रहे हैं। सिर्फ बच्चे धमाचौकड़ी मचा रहे हैं, बाकी खामोश हैं और अपने-अपने शालीन ईगो के कवर में हैं। पीछे एक डीजे वाले ने बड़े-बड़े डेक लगाकर म्यूजिक बजा रखा है। बहुत ज्यादा डेसीबल वाला है। आप उसके बक्सों के पास खड़े होकर आपस में चीखकर भी बात नहीं कर सकते। अलबत्ता बहरे जरूर हो सकते हैं।

तीन साल पहले भी ऐसा ही था। दलेर मेंहदी के गीत और 'कजरारे कारे नैना' वाले गाने की बजने की बात थी। संग में 'बिन्दास' वाला गाना चलता था। फिर कुछ पंजाबी गाने मिक्स रहते। गाना अधूरा रहता और नया गाना लग जाता। फिर 'धूम मचा ले' की बारी आती और धूम ही सबसे बजने वाला गाना हो उठा।

इस साल कोई पाँच गाने लगातार बजते रहे। पहला 'झूम झूम' वाला, दूसरा 'चकदे' वाला। तीसरा 'बीड़ी जलाइले जिगर से' वाला। चौथा 'मौजा ही मौजा' वाला। पाँचवाँ 'चोरी किया रे' फिर 'धूम टू' का, फिर दो पंजाबी के और फिर 'कजरारे नैना' लगता। तीन-चार घण्टे में हर गाना कोई दस बार पल्टी खाया। एक जगह मंच बना दिया गया था, जिसमें लाइटें जल-बुझ रही थीं। बच्चे, किशोर और बड़े खासकर औरतें उनके साथ जब-तब अपने-अपने गानों पर नाच उठतीं। वे फिल्मी गाने पर जैसे ही स्टेप निकालने की कोशिश करतीं और खुश होतीं। गाना जच गया होता तो वे स्टेप चेंज करतीं। वे अपने में मगन रहतीं, जितनी देर नाचतीं, उतनी देर वे कुछ और हो जातीं। शायद अपनी दैनिकता से बाहर आकर वे कुछ उत्सवी हो जातीं। यह अच्छा नजारा होता।

बाहर हल्की खुश्क ठण्ड रही और लम्बे-चौड़े लॉन में दीवाली झूमती रही। इस उत्सव का एक आइटम भोजन भी रहा। यह हर मौके पर रहता है। कुछ दिन तो घरों से आता रहा। सब मिलाकर आपस में बाँटकर खाते रहे। फिर इसे बाहरी ठेके पर दिया जाने लगा। दुकानें जैसी बनायी जाने लगीं, लेकिन भोजन की हद जल्द ही सामने आ जाती। वही दही भल्ले, जिनका स्वाद एक-सा रहता। वही गोलगप्पे जो बाहर दुकान पर मिलते। वही छोले-भटूरे, जो हर कहीं होते और वह कमबख्त जो हर दावत की जगह नजर आता है—एक-सा स्वाद और एक-सी घिन। यही कुछ होली पर था। यही कुछ नये साल के आसपास होगा।

लोग वही। उत्सव सब एक जैसे। सब एक भाव से ऊबते हुए आदतन उत्सव का उपभोग करने लगते है। यह नये प्रकार के उत्सव हैं। नये ढंग की ईवेण्ट्स में बदल गये हैं। यह कस्बों तक में होने लगे हैं। गाँवों तक में होते नजर आते हैं और पनीर तो हर जगह होता ही है, छोले-भटूरों ने पूड़ी-कचौड़ी की जगह ले ली है और बची जगह चाउमीन ने ले ली है। मिठाई की बड़ी आफत है। वह भी सर्वत्र एक जैसी मिलती है। मिठाई यानी बरफी। पता नहीं किसके प्रस्ताव से बरफी अखिल भारतीय आइटम बन उठी है? जिस तरह दावत में पनीर है, उसी तरह मिठाई में बरफी है। और अब मिठाई की जगह 'कुछ मीठा हो जाए' यानी केडबरीज चाकलेट आने लगी है।

हैप्पी दीवाली है। हैप्पी होली रही। हैप्पी न्यू ईयर होगा। न्यू ईयर का 'हैप्पी' अब हर उत्सव पर हैप्पी-हैप्पी होने लगा है। कभी-कभी तो गर्मी के दिन के लिए भी लोग 'हैप्पी' कह उठते हैं। ज्यादा हैप्पी होने से परेशानी होती ही है। बाजार में निकलिए तो 'हैप्पी शॉपिंग' होने लगी है। वे ही चीज़ें जो पिछली बार नहीं बिकीं, इस बार हाजिर हैं—पहले दाम बढ़ाकर फिर घटाकर, फिर भी अपना मुनाफा बढ़ाने वाले दुकानदार सेल का माल पेलते रहते हैं। हाँ, एक फर्क रह गया है। दीवाली पर आखिर में आतिशबाजी होती है। होली पर नहीं होती। हाँ, नये साल पर होती है। हर हैप्पी का अन्त पटाखे की फुस्स में होता है। बाजार में निकलिए तो सजावट एक-सी मिलेगी। नये साल पर भी वही, होली पर भी ऐसी ही वही। वही चमकीली पन्नियों की मालाएँ और उनके आसपास झूलते चीन के लट्टू और लड़ियाँ। दूर तक छत की तरह छा दी गयी लड़ियाँ!

पनीर, बरफी और पटाखे ही अब उत्सव नजर आते हैं। नाच-गाना एक-सा नजर आता है। लगता है हमारे सारे उत्सव अब एकरूप बनते जा रहे हैं। उनकी विविधता ही तो उनकी जान होती है। क्या एकरूपता में अपनी विविधता को वापस लाया जा सकता है?

दिसम्बर 2007

ये शहर किसके हैं

सब शहर में आते हैं, रहते हैं, कोई वापस नहीं जाता। जो जाता है फिर आता है। शहर चुम्बक हाते हैं, गाँवो को अपनी ओर खींचते रहते हैं। गाँव शहर में समाने लगते हैं। गाँव शहर एक जैसे हो जाते हैं। गाँव की जिन्दगी से ऊबकर लोग शहर आते हैं। रोजगार की तलाश में आते हैं। पैसा कमाने, नाम कमाने के लिए आते हैं। यही विकास की गतिमयता होती है। हमारे समाज में अभी शहरीकरण पूरा नहीं हुआ। इसलिए हर शहर का आकार हर साल कुछ बड़ा हो जाता है। गाँव और शहर एक दूसरे को आसानी से पचा नहीं पाते। गाँव का मतलब समाज, समुदाय, बिरादरी, कुनबा और उनके पीछे स्थिर कृषि सम्बन्ध होते हैं। ठहरे हुए ठहराये हुए।

शहरों में आकर हर आदमी-औरत के दिल में एक अपना गाँव रह जाता है और जब ऐसा आदमी गाँव जाता है तो शहर का एक हिस्सा उसके दिमाग में रह जाता है। उसकी जेब में पैसे के रूप में रह जाता है। ऐसे में हमसे अगर कोई पूछ बैठे कि जिस शहर में तुम रहते हो, वह क्या तुम्हारा शहर है? अगर है तो क्या प्रमाण है तुम्हारे पास कि वह तुम्हारा है? इसका जवाब देते न बनेगा। हम कह सकते हैं कि हम वहाँ रहते हैं, हमारा वहाँ मकान है तो उत्तर यही होगा कि जनाब आप जहाँ रहते हैं शहर उससे बड़ा, बहुत बड़ा है।

मुम्बई, दिल्ली, कोलकाता, चेन्नई, बंगलुरू, अहमदाबाद, हैदराबाद तो महानगर कहलाते हैं लेकिन कानपुर, लखनऊ, आगरा, इलाहाबाद, इन्दौर, भोपाल, पटना, चण्डीगढ़, त्रिवेन्द्रम, कोच्चि, जयपुर कोई छोटे शहर नहीं हैं। अब तो जिला स्तर के उत्तर भारतीय अनेक शहर मंझोले शहर की श्रेणियों में आने लगे हैं।

लगातार बदलता हुआ शहरी स्पेस तीन-चार अनुभव देता है। शहर आने वाला हर नया आदमी इनसे दो-चार होता है। गाँव वाले को शहर डराता है। डर आकर्षित करता है, आकर्षण ताकत को बताता है और उसके बाद शहर आदमी के दिल को इस तरह बदलने लगता हैं कि वह उसे लूट के अन्दाज से देखता है।

हममें से हर आदमी जो शहर में नहीं है, गाँव से, कस्बे से किसी और जगह से आया है। अपने संग गाँव के भाव की पोटली और शहर की शिकायत और परायापन लिये रहता है। मुम्बई, दिल्ली में आने वाले लोग शहर को बनाते हैं। वे उनके दुश्मन नहीं होते। हर आने वाला अपने श्रम पर जीता है। श्रम न हों तो शहर कैसे चलें? इसलिए शहर गाँव एक दूसरे के मित्र बने रहते हैं, यद्यपि बीच-बीच में तनाव रहते हैं।

जब मुम्बई में नये साल के पहले कुछ क्षणों में दो लड़कियों को छेड़ा गया तो शहर बुरी तरह नजर आया। मुम्बई को एक सचमुच का मेट्रो कहा जाता रहा है, जिसमें माना जा रहा है कि लड़कियाँ यहाँ रात के बारह बजे भी सेफ़ हैं, लेकिन ऐसा नजर नहीं आया,

तब से मुम्बई के बुद्धिजीवियों के बीच बड़ी बहस है कि क्या मुम्बई शहर मर रहा है? क्या अब वह एक सुरक्षित शहर नहीं बचा है? बहस का एक सिरा यह कहता है कि बाहर से आने वाले लोगों ने ऐसा किया है। उनका इशारा बिहार से आये लोगों के बारे में है। लेकिन पकड़े गये ज्यादातर लोग तो मराठी भाषी निकले हैं?

इससे क्या सिद्ध होता है? यही कि मामला न तो शहर के अन्दर वालों का है न बाहर वालों का। यूँ तो अन्दर वाले बाहर वाले का भेद ही गलत है। मामला मरद के जात का है। छेड़खानी, एक मर्दानगीवादी बीमारी है जो मरद मानस में रहती है। यह एक आर्थिक, सांस्कृतिक, राजनीतिक, बीमारी है। छेड़खानी का काम मर्दानगीवादी इसलिए है कि उसमें ताकत और वर्चस्व काम करता है। औरत को छेड़ना आसान इसलिए भी है कि औरत समाज में सब तरह से कमजोर है। इसीलिए कहा गया कि औरतों को ऐसी जगह होना ही नहीं चाहिए, होंगी तो कुछ भी हो सकता है। ऐसा कहने वाले शहरी तो नहीं हो सकते। वे एक मर्द मात्र हैं, जो कहीं भी हो सकते हैं। यह मरद मानसवाद है। मर्दानगीवादी साइकोलॉजी है। घर से बाहर काम करती औरत उसे चुनौती और आखेट एक साथ नजर आती है। वह उसकी आजादी को कण्ट्रोल करना चाहता है। इसमें शहर का पुराना बाशिन्दा या नया सब बराबर हैं।

सारी समस्या यह है कि हम जिस शहर में होते हैं, उस शहर को अपने सम्मान का हिस्सा नहीं समझते। जो हमें रोटी-रोजी देता है, उसे पूरी तरह से अपना नहीं कह पाते। ये वक्त है जब हम अपने शहरों के साथ अपने सम्बन्धों के बारे में सोचें। उन्हें सँवारें। शहर हम सबके हैं। ऐसा भाव होगा तो कायदा-कानून होगा।

धनतंत्र और जनतंत्र

दुनिया का सबसे बड़ा अमीर आदमी अपने यहाँ जिस दिन हुआ, उसके कुछ रोज बाद हिन्दुस्तान के लाखों लखपति सट्टा बाजार के फरेब से सड़कों पर कटोरा लेकर आ गये। जनतंत्र उर्फ धनतंत्र की ऐसी मिसाल दुनिया में दुर्लभ है। यह इसी छब्बीस जनवरी के ऐन पहले हुआ है। सत्तावन से अट्ठावन की उम्र पार करते हुए जनतंत्र धनतंत्र में बदल गया है। कभी जनतंत्र को 'जिसकी लाठी, उसकी भैंस' कहा जाता था, अब कहा जाता है, 'जिसका धन है उसका जन है', उसका गण, उसका तन है, मन है। पहले कहते थे कि इस जनतंत्र में शेर और बकरी एक घाट पर एक साथ पानी पीते हैं। अब बकरी शेर में समझौता हो गया है, एक ही साथ गर्व और शर्म का महामिक्स है अपनी छब्बीस जनवरी।

यों छब्बीस जनवरी अपने जीवन का जनतंत्र है। उसे इण्डिया गेट पर परेड के जरिये मनाया जाता है। देश अपने पूरे साहस और शृंगार के साथ देश के ही समक्ष उपस्थित होकर सैल्यूट करता है कि देखो, मैं अब प्रौढ़, पुराना, खुर्राट हो चला हूँ और ठीक-ठाक ही चल रहा हूँ। छब्बीस जनवरी का गणतंत्र और उसके संकल्प न होते, तो निश्चय ही अपना देश भी अपने पड़ोसी देशों की गति को ही प्राप्त होता। नहीं हुआ। हर बार एक संविधान एक कानून सबके सामने आता रहा। बहकने से मना करता रहा। अपने यहाँ जनतंत्र टिक गया। औरों के यहाँ जनतंत्र कागज का चिथड़ा भर रह गया। पाकिस्तान, श्रीलंका, बांग्लादेश में कभी जन आगे आते हैं, कभी तंत्र ही रह जाता है। नेपाल जनतंत्र में आने को उत्सुक है। बर्मा की पूछिये नहीं। वहाँ जो फौज एक बार बैठी, तो बैठी है अब तक।

उन तमाम असफल राज्यों के बीच अपना देश अपने जनतंत्र को लिये दिये अकेला है इस उपमहाद्वीप में। और यही दुनिया के लिए अजरज की बात है कि अपने यहाँ राष्ट्राध्यक्ष, प्रधानमंत्री अलग-अलग पहचानों वाले हो सकते हैं और सब पाँच साल तक अपनी बारी का इन्तजार कर सकते हैं। मगर ये बातें तो

ऑफिशियल बयान भर हैं। किसी नये या किसी भावुक पत्रकार का छब्बीस जनवरीय उच्छवास हैं। इस भव्य दिव्य दिवस के पलट भी जरा देख लें कि यह गर्व अपने अन्दर कितनी शर्मों को छिपाये है और ज्यों ही आप अन्दर झाँकते हैं कि आप बौखलाते हैं। अपना जनतंत्र गरीबी की रेखा के नीचे नहीं झाँकता है। ऊपर के बीस-तीस चालीस फीसदी लोग ही तंत्र पर काबिज हैं, साठ फीसदी आदमी को पूरी दिहाड़ी मयस्सर नहीं है।

जनतंत्र है—शोर है, चीखो पुकार है, शिकायत है, तकरार है। जनतंत्र है—मारामारी है, आपाधापी है, ताकत का खेल है, रेलमपेल है। जनतंत्र है—शान्ति की पुकार है, बम धमाका है, आतंक है, आदमी के चिथड़े हैं। जनतंत्र है—आत्मघाती है, दूसरों को उड़ाने के लिए अपने को उड़ाता हुआ। लहू है, लाश है, पर्दाफाश है। जनतंत्र है—बेशुमार खबरें हैं, कैमरे हैं, पारदर्शिता है तो भी बहुत कुछ दिखायी नहीं देता। न्याय नहीं मिलता। जनतंत्र है, माफिया का कानून कुछ नहीं बिगाड़ पाता। दंगाइयों को नहीं बिगाड़ पाता। ताकतवर का नहीं बिगाड़ पाता। भ्रष्टाचार का नहीं बिगाड़ पाता और ये सब मिलकर उस गरीब उत्पीड़ित जनता पर अपनी समग्र लूट तंत्री लीलाओं का बोझ डालते रहते हैं। कहते रहते हैं कि देखो, दुनिया का आठवाँ आश्चर्य अपना लोकतंत्र। देखो कि मैं बेहद अमीर होता जा रहा हूँ। अमीर होते हुए मैं गरीब की बात कर रहा हूँ। ताकि उसे अपनी अमीरी की तुलना करने का अवसर दे सकूं। यह मेरी उदारता नहीं तो और क्या है। जनतंत्र है। बहुत है। इतना है कि कोई किसी की सुनता ही नहीं है। कोई कहीं जिम्मेदार नहीं नजर आता, कोई पकड़ में नहीं आता, तब भी अगर चल रहा है, तो ईश्वर का चमत्कार ही कहा जा सकता है। जनतंत्र की प्रशंसा में कम लिखा जा सकता है, जनतंत्र की निन्दा में टनों लिखा जा सकता है। हर परेशान आदमी जनतंत्र पर एक टिप्पणी की तरह है। और परेशान कौन नहीं है। इस तरह एक अरब से ज्यादा शिकायतों की पेटी है जनतंत्र। एक अरब क्रोध, एक अरब लड़ाइयाँ, एक अरब से ज्यादा मारामारियाँ, कलह, हिंसाएँ, सर्वत्र। तो भी इस सबके लिये चल रहा है अपना जनतंत्र; क्योंकि उसमें रहता है धनतंत्र, जो हम सबकी अनन्त कामनाओं का अपना जनतंत्र है।

26 जनवरी 2008

रामायण का कलि पाठ

यह रामायण नम्बर दो का समय है। यह समय भी राममय है। हर तरफ राम-रावण की कथाएँ ऐसे दी जा रही हैं जैसे टीवी वाले राम-रावण से सीधे मुलाकात करके आये हों। देखते हुए अच्छा लगता है। भगवान् का भगवानत्त्व कहीं बिला जाता है। राम-रावण सबकी पहुँच-पकड़ में नजर आते हैं। रामायण और रामलीलाओं के लीला भाव के रहस्यानन्द और अध्यात्मानन्द की जगह आप भी एक एक्सक्लूसिव साक्षात्कार के लिए लाइन में लग सकते हैं। बिना तत्त्व ज्ञान के ही, बिना राम की शरण गये ही राम बहुत करीब हैं। सामने हैं। उनकी लीलाओं के सारे स्थल मिल गये हैं। पुरातत्त्वशास्त्री को कौन पूछे? यह जमाना टीवी की उत्खनन कला का है। कल्पना की पुनरुत्थानवादी उत्खनन कला टीवी युग के परवान चढ़ रही और चढ़ायी जा रही है।

एक नेता के भ्रष्टाचार के उत्खनन से लेकर मिथकों के उत्खनन में एक ही तरह की कला काम करती है : कन्धे पर कैमरा, फिर स्टूडियो कट-पेस्ट और जरा-सा साउण्ड ट्रेक और हो गयी रामायण। यह हाई टैक रामायण है और लीला के भीतर इलेक्ट्रॉनिकी लीला है। इस लीला के रचनाकार अधिक गणनाशील हैं। उन्हें मालूम है कि कहाँ पहुँचना है। उनका विश्व बाजार कौन-सा है और अब चित्त से एनआरआई भावी, 'चिरनिवासी फिर भी प्रवासी' भाव वाले लोगों को क्या दिखाया जाए कि लोग सिर्फ आपके बेचे जाते ब्राण्डों को देखें। सच रामकथा बड़ा खेल है। बड़ा गणित है।

चैनल लांच है तो बड़े विचार वाला कोई बड़ा आइटम चाहिए। तो जिस तरह से किसी मुगलेआजम का रिमेक हो सकता है, उसी तरह रामायण का रिमेक हो सकता है। रिस्क है। लेकिन वह बिजनेस क्या, जिसमें रिस्क न हो और वह चैनल क्या जो बाजार के रिस्क न ले? रामायण से बड़ा विचार और क्या हो सकता है? एकदम सुरक्षित निवेश है। पुराने कवि कहा करते थे कि 'आगे के सुकवि रीझिहें तो कविताई नतु राधिका कन्हाई सुमिरन कौ बहानौ है।' इसका अर्थ टीवी

युग में यही हो सकता है कि अगर जनता रीझती है तो धन्य भाग यानी टीआरपी बढ़ेगी, वरना श्री राम जैराम जैजैराम के भजन का पुण्य होगा।

समूचे प्रकरण में आपके इस पाठ में कहीं-कहीं कॉमिक तरंग उठें-गिरें तो समझ लें कि आप अपने इस नितान्त टीआरपी संचालित जीवन में रामायण के दूसरे संस्करण के बारे में, उसकी भूमिका के बारे में, उसी की ट्यूनिंग में सोच रहे हैं।

यहीं से कुछ बातें उस रामायण की ओर मुड़ जाती हैं, जो रामानन्द सागर के नाम से जानी जाती हैं, जिसके होने को कई हिन्दुत्ववादी संगठन अपना सौभाग्य मानते रहे और जो रथ यात्राओं के निमित्त भावोद्वेलन और संचालन-संचारण के माध्यम भी बने। वह एक ऐसा सुदीर्घ सांस्कृतिक-राजनीतिक मिक्स रहा, जिसको विश्लेषण सुविधा के लिए अलग-थलग कर पाना बड़े-बड़े सिद्धान्तकारों के लिए मुश्किल रहा और जिनके नास्तिक अनाड़ीपन पर आज भी कई अंग्रेजी उद्भट हिन्दुत्ववादी हँसते हैं कि देखा ये सेकुलर क्या जानें कि ये सब क्या है? बाबावाद का ऐसा दावा कालान्तर में हिन्दुत्ववाद के एजेण्डे को कुछ वक्त के लिए मंच पर लाने में कामयाब हुआ। क्या एक बार फिर वह सब दुहरेगा? अनेक लोग इस तरह की प्रतिक्रिया भी दे सकते हैं।

रामानन्दी रामायण सीरियल की कहानी उसी तरह से विचित्र, किन्तु सत्यों से भरी है, जिस तरह के विचित्र किन्तु सत्यों से भरी कहानियाँ बाबरी के दरवाजे आदि खोलने के बारे में प्रचलित हैं। कहते हैं कि दोनों के ही मूल में राम की हो न हो राजीव गाँधी की प्रेरणा आदि रही। रामायण को बनाने में राजीव के वक्त के उच्चाशयी जन संलग्न रहे। वह बनी तब अकेला डीडी था और इलेक्ट्रॉनिक मीडिया में छब्बीस फीसदी विदेशी निवेश की छूट नहीं थी, न भयानक स्पर्धी निजी चैनल थे। न इतना बड़ा दर्शक वर्ग था और न इतनी कट पेस्ट कल्चर थी।

रामायण की प्रस्तुति पर कई अध्ययन हुए हैं, उसके प्रभाव पर भी अनेक बार टिप्पणियाँ की गयी हैं, मगर कुछ बातें नजरअन्दाज हो रही हैं। उन्हें अब इसलिए याद करना चाहिए कि वे नयी रामायण के साथ उसकी तुलना करने में मददगार हो सकती हैं और उनसे हम रामायण दो की रीडिंग में मदद ले सकते हैं।

रामानन्दी रामायण जब आती तो घरों में भक्ति का माहौल छा जाता, लोग अपने घरों में सश्रद्ध माला-घण्टी आदि लेकर डीडी डब्बे को मन्दिर मानकर आरती उतारते और फिर एक घण्टे भाव-विह्वल होकर उसे देखते। सड़कों पर कर्फ्यू-सा लग जाता।

कई दलों के सम्मेलन होते। जब रामायण आती तब सब काम बन्द कर दिये जाते। सब रामायण देखा करते। यह एक जनाचरण था, जिसे रामायण की आकर्षकता ने बनाया था कि उसके लिए अलग से दर्शक होना, उसके लिए अलग से सजग होकर टाइम निकालना जरूरी हो गया। सेकुलर तत्त्वों को लगा कि यह तो मिथक को सच बनाया जा रहा है। इसके पीछे बाजार और हिन्दुत्व की राजनीति मिल गयी है। रामानन्द सागर का खजाना लगातार भरता रहा। नये स्पांसर मारामारी करने लगे। कुछ ब्राण्ड छा गये। अमेरिका से लेकर दक्षिण कोरिया तक के विद्वान् रामायण और दर्शकों की ऐसी दुर्लभ अभिमुखता पर मुग्ध हो उठे और अध्ययन करने के लिए दौड़ पड़े। राजनीतिक फसल जिसे काटनी थी, उसने काटी।

अब फिर रामायण है। समाज इन बीस सालों में बहुत जगह बदला है। मन्दिर के साथ अब मेट्रो-मारकेट मॉल-मनी-मोदी तत्त्व आ जुटा है। पचास करोड़ नया दर्शक वर्ग है जो एक चैनल पर दो सेकेण्ड से ज्यादा ठहरता नहीं। दुनिया बोतल-ब्राण्ड-बॉडी-बम के चिह्नों से परिभाषित हो रही है। विराट उपभोक्ता दर्शक समाज इसके उपभोग के बाद की ऊब और उससे प्रतिक्रिया में इस सब के साथ एक बार फिर अपने स्वाभाविक कच्छप-धर्म का निर्वाह करने की आदत के कारण एक मिथक में आना चाहता है। रीयलिटी शो नच बलिए और तमाम हास्य तत्त्वों के बावजूद इस नये हड़बड़ मध्यवर्ग में एक बेचैनी है। शायद दुनिया को उसी तरह झपट लेने, जीत लेने की बेचैनी जिस तरह की बेचैनी से वह दिल्ली की सड़कों को जीत लेता है।

ऐसे चंचल मन को किस तरह से टिकाया जाए? उसकी नज़रें किस तरह से बाँधी जाएँ ताकि उन आँखों के लिए हम नयी कारें, नये आभरण अलंकरण, नये रंग-रोगन, स्किन चमकाने वाले ब्राण्डों को यानी एक पूरी जीवन शैली प्रस्तुत कर सकें? रामायण के बहाने दर्शक उसे देखें, जिसे स्पांसर दिखाना चाहते हैं। श्रद्धा का भाव स्पर्धात्मक प्रदर्शनकामी श्रद्धा ने ले लिया है। राजनीतिक विमर्श ने लिया है। श्रद्धा का दोहन किस तरह से हो, यह रामायण नम्बर दो बनाने वाले के लिए कलात्मक चुनौती रही होगी।

इसका फलागम जरा जटिल अध्ययन है। अगले साल चुनाव हैं, सो टाइमिंग का सवाल है। फिर रामसेतु का मसला है और कम से कम चार चैनल इन दिनों जो मिथकीय मसाला कथाओं को रीयल बनाकर पेश कर रहे हैं, उनके बनाये प्रभाव संजालों का पहलू महत्त्वपूर्ण है। ऐसा नहीं कोई चैनल इसका सीधा कर्ता हो, मगर अपने प्रभाव का संयोजन चैनल उतना ही करते हैं, जितने में टीआरपी बढ़े। शेष उसकी सांस्कृतिक फसल कौन काटता है, किस तरह काटता है, उससे उन्हें

ज्यादा मततब नहीं होता।

बड़े बिजनेस की यही राजनीतिक 'जानी-बूझी' लापरवाही अन्ततः उसे परेशान भी करती ही है। संस्कृति का बिजनेस सिर्फ बिजनेस नहीं होता। वह उससे ज्यादा होता है और जब से हमारी राजनीति संस्कृति के क्षेत्र में आयी है, तब से तो हर बात ऐसी ही होती है। इसलिए भी नयी रामायण को और उसके बाहर के तमाम सन्दर्भों को उनकी जटिलता में पढ़ने की जरूरत है।

टीवी के इतिहास का मजा यही है कि वह हर बार कॉमिक रूप में ही दुहर सकता है। तब क्या पूछा जाए कि यह रामायण क्या मेट्रो माइण्डी पुनरुत्थानवादी भाव जगायेगी? वह श्रद्धा का बनिज करेगी या उसकी राजनीति करने में मददगार होगी और अगर राजनीतिक होगी तो क्या कॉमिक न होगी?

वह कॉमिक राहत देती लगती है। जब एक चैनल ने कुछ इस तरह से सीता माता के बारे में बताया कि सीता माता को जब रावण हरण करके ले जा रहा था तो सीता माता का पेट खराब हो गया। रावण ने उन्हें तीन गोलियाँ दीं, लेकिन सीता माता ने उन्हें क्रोध में आकर फेंक दिया और ये तीन गोलियाँ आज भी हैं। सीता की गोलियाँ नाम से विख्यात हैं...आदि।

अगर ये बाइटें हमने सही सुनी हैं जो कि एक चैनल पर रहीं तो इससे एक बात तो तय हो गयी कि राम सीता आदि सब मानव हो गये। देवत्वभाव उनका नहीं रहा। रावण के ताबूत आदि का मिलना भी बताता है कि मामला देवी-देवता का भी रहा तो मानव के रूप में ही रहा। अगर कहानी में यत्र-तत्र से इस तरह के क्षेपक रीयलिटी बाइट की तरह लगते रहे, जो लगते रह सकते हैं, क्योंकि टीवी के हर चैनल को रामायण का अपना पाठ बनाने का हक है, तब उस श्रद्धा का निर्माण कैसे होगा, जिसके ऊपर सारी रामायण टिकी है?

हम यह कह सकते हैं कि टीवी जिस श्रद्धा का निर्माण करता है, वह की लॉयल्टी की तरह ही होती है। ब्रॉण्ड गयी, वफादारी गयी। ब्राण्ड पूँजी रक्षित होते हैं। रामकथा एक ब्राण्ड बनेगी, लेकिन उसे बनाने वाले उससे बड़े ब्राण्ड होंगे। इस तरह हर बार रामकथा एक नाटकीय लीला मात्र बनेगी। कम्पटीटिव चैनलों के युग में कब कौन क्या नया निकाल बैठे कौन जानता है? इसलिए इसे श्रद्धा के महा बिजनेस के रूप में देखने वाली बात यही है कि जिसे श्रद्धा समझा जा रहा है, जिसका दोहन करने की बात है, वह है भी कि नहीं? अगर नहीं है, जैसा कि है कि वह नहीं है तब रामायण का कलि पाठ नये सांस्कृतिक-राजनीतिक समर के नये इलाके खोल देगा।

28 जनवरी 2008

इश्क की गली विच...

प्रेम है तो उसके दुश्मन भी हैं। वैलेण्टाइन है तो बजरंगी भाव वाले भी हैं। मगर प्रेमी नहीं टलते। वे प्रेम करते रहते हैं। वे छत पर, गलियों में, कॉलेजों में, स्कूलों तक में प्रेम करते हैं, पचास करोड़ की किशोर युवा आबादी प्रेम कर सकती है, करती है। इनमें से अगर पच्चीस करोड़ भी प्रेम का आदान-प्रदान करते हों, तो उन्हें रोकने के लिए तो अपनी क्या, संसार की सेना कम पड़ेगी, प्रेम के विरोधी समझ लें कि वे एक भाव संसार के विपक्ष में खड़े हैं। महानगरों में अब प्रेम ज्यादा नहीं दिखता। अब वह उसके किनारे की बस्तियों के लड़के-लड़कियों की किशोरावस्था के वक्त आता है। छोटे-बड़े शहरों में, गाँवों में अब भी रूमानी प्रेम पलता है। परचे छिपाकर दिये जाते हैं, मगर 'मेरे महबूब' वाला किताब नीचे गिरने और उठाकर देने वाला प्रेम अब नहीं बनता। न ही 'उसने कहा था' वाला लहनासिंह लड़की से 'कुड़माई' शब्द सुनकर बौराता, टकराता, भागता है। पहली नजर का प्रेम अब हजार बार की नजर का प्रेम हो चला है।

बसन्त तो प्रेम का ध्वज फहराता आता ही है, वैलेण्टाइन उसका गुलाब और कार्ड बनकर आता है। प्रेम के लिए अब वैलेण्टाइन पूरे साल ही चलता है। प्रेम, इश्क, लव का अब कोई सीजन नहीं होता। यह किशोरोचित, युवोचित खुले ग्लोबल स्पेस की दुनिया है प्यारे? यहाँ खलनायक सिर्फ दयनीय और हास्यास्पद नज़र आता है। इस बार फिर वैलेण्टाइन आयेगा, मनेगा गुलाब हाथों में होंगे, गाने जुबान पर होंगे। कार्ड बटेंगे। नाचने वाले नाचेंगे। जलने वाले जल-जलकर धुआँते रहेंगे। मेट्रोई मानसिकता वाले इश्क, प्यार, लव नहीं करते, वे करियर को प्यार करते हैं। रोमांस गायब है। लेकिन कस्बों, मेट्रो या बड़े बन रहे शहरों में जहाँ अब एफएम रेडियो मस्ती वातावरण बनाता रहता है, वहाँ प्यार-व्यार होता रहता है। प्यार है ही ऐसा तत्त्व कि उसे होते रहना है।

प्यार बदलता गया, तो उसके दुश्मन बदलते गये। पुरानी फिल्मों में प्यार आता तो विद्रोही तेवर लिये। पहले उपन्यासों ने ऐसा किया। कुशवाहा कान्त

कुश, प्रेम वाजपेई, गुलशन नन्दा ने महान् प्रेम कथाएँ लिखीं। उससे पहले तो अपने यहाँ प्रेम का मामला सुपर बूम-बूम ही रहा। हिन्दी साहित्य के पहले तीन काल तो प्रेम के ही काल रहे। आधुनिक काल में वह 'गुनाहों का देवता' के चन्दर और सुधा के कैम्पसिया लवर्स हो गये। प्रेम भाव न होता तो राष्ट्रप्रेम न होता, क्रिकेट प्रेम न होता। अब वह 'करियर प्रेम' में छलने लगा है। प्रेम अनेक मुखी हो उठा है। अब तो 'गे इश्क' तक की बातें होने लगी हैं। प्रेम कोई बन्धन नहीं मानता। इसकी राह में आने वाले खलनायक बेअसर हो जाते हैं। कुछ तो प्रेम को अपनी घृणा का लक्ष्य बनाकर खलनायकों में अपना नाम दर्ज कराने के चक्कर में रहते हैं। जाहिर है कि वे प्रेम वंचित लोग हैं। उनके घरों में, उनके जीवन में प्रेम नहीं है। हम तो चाहेंगे ऐसे प्रेम वंचित ईर्ष्यालुओं को यदि ईश्वर कहीं है, तो दो-चार लड़कियाँ जरूर दे, ताकि जब वे उन्हें बढ़ती देखें, तब सोचें कि वे क्या-क्या खलनायकी क्यों-क्यों करते रहे?

भारतीय संस्कृति का केन्द्रीय तत्त्व प्यार रहा है। यद्यपि कुछ भारतीय संस्कृतिवादी किसी धर्म अध्यात्म को केन्द्र मानते रहे हैं, लेकिन सांस्कृतिक कार्य, व्यापार, प्रेम तत्त्व ने ही बनाया है। धर्म तक में प्रेम का तत्त्व ही नज़र आया है। प्रेम का जलवा देखिए कि उससे घृणा करने वाले भी उससे लड़ने के चक्कर में घृणा तत्त्व से ही सही, मगर करते प्रेम ही हैं। अपना-अपना चयन है। वैलेण्टाइन ने प्रेम चुना, उन्हें सजा देने वालों ने घृणा चुनी। जीत घृणा की न होकर प्रेम की ही हुई। कुछ प्रेम में भी स्वदेशी-विदेशी का भेद करते हैं। भइया, जब तक आप प्रेम भाव में हैं, तब तक आप देसी करें या विदेशी करें कोई फर्क नहीं पड़ता। आप देसी करें तो निराला के, प्रसाद के, महादेवी के, धर्मवीर भारती के, बच्चन के, नीरज के गीत गाएँ, नाचें। आप हिन्दी फिल्मों के पुराने गीत गाएँ। अच्छा है। मगर आप दूसरे के वैलेण्टाइन भाव को किरकिरा न करें। उससे न जलें। सबको अपने-अपने प्रेम करने, दोस्ती करने का हक है। वैलेण्टाइन अब ग्लोबल मजा देता है। उसे युवा पसन्द करते हैं, मीडिया पसन्द करता है।

आप कहाँ-कहाँ, कब-कब रोकेंगे? अरे, प्रेम मोबाइल में कान के आरा पार मधुर एकान्त बना रहा है। उसकी रिंगटोनों में बज रहा है। मोटर साइकिल के पीछे की सीट पर है। आगे की सीट वाले से चिपका है। कार में आइसक्रीम खा रहा है। प्रेम चाट की दुकान, ठेले पर गोल गप्पे, दही भल्ले खा रहा है। मैक्डोनाल्ड में खड़ा बर्गर खा रहा है। प्रेम छत पर गाना गा रहा है। कैम्पसों में नाच रहा है। गुलाब दे-ले रहा है। आप कहाँ तक रोकेंगे भाई? आप थक जाएँगे। प्रेमी जन नहीं थकेंगे।

6 फरवरी 2008

यह जो है मर्दानगी

नए साल के आरम्भिक पलों में यानी रात के डेढ़-पौने दो बजे मुम्बई के पाँच सितारा मेरियट होटल से निकल रही दो लड़कियों को पचास-साठ लोगों ने छेड़ा। उनके कपड़े फाड़ डाले। उनसे अश्लील हरकतें की। इसके बाद एक अखबार और सर्वे संस्था ने मिलकर शहराती मेट्रो मर्दों के व्यवहार का सर्वे किया। सर्वे बताता है कि छियालीस फीसदी का कहना है कि अगर औरत अपने मित्रों के साथ किसी पब या नाचघर में जाती है तो वह अपनी मुसीबत निमन्त्रित करती है। छियालीस फीसदी ही बोले कि अगर जवाब में कोई औरत मर्दों को गाली देती है तो वह पिटने के लिए कहती है। साठ फीसदी मर्द मानते हैं कि आदर्श औरत को घर में सेवारत होना चाहिए, पार्टी-शार्टी नहीं करनी चाहिए। अस्सी फीसदी मर्दों ने यह माना कि वे समूह में औरतों के छेड़ने की आदत रखते हैं, फब्ती कसते हैं। उक्त विवरणं में एक अदद भारतीय मर्द की पूरी कहानी आ गयी लगती है। शहरी मर्द की कहानी, कस्बाई मर्द की कहानी।

इन कहानी में मर्दानगी है। ताकत है। मस्ती है। आजादी है। औरत भोग्या मात्र है। यह भाव है कि अकेली औरत मर्दों के लिए उपलब्ध होती है और वे उसका जो चाहें करें। नये ग्लोबल उदार शहरी व्यवहार में औरत का फैशन करना, नाचना-गाना सब इस 'मर्द' के लिए सुनहरे अवसर हैं। यह सार्वजनिक पॉपुलर व्यवहार है। यह स्वाभाविक कहा जाता है। फिल्में, टीवी, नाच-गाने तथा संस्कृति के अन्य रूप सर्वत्र यही स्वीकृत व्यवहार है। साहित्यकारों तक में यह व्यवहार पाया जाता है। मर्दानगी का यह अखण्ड पपलू व्यवहार हर कहीं रोजमर्रा के व्यवहार में नजर आता है। लड़की के सामने आते ही आँख मारना या अन्य शारीरिक हाव-भाव दिखाना, सामने आती लड़की के रास्ते को लगभग रोकने की कोशिश और पास से गुजर रही लड़की को कोहनी चुभाना, यो ही गाने लगना, जोर से बोलकर आपस में फूहड़ मजाक करने लगना आम व्यवहार है। मामूली

बातचीत में दफ्तरों में, सड़क-मोहल्ले में, मित्र ही नहीं अजनबियों के बीच भी, हर बात हर हंसी की पात्र औरत या उसका जिस्म हो सकता है। अगर हम बात-बात में सर्वत्र सहज उपलब्ध गालियों के किसी भी समाजशास्त्र को लिखें तो हर गाली औरत या उसके पक्ष की कमजोरी या गैर मर्दानगी को सम्बोधित होती है। हर गाली मर्द की ताकत का बखान होती है। उसकी महानता का यशोगान होती है। गालियाँ मर्द जगत् का घनघोर पपलू यानी पॉपुलर व्यवहार है, जो मामूली आदमी से लेकर बड़ों के बीच बराबर पाया जाता है।

जिस वक्त शाहरुख खान के 'सिक्स पैक एब्स' की चर्चा 'ओम शान्ति ओम' के पेशकार कर रहे थे, तब ऐसा कहा जा रहा था कि औरतें मर्द की ताकत पर फिदा होती हैं। ऐसे में अपने उन्माद में बौराई मर्द ताकत को यह मंजूर नहीं कि औरत हो और उसके आगोश में न हो। हर वह औरत जो अपने बारे में निर्णय ले सकती है, इस महान् मर्द को चुनौती लगती है और इसीलिए हर जगह वह उसका शिकार बनती है। यह मर्दानगी का पॉपुलर व्यवहार है। सर्वस्वीकृत व्यवहार है। और यहाँ तक है कि मुम्बई काण्ड के बाद सबसे बड़े पुलिसवाले ने भी कहा, ऐसा तो कहीं भी हो सकता है। यह व्यवहार लाइसेंस-सा रखता है। उक्त सर्वे ऐसी ही कहानी कहता है। इसे रोकने की कोशिश ऐसी खबरों में बदलती है कि छेड़ने वाले को रोका तो मनचले युवक ने गोली मार दी।

औरत को छेड़ना मर्दानगी है। तंग करना मर्दानगी है, इसीलिए भारत में औरतें हर जगह ज्यादा असुरक्षित हैं। अगर सुरक्षित हैं तो मर्दों की परिभाषा में उनकी आचार संहिता मर्दों ने तय कर रखी है। यह मर्दानगी का समग्र विमर्श है। कोई गाँव या शहर अब अपवाद नहीं। आये दिन ऐसे केस सामने आते रहते हैं। फिल्में, टीवी, गाने, उत्सव सब एक ही तरह से मर्दानगी के 'माचो तत्व' का उत्सव ही मनाते हैं। शादी हो, किसी का जन्मदिन हो, यों ही कोई पार्टी हो या नया साल, सब अवसर पर एक तरह से मर्दों की ताकत के स्पेस को बनाते हैं। खानपान, नाच-गाना, शराब और फिर औरतों पर फब्ती कसना, छेड़ना और अन्त में रेप। मर्दानगी की संस्कृति इतनी स्वीकृत है कि वह अपराध नहीं लगती। सामान्य इशारेबाजी, फब्ती कसना और बहुत-सी छेड़खानी, सब जायज लगती है। आप उसे किसी तर्क से समझ नहीं सकते। जब-जब ऐसा होता है तो सोचना मुश्किल होता है कि वह आदमी औरत के सामने आते ही ऐसी हरकत क्यों करता है? एक विकृत मर्दवाद है, जो कहता है कि हर औरत बस इसकी ही है। हमारे पाठक हमारी इस भाषा को माफ करें। मर्दानगी के जगत् में कुछ सूत्र खोलने के लिए यह

अल्प-सांकेतिक पदावली भी संकोच से लिखी जा रही है। यही मर्दानगी के इस पॉपुलर व्यवहार का दूसरा पॉपुलर व्यवहार नजर आता है। वह है—मर्द का घर में कुछ होना, बाहर कुछ होना। अपनी औरत को कोई हाथ न लगाये, बाहर हर औरत छेड़ने योग्य है। हर मर्द इस तरह हर दूसरे की औरत को छेड़ने का अधिकार पा जाता है। अब ग्लोबल और मोबाइल समाज में औरतें ज्यादा पढ़-लिखकर ज्यादा संख्या में काम करने बाहर निकलने लगी हैं और उसी अनुपात में मर्दानगी अपने को हीन समझने लगी है। अपनी सत्ता बनाये रखने के लिए भी वह अब अधिक निर्लज्ज और आक्रामक होने लगी है। स्पष्ट है कि भारतीय मर्द गहरे मनोविक्षेप के शिकार हैं। नये समय में उन्हें बदलना ही है। घरों में उनकी कन्याएँ, औरतें तभी सुरक्षित रहेंगी, जब वे घर से बाहर निकलकर काम करने वाली हर औरत को सम्मान देना सीखेंगे।

फरवरी 2008

दिल, दिमाग और ताकत

क्रिकेट अपने समाज में एक खेल भर नहीं है। यह सबसे बड़ी आधुनिक पपलू संस्कृति है। वही पापुलर राष्ट्र की भावना है। उसमें जीते तो लगता है कोई युद्ध जीत गये हैं। उसमें हारते हैं तो लगता है सारा देश हार गया है। क्रिकेट देश है। क्रिकेट राष्ट्र है। हम सब उसमें रहते हैं। उसे न खेलकर भी हम सब उसे खेलते हैं। क्रिकेट अपना समय है। उसी से सबका समय तय होता है। इसमें बहुत पैसा है। इतना है कि उसे खरबों में ही गिना जा सकता है। भारतीय क्रिकेट कण्ट्रोल बोर्ड एक पूरा तंत्र है। सिर्फ खेल नहीं है, बल्कि जीवन शैली है। उसके खिलाड़ी हर पीढ़ी के युवाओं के आईकॉन हैं। उनके एक-एक बल्ले, एक-एक रन के बारे में बच्चे जानते हैं। उनका हिसाब रखते हैं। क्रिकेट हमारी जनरल नॉलेज है। हमारी खुराक है। क्रिकेट हमारी कल्पना है। हमारी सांस्कृतिक संरचना है। बहुत पहले कुछ लोग समझते थे कि यह अंग्रेजों का दिया खेल है। अंग्रेजों ने इसे शुरू किया, लेकिन अपने समाज में जिस तरह हर नयी चीज अपने देशकाल के अनुसार अपनी जरूरत के मुताबिक बदल ली जाती है, उसी तरह क्रिकेट भी बदल गया। यह अब गोरे अमीरों का, लॉर्ड लोगों का, देसी राजाओं-जागीरदारों का खेल न रहकर जन-जन का खेल बन गया है। आज अपने यहाँ यह 'गली मोहल्ला क्रिकेट' है तो टेस्ट मैच, वन डे और 20-ट्वेंटी भी है। करुणानिधि के तमिलनाडु में तो इसे पाँच-पाँच ओवर वाला तक बना डाला गया। बड़ी पापुलर कल्चर एक उद्योग की तरह होती है। उसमें बहुत से पैसे बनते-बिगड़ते हैं। उसका एक प्रकार का स्टॉक होता है। भारत का क्रिकेट उद्योग आज दुनिया का सबसे बड़ा क्रिकेट उद्योग है। अन्तरराष्ट्रीय क्रिकेट संगठन तक इसे मानते हैं। आज के मीडिया ग्रुप में क्रिकेट मीडिया को चलाने वाली प्रक्रिया मानी जाती है। वह टीवी चैनल उद्योग को विज्ञापन प्रायोजक देती है। उनकी अरबों की कमाई का साध्य बनती है। क्रिकेट को दिखाने वाले दो चैनल चौबीस घण्टे वाले हैं। यह कोई मामूली बात नहीं। अपने देश में परम्परागत खेल रहे हैं। हर इलाके में रहे हैं। बच्चों के खेल

अलग रहे हैं, मगर पूरे भारत में बच्चों की 'छुपम छुपाई, स्टापू, गुल्ली डण्डा, कबड्डी, पतंगबाजी, रस्साकसी, कंचेबाजी और पता नहीं कितने प्रकार के खेल प्रचलित हैं। हर भाषा-संस्कृति में रहने वालों के बीच उनके अपने खेल हैं और बहुत से अखिल भारतीय हैं। खेल मनोरंजन का ऐसा साध्य है, जो लोगों के अपने स्वभाव के एकदम नजदीक होते हैं। उनसे आनन्द लेने के लिए उनमें अतिरिक्त निवेश नहीं करना पड़ता। उनमें से हर खेल मनुष्य के तन-मन के स्वास्थ्य को बेहतर बनाने में सहायक होता है। खेल दरअसल बॉडी, दिल-दिमाग ताकत तीनों के परफेक्शन की अभिव्यक्ति है। इसे अर्जित किया जा सकता है। खेल वह सांस्कृतिक क्रिया होती है, जो खेल के बराबर का मैदान बनाती है और हर खेलने वाले को बराबर का बनाती है। यही हर खेल का सच्चा जनतंत्र है, जो आदमी अच्छा खिलाड़ी होता है, वह अच्छा जनतान्त्रिक भी होता है। खेल खेलनेवाले समाज अच्छे जनतंत्र होते हैं।

महाकवि सूरदास ने अपने सूरसागर में कृष्ण और सुदामा के खेल का वर्णन किया है। कृष्ण गोप परिवार के हैं यानी धनाढ्य हैं। सुदामा गरीब परिवार के हैं। सुदामा से कृष्ण हार जाते हैं। सूरदास कहते हैं–'खेलत में को काको गुसइयाँ... हरि हारे जीते श्रीदामा बरबस ही कत करत रिसैयाँ।' सुदामा जीते हैं। कृष्ण हारे हैं और खिसिया रहे हैं। खेल है तो स्पर्धा है। स्पर्धा है तो विराग है और जीत-हार है और सुख-दुख है और कई बार हारकर फिर जीतने का संकल्प भी है। अवसर भी है, इसलिए खेल एक अनन्त जीवन्त आशा भी है। खेल आशावादी बनाया करते हैं। क्रिकेट इस समूची सामाजिक, आर्थिक, सांस्कृतिक प्रक्रिया का सकल परिणाम है। हर पापुलर कल्चर अति करती है। क्रिकेट भी करती है। उसने हर दूसरे खेल को किनारे कर दिया है। बात सही है, लेकिन यह क्रिकेट का दोष नहीं है। उसके पापुलर कल्चर बन जाने की ताकत का परिणाम है। पापुलर कल्चर अपने अतिव्याप्तिकारी स्वभाव से बहुत सारी छोटी उपक्रियाओं को अपने में समो लेती है। लेकिन यह भी सच है कि यह एक व्यापक सार्वजनिक खेल भावना भी पैदा करती है। क्रिकेट के रस में सब रस रहते हैं। आज समाज में कुछ लोग कहते हैं कि मन्दी से लड़ने का एक बड़ा तरीका क्रिकेट का हो सकता है। यह विचित्र लगता है। ऐसा होना सम्भव नहीं है। मगर ऐसा सोचा गया, इससे क्रिकेट की आर्थिक, सांस्कृतिक आन्दोलनकारी ताकत का पता चलता है। क्रिकेट अब एक सम्पूर्ण खेल है, इसलिए वह जनतान्त्रिक और सेकुलर है। हर तरह की घृणा के खिलाफ क्रिकेट एक सांस्कृतिक कार्रवाई है। ऐसे क्रिकेट की जय हो।

□

बजट

बजट बसन्त है। चुनाव आवन्त है। किसानों का कर्ज जावन्त है। सब किलकन्त हैं। सब हर्षंत हैं।

चिदम्बरम ने पिछले चार बजट दिये। ग्रोथ रेट बढ़ा। नौ साढ़े नौ तक आया। मध्यवर्ग में जै-जै हुई। बाजार बढ़ा। स्टॉक मार्केट बाजार कूदने लगा। एफडीआई की बरसात रही। लोकल बाजार ग्लोबल से जुड़ा। संसार के सबसे बड़े अमीर अपने यहाँ हो गये।

चुनाव के साल ने बता दिया। चुनावी लाइन लेनी है। लोक-लुभावन जगत् दिखावन लाइन लेनी है। यूपीए ने लाइन ले ली। बजट को आम आदमी की ओर मोड़ दिया। सबको कुछ न कुछ दिया। किसानों के कर्ज माफ कर दिये।

विपक्ष कहे तो क्या कहे? लेकिन कह रहा है कि यह बजट नहीं स्टण्ट है। जिन्होंने संस्थागत कर्ज लिये वे तो संख्या में कम हैं। साहूकारों से कर्ज लेने वालों को राहत कहाँ? विपक्ष को स्वर्ग भी दे दो तो वो सन्तुष्ट नहीं होने वाला। चिदम्बरम का कहना है कि कर्ज-माफी से तीन करोड़ किसानों को फायदा पहुँचेगा।

खुले बाजारवाद के पक्षधर कह रहे हैं कि यह बजट अब तक के आर्थिक सुधारों की संगति में नहीं है। यह जनता में कर्ज की कुनीति को बढ़ावा देता है। बैंकिंग पर इस नीति का उलटा असर पड़ेगा।

वित्तमंत्री का दिया गया 'सावधान आशा' संदेश महत्त्वपूर्ण है। अमरीकी बाजार बैठा तो अपने यहाँ भी झटके लगे। मगर बेहद हल्के रहे। अमरीका हाँफ गया और बैठ गया।

ग्लोबल मन्दी के आसार सामने रहे। मन्दी की मार न पड़े इसके लिए चिदम्बरम सावधान रहे। इसी खातिर कहा : सावधान आशा। यह बजट 'खबरदारी' का ही है। पोलिटीकली लिंग्विस्टिकली करेक्ट।

आम आदमी, आम किसान चर्चा में जबर्दस्त ढंग से लौटा है। बाजार के दुश्मन अवाक् हैं कि जिस आम आदमी और किसान का दर्द लेकर वे पिछले चार-पाँच साल से अपने-अपने झण्डे सिल रहे थे, अब किस हेतु सिलेंगे? किसानों को तो वो मिल गया, जिसके लिए हाय-हाय की जाती रही। अब क्या?

कांग्रेस ने चुनाव का खेल कर दिया है। चाणक्य नीति है। साम-दाम-दण्ड-भेद। दान-भेद इसी का अंग है। असन्तुष्ट को दान देकर तोषने की नीति है।

इसीलिए बजट इस बार उतना गुलाबी नहीं जितना कि बसन्ती है। चुनाव का साल है। यूपीए ओर कांग्रेस की अभी से तैयारी है। सबको कुछ न कुछ दिया है। नयी नीतियों से उपजा बढ़ता जन-असन्तोष कुछ तो कम हो। यही बजट की राजनीति है। तुष्ट जनता वोट देती है। असन्तुष्ट जनता विपक्ष की ओर देखती है। नयी सरकार के लाडले मध्य वर्ग का पूरा खयाल रखा गया है इनकम टैक्स में थोड़ा चना चबैना बाँटा गया है। छोटी कारों को सस्ता करके नैनो मार्ग अपनाया गया है। नौकरी-पेशा सरकारी मध्यवर्ग को नये पे कमीशन में राहत देने का संकेत दिया गया है। 26,657 करोड़ रुपये इसकी खातिर दिये गये हैं। वे तुष्ट रहें। उनकी तनख्वाहें तगड़ी होनी हैं। एसी, फ्रिज सस्ते कर दिये गये हैं। टूर सस्ते रहने हैं। मध्यवर्ग का मनोरंजन सस्ता किया गया है। केबल या डीटीएच सस्ता किया गया है।

उच्च शिक्षा और दक्षता बढ़ाने के लिए पैसा दिया गया है। तीन नये आईआईटी और सोलह केन्द्रीय विश्वविद्यालय खोलने का प्रावधान किया गया है। सौ करोड़ ज्ञान आयोग को दिये गये हैं। इसका असर ज्ञान निर्माण, के क्षेत्र में होना है। शिक्षा में बीस फीसदी फण्ड बढ़ोतरी की गयी है। पढ़े-लिखे मध्य वर्ग को और क्या चाहिए?

अल्पसंख्यकों के कल्याण के लिए जगह बनायी गयी है। अल्पसंख्यक मंत्रालय के फण्ड को दूना कर दिया गया है। यह इनक्लूसिव अप्रोच है।

इसीलिए इसे गुलाबी बजट की जगह बसन्ती बजट कहा जाना चाहिए। गुलाबी होता तो कॉर्पोरेटी कीर्तन ज्यादा होता। कॉर्पोरेट बहुत प्रसन्न नहीं है। स्टॉक बाजार दो दिन से ठण्डा है, लेकिन जनता प्रसन्न है। इसीलिए कहा : 'बजट बसन्त' किलकन्त हैं।

2 मार्च 2008

पाउच होली

'आज रंग है प्रेमा, रंग है री, मेरे महबूब के संग-संग है री।' यह पुरानी सूफियाना रंग की कव्वाली सिर्फ एक रंग—प्रेम के रंग—को मानती है, गाती है। यह उसकी होली है, अमीर खुसरो की होली है। यह बाज के मुनाफेबाज बाजार के हिसाब-किताब से मुक्त होली। ऐसी होली महबूब के संग ही हो सकती है और यहाँ महबूब भी मामूली नहीं, वे निजामुद्ददीन औलिया हैं। यह मध्यकालीन होली है। किसान कल्चर से जुड़ी होली, कृष्ण से जुड़ी होली, ब्रज से जुड़ी होली किस कदर मेलजोल की जगह बनाती है कि उसका असल रंग न अबीर का रहता है, न गुलाल में वह रहती है। वह प्रेमा रंग में बदल जाती है।

प्रेमा रंग कहाँ बिके? उसके क्या बाजार? उसका क्या मोल? प्रेमा रंग कमाता कबीर कहता है, 'प्रेम न बाड़ी उपजे प्रेम न हाट बिकाय/राजा परजा जेहि रुचे सीस देइ ले जाय।' उस प्रेमा रंग की कीमत तो 'सीस' है। वह पाँच पाचास रुपये का गुलाल या रंग का पाउच नहीं है। प्रेमा रंग है ही ऐसा, जो पाउच में नहीं समाता। उसका बाजार नहीं है, लेकिन होली भी कहाँ तक उसी रंग में रहती। जमाने की हवा के साथ उसे भी बदलना पड़ा। होली खेलने वाले बदले, तो वह भी बदली। उसका साजोसामान भी बदला।

इसलिए आज होली के रंग बाजार के रंग हैं। बाजार के ही हो सकते हैं। यह सुन्दर, मधुर सुहाना सपना ही है कि आज लोग टेसू के फूलों के रंग से होली खेलें। यह तो और भी महँगा और अविश्वसनीय ड्रामा-सा है कि कहें कि हर्बल रंगों से खेलें। हर्बल भी बाजार में मारकेट होता है और इतना सब्र कहाँ बचा है, इतनी हल्दी चन्दन घिसोगे तो उनके भाव चढ़ जाएँगे, चन्दन चढ़ जाएगा, दाल में हल्दी कहाँ से डालोगे?

जब से होली शहर में आयी है, उसका मेकअप बदल गया है। दिल्ली शहर में यों पूरे साल धूल उड़ती रहती है, मगर होली में धुलेहड़ी के लिए जली होली की राख मयस्सर नहीं है। होली के लिए गोबर की घर घुली नहीं होती, लक्कड़ नहीं होते। प्रशासन कहता है। धुआँ करोगे प्रदूषण होगा। न करो—'सेफ' होली खेलो।

लोग होली खेलना चाहते हैं, प्रशासन कहता है—बचके खेलना, सेफ खेलना। मीडिया कहता है—सेफ खेलना। इस 'सेफवाद' ने ही बाजार को बढ़ाया है। आगे बाजार में कवच कुण्डल वाली दमकल वालों जैसी पूरी सेफ ड्रेस मिला करेगी, तब लोग होली खेला करेंगे। बच्चे हुड़दंग करना चाहते हैं, होली के दिन बड़े भी हुड़दंगी होते हैं। ऐसे में सेफ हुड़दंगा कैसे होगा? सांस्कृतिक प्रेमा रंग के अलावा उत्तर भारत के हिन्दी जनों के जीवन में होली एक बिन्दास त्योहार भी है। मीडिया ने उसे अखिल भारतीय बना दिया है।

हर त्योहार बाजार बनाने का उसे बढ़ाने का माध्यम रहता आया है। जब-जैसा बाजार, तब-तैसा त्योहार मनता है। बढ़ता बाजार तो जमते हैं त्योहार। मन्दा है बाजार तो मन्दे रंग में रहते हैं त्योहार, लेकिन त्योहार मन्दी और उदासी को काटते भी हैं। अब होली दिल से नहीं, ताकत से खेली जाती है। होली खेलते आदमी खुदी को नहीं भूलता। वह रंग फेंकने, गुब्बारा मारने और शराब पीने को होली समझता है।

ऐसे में बाजार के बिना होली कैसे मने? इसीलिए 'होली पाउच' और 'गुब्बारा होली' हो चली है। सदर जाइए, चीनी पिचकारियाँ बिक रही हैं। स्लमडॉग तक की पिचकारी है। अपनी प्रेम की पिचकारी गायब है। हवाई नकली मावा-खोया बेचते हैं। मिठाई बेचते हैं, क्योंकि होली अब नवान्न-उत्सव के रूप में गेहूँ-जौ-चने की बाल को भूनकर लेनदेन करने, गले मिलने के जरिये नहीं मनायी जाती। शहर में गोबर नहीं, सो घुरघुली नहीं, कहाँ भूनोगे बालें?

इसलिए बाजार में आ गयी पाउच बनकर होली। अब पाँच-दस रुपये की खेल लो, पचास-पाँच सौ की खेल लो, रिकॉर्डेड गानों पर डीजे-वीजे जैसा नाच कर लो, मुहल्लों में मोटर साइकिलों में दनदनाते घूमों। कारों में शोर मचाते घूमों। यही होली बची है। इतनी भी है और जैसी भी बची है, वह भी क्या कम है? लेकिन सेमल की, टेसू की होली पूरी तरह बची हुई है। सेमल बावला हुआ खिल उठा है। यह उसके मूड की अपनी होली है। दिल्ली के प्रदूषण का धुएँ का उस पर जरा-सा असर नहीं दिखता। अपने सारे पत्ते झाड़कर बड़े लाल फूल हिलाकर सजा-धजा हीरो बना खड़ा है। दिल्ली की सड़कों का इन दिनों बादशाह है वह। असली होली उसी की है, जो कहती है—आ रंग में रंग जा। मौसम के रंग में रहने वाले टेसू का, सेमल का कोई बाजार क्या कर लेगा? कल को जब वे ना—पैदा हो जाएँगे, तो वो ही उन्हें बचाता फिरेगा। इस होली में अपने पड़ोस में खेल लाल सेमल को भरपूर निहारो। 'पाउच होली' से अलग यही तुम्हारी अपनी होली है।

10 मार्च 2009

मुतालिक के कलेजे में रेणुका का खंजर

ओए मसक्कली,

मैं तुझे दूत बना रहा हूँ, जिस तरह प्यारी भारतीय संस्कृति में कालिदास ने मेघ को अपना दूत बनाकर भेजा था। तो तू उसी 'गहरे काजल कटाक्ष प्रवीणा' प्राण प्यारी प्रियतमा रेणुका को जाकर मेरे दिल का हाल कह सुनाना, जो जब-जब टीवी पर आती है कलेजे में खंजर उतारकर चली जाती है। सबसे पहले उसे ये शेर सुनाना :

'लिखता हूँ खत खून से स्याही न समझना
मरता हूँ तेरी याद में जिन्दा न समझना।'

रे कबूतर मसक्कली! मटकना छोड़, दाना सटकना बन्द कर और सुन : देख नागपुर में संघियों से जरा बचकर उड़ना। पाखण्डी मेरे सामने उसपे लाइन मारते हैं। वैसे संस्कृति के रक्षक समझते हैं। अरे उस दिन पब में जाकर जो एक्शन करना पड़ा और जेल तक की हवा खाकर आया, तो उसका मर्म तो समझो, जानी! रेणुका के साथ पब में अपनी डेटिंग फिट थी। वहीं मिलना था। लेकिन बेमुरौव्वत बेवफा वह इन्तजार कराके भी नहीं आयी। मेरा दिमाग सटक गया। बन्दों को गुस्सा आया। मेरे बन्दे मेरे विरह के आँसू नहीं देख सकते और पिल पड़े। तू ही बता मसक्कली, किसी के दिल को इस तरह पत्थर से कुचलना किस भारतीय संस्कृति में लिखा है? क्या मैं गाता फिरूँ कि :

दिल ऐसा किसी ने मेरा तोड़ा,
बरबादी की जगह ला के छोड़ा,
एक बनमानुष को अमानुष बनाके छोड़ा।

अब देख ये मेरी पिंक चड्डी। ये मेरा पिंक दिल, ये मेरा पिंक दुपट्टा, देख पिंक तिलक। ये चड्डियाँ नहीं हैं, ये हैं लवली रेणु के प्रेमपत्र। तू क्या जाने ये सारा जगत् मुझे अब पिंक पिंक ही लागे रे। उसे बताना कि किस तरह तेरे पिंक प्रेम

निवेदन से प्रमोद पिंकायमान हुआ है। घर में पिंक तो बाहर पिंक। हर सैनिक को पिंक चड्डी मिल गयी है। अरे इन्हीं के लिए ये तुच्छ देह धारण की थी। मैं पंक नहीं, पिंक हूँ रे।

इतना सच्चा प्रेमी

प्रमोद मुतालिक

(नोटः मसक्कली पिनके हुए प्रमोद की अद्‌भुत वीर रस युक्त प्रेम कहानी के नोट्स लेकर धर कूच धर मंजल की रफ्तार से रेणुका ताई के अँगना पहुँची और पिंक प्रेम निवेदन कह सुनाया। तिस पर रेणुका बोली : मसक्कली ज्यादा मत मटक। नहीं कर दूँगी तेरी अटक। जा उस पिनके हुए को ये छन्द सुना देना जो होली के लिए ही है :

'फाग की भीर अभीरन में गहि गोविन्द लै गयी भीतर गोरी
भाई करी मन की मन भावन उपर लाइ अबीर की झोरी।
छीन पितम्बर कम्मर ते सुविदा दई मीड कपोलन रोरी
नैन नचाय कही मुस्काय, लला फिर अइयो खेलन होरी।'

रेणुका की लट्‌ठमार होली की मार से डरकर प्रमोद भाई इन दिनों बंगलौर में ही चड्डियों का पटरी बाजार लगाने लगे हैं। ऊपर लटका बोर्ड कहता है। सच्चे प्रेमी की पिंक चड्डियों की सेल।)

11 मार्च 2009

राजेन्द्र दरियागंजवी की प्रेम पाती

(यह एक लफंगी कहानी बन रही थी। हुआ यों कि मसक्कली जरा मूड में आकर दिल्ली में होली का हालचाल लेने दरियागंज की ओर निकल गयी। वहाँ देखती क्या है कि रिंग रोड पार करके जमुना किनारे के सड़े काले पानी के ऐन किनारे एक अस्सी पिचासी पार का बन्दा जल समाधि लेने को उतारू है। उसी का बयान है इस पाती में।)

ऐ हिन्दी वालों।

मुझे स्रोवा बारनो से शादी करनी है। देखो मैं तब पानी से बाहर आऊँगा जब मेरी प्यारी स्रोवा से मेरी शादी कर दोगे। ये नामवर, ये अशोक वाजपेयी और ये सारे लपके ग्वाल-बाल मेरे बैर परे हैं। स्साले दो मिनट स्रोवा से बात नहीं करने देते। उस दिन वो छिप छिपाकर आयी। ये दुष्टजन पता नहीं कहाँ से आ गये। उसे मैंने बाथरूम में छिपाया, तो वहाँ पहुँच गये। पीछे वाले कमरे की अल्मारी में छिपाया, तो कहने लगे : हमें तुम्हारी नयी कहानी चाहिए, चरचा करनी है। ये अल्मारी बन्द है, जरूर लक्ष्मी यहीं कैद हैं! ये उसे उड़ा ले गये हैं। गायब कर दी है।

साहित्यवालों, मेरा जीना हराम कर दिया है इन लफंगों ने। इसलिए अपनी प्यारी स्रोवा की याद में जमुना के गन्दे जमुन-जल में अपनी गन्दगी को धोने छलाँग लगा रहा हूँ।

'जै स्रोवा जै बारनो जै हिन्दी कुल तारनो।
स्रोवा-स्रोवा पुकारूँ मैं बन में
मेरी स्रोवा बसी मेरे मन में।'

(तभी महरौली के पहाड़ों के पार से एक गाना दरियागंज में सुनायी पड़ता है: हाय पत्थर से न मारो मेरे दीवाने को। मसक्कली ने ये सब देखा, तो सारी मस्ती काफूर हो गयी। तभी किसी ने कहा : हिन्दी में नित-नित 'शोले' बनती रहती हैं।

हर साहित्यकार जय वीरू है, और हरेक का अपना गब्बर है। लेकिन प्रेमचन्द के बाद हुई एक मात्र बसन्ती की तलाश में सब हैं। भाई जी की परमानेण्ट बसन्ती है। दूसरे पीछे लगे हैं, यही तो स्रोवा बारनो उर्फ वीरू की बसन्ती है।)

बसन्ती हो और होली न हो, ये मसक्कली को गवारा नहीं सो दो ठो होली गुटरगूँ कर दी। ऐंजॉय यारों।

11 मार्च 2009

सँभालो अपनी ये दुनिया

दिल्ली में रहने वाले दो बच्चों ने खुदकुशी की। एक पढ़ाई में कमजोर था, दूसरा अंग्रेजी से डरता था। मुम्बई में एक छात्रा ने पंखे से लटक कर जान दे दी। वह बी.काम पाठ्यक्रम के इकोनॉमिक्स के पेपर से घबराती थी। एक छात्रा ने ट्रेन के सामने कूदकर जान दे दी। यह घटना इलाहाबाद की है। सूरत की बारहवीं की एक छात्रा ने खुद को फाँसी लगा ली। आँध्र प्रदेश के एक गाँव में भी एक छात्रा ने जान दी। कारण इम्तिहान ही थे। वह फीस देने में असमर्थ थी। ये छहों आत्महत्याएँ तेरह मार्च की हैं। छहों खुदकुशियाँ इम्तिहान के डरसे, दबाव से हुई हैं। अखिल भारतीय आँकड़ा बताता है कि 2006 के वर्ष में 5857 छात्रों ने आत्महत्याएँ की थीं। आधुनिक शिक्षा है तो उसके इम्तिहान भी होने ही होते हैं। अपने बोर्डों और विश्वविद्यालयों के इम्तिहानों में बच्चों को बैठना ही है।

मीडिया अपनी आदत के अनुसार 'एगनी आँट' बना सलाहें दे-दिला रहा है। संग में बिलखते माता-पिता के चित्र दिखा रहा है। शिक्षाशास्त्री और मनोविश्लेषक आ रहे हैं। सबके सब बता रहे हैं कि आत्महत्याओं के कारण क्या-क्या होते हैं, उनका उपचार क्या है? आप किस तरह से अपने बच्चों को राहत दें, तनाव रहित बनाएँ। सब कहते हैं कि आज का युग स्पर्धा का और दबाव का युग है। यह उसी का असर है, उसे ठीक से मैनेज किया जाना चाहिए। बच्चे अपने पढ़ने के तरीके को बदलें। बोर्ड परीक्षा पद्धति बदले। माता-पिता उन पर ज्यादा दबाव न डालें। पढ़ने के बाद उन्हें आराम करने दें। ज्यादा न खाएँ, थोड़ा-थोड़ा खाएँ, डाइटीशिसन जुट जाते हैं बताने में कि आप ये खाएँ, ये न खाएँ।

कुछ बुद्धि को बढ़ाने वाले, एनर्जी बढ़ाने वाले टॉनिकों को बेचने के लिए विज्ञापन देने में जुट गये हैं। एक कहता है कि ये पेय लो, कमजोरी महसूस नहीं होगी। दूजा कहता है कि ये गोली खाओ, याद्दाश्त बेहतर होगी। कुछ न भूलोगे। सब याद आ जाएगा। इतने सारे इन्तजामों के बावजूद बच्चे इस दुनिया को धता

बता जाते हैं। उसे अपने हाल पर छोड़कर चल देते हैं। कलेजा पत्थर का हो जाता है या वे उसे किसी एक कमजोर पल में उसे पत्थर बना डालते होंगे। जो इम्तिहान से डर रहे थे, वे जिन्दगी के सबसे बड़े डर मौत से नहीं डरते। अजीब अन्तर्विरोध-सा नजर आता है, हर आत्महत्या में। जिस कारण से आत्महत्या की ओर आदमी प्रेरित होता है, वह तात्कालिक डरों से पैदा होते हैं और वे उन्हें ही जीतने के लिए, उनसे भी बड़े डर मौत के डर को जीत लेते हैं और मौत का वरण कर लेते हैं। आत्महत्या करने वाले एक ही पल में कमजोर और ताकतवर नजर आते हैं। बच्चे कितने दबावों में जीते हैं उनको गिनना मुश्किल है। वे दबाव माता-पिता, घर के वातावरण और संगी-साथियों के दबाव के रूप में सामने आते हैं। जितने छात्र, छात्राएँ हैं उतनी ही करुण, दारुण सन्ताप कथाएँ हैं।

इसी मानी में हर बच्चा खास होता है और माता-पिता को उसका अपने ढंग से लालन-पालन करना होता है। स्पर्धा में बुरी तरह फँसे माता-पिता अपने सारे अरमान, सारी अपेक्षाएँ बच्चों के ऊपर डालकर उसे जबरिया खींच-खाँचकर अपनी जिन्दगी की अनन्त असफलताओं की क्षतिपूर्ति करने वाला औजार बना डालते हैं। बच्चे, बच्चे नहीं रह जाते हैं, वे औजार भर रह जाते हैं। यह औजार कभी-कभी टूट जाता है। माता-पिता के लिए जिन्दगी भर का रोना बचा रह जाता है।

'तारे जमीं पर' फिल्म में एक भला-सा टीचर डाइस्लेक्सिया वाले बच्चे को हीनता के दबावों से किसी तरह निकालकर उसकी सापेक्षिक योग्यता में उसे वापस लाता है। लेकिन असल जिन्दगी में करोड़ों बच्चों को कौन ला सकता है? हरेक को पब्लिक स्कूल का सौभाग्य कहाँ है। कौन जिम्मेदार है? ऐसे सवाल पूछने से बेहतर है कि हम सरल-सा सवाल अपने आप से करें कि हम अपने बच्चों को क्या बना रहे हैं? जो हम नहीं बन सके, हम उसे वो बनाने पर तुले हैं। आत्महत्या यहीं से शुरू हो जाती है। बच्चे का मन मर जाता है। कुछ बच्चे अपने मन की जगह माता-पिता के मन को पूरी तरह अपना लेते हैं जो नहीं अपना पाते मर जाते हैं। बच्चे को अपने ढंग से बनने का अवसर दें, तो शायद वह बेहतर ढंग से चयन कर सकता है। उस पर माता-पिता सवारी गाँठेंगे तो वह क्या करेगा? एक दिन कहेगा, तुम्हारी है तुम ही सँभालो ये दुनिया!

19 मार्च 2008

50-50 शादी

शादी नयी पीढ़ी की बड़ी सांस्कृतिक समस्या बन रही है। समाज में शादी एक बड़ा खर्चीला उपक्रम है। सात-आठ हजार करोड़ रुपये का उद्योग है। वह समग्र सांस्कृतिक सामाजिक उद्यम है। परिवार बनता है, बच्चे होते हैं। शादी सारे समाज का केन्द्रीय संस्थान है। इसके बाहर कुछ नहीं है। सारे रिश्ते-नाते इसी के अन्दर से बनते-बिगड़ते हैं। शादी जिन्दगी की केन्द्रीय कथा है। इश्क, प्रेम, लव फिर लुका-छिपी फिर खलनायक का आगमन फिर फाइट और अन्त में प्रेमी प्रेमिका का का मिलना, माता-पिता का आशीर्वाद मिलना। यही कथाक्रम रहता है। जिन्दगी में भी कमोबेश यही रहता है।

आज दो तीन तरह की शादियों का प्रचलन है। लव मैरिज तो है ही, लेकिन वे अब महानगरों में नहीं होतीं। कोई मध्यवर्ग के खाते-पीते परिवार का लड़का-लड़की अब इतना भावुक नहीं नजर आता है कि वह गली के पिछवाड़े की लड़की से 'लव लव' करे और उसे लेकर भागे। लेकिन कस्बों में गाँवों में लव मैरिज का...लव का... इलू का...बड़ा माहात्म्य है। निम्न जातियों में, मध्यवर्ती जातियों में, अतिधार्मिक युवाओं में लव मैरिज अब भी उसी तरह से होती है। जिस तरह से कभी पचास के दशक में देवानन्द या दिलीप या राजकपूर/राजेन्द्र कुमार की फिल्मों के जमाने में होती थी।

दिल देना...दिल लेना और उसके लिए जान की बाज़ी लगा देना। यह होता था, वह तत्त्व जो 'लव' को 'प्रेम' को दैवी स्तर देता था और ऐसे प्रेमियों के लिए अन्ततः सबके दिल में दया पैदा होती थी। जनता रोती थी। अन्त में सब माता-पिता मान जाते थे। वह लव...इश्क, जाति धर्म तोड़ता था। हैसियत को नहीं मानता था। विद्रोही तत्त्व वाला होता था। तो भी आखिर में उसे माता-पिता 'अरेंज्ड' कर ही डालते थे। शहनाई बजवा डालते थे धूम से।

'अरेंज्ड मैरिज' का खेल सदाबहार है और खूब है। शादी की हाई इकानामी

अरेंज्ड के बल पर ही चलती है। निन्यानबे प्रतिशत शादियाँ अरेंज्ड होती हैं। सारा ताम-झाम उन्हीं के लिए होता है। लेकिन अब नये शहरी ग्लोबल वर्ग में 'लव कम अरेंज्ड' का चलन बढ़ रहा है। अपनी पसन्द की लड़की-लड़का पहले दोस्ती करते हैं। फिर प्रेम आदि, फिर शादी का आइडिया डेवलप करते हैं। माता-पिता उस पर मुहर लगा देते हैं और शादी उसी तरह होती है। इस चक्कर में शादी के बीच आइटम बन जाते हैं। जैसे अलग से डिस्को कराना। दोस्तों को दारू दावत पार्टी देना होता है। परम्परागत शादी में बारात का आइटम रहता था। अब बारात अपनी जगह तो है, लेकिन दोस्तों की पार्टी अपनी जगह रहती ही है। फिर शादी का ताम झाम होता है।

लोकल से ग्लोबल होते जोड़े परम्परागत शादियों के लिए ज्यादा मरे जाते हैं क्योंकि अरेंज्ड उनके लिए एक लोकलवादी परम्परावादी रोमाण्टिक खयाल की तरह होती है, जिसमें ओरकुटिया दर्शन स्पर्शन छाप लड़का-लड़की शादी के लिए लालायित होते हैं। अचानक बड़े अरमान लिये, लेकिन उनके लिए फिल्मी मात-पिता की तरह 'आन और जान' की बाजी न लगाने वाले मजबूर माता-पिता। माता-पिता की 'हाँ-हूँ' और फिर बाजाफ्ता बैण्ड बाजा बारात और शादी के वे सारे कर्म काण्ड पूरे किये जाते हैं, जो परम्परागत पण्डितों को याद नहीं, लेकिन नये कम्प्यूटर पण्डित करते हैं।

नयी पीढ़ी ग्लोबल हो रही है। शादी जरूरत से ज्यादा बन्धन-सा लगती है। जिस समय में 'वन नाइट स्टैण्ड' का चलन बढ़ रहा हो और मीडिया द्वारा बढ़ाया जा रहा हो। जिस समय करियर के लिए तैयारी करते युवा शादी की बात 'बाद का' आइटम समझते हों। उस समय शादी हिली हुई संस्था की तरह नजर आती है। उसी में युवा लोग रहने के लिए आतुर होते हैं। अरेंज्ड मेरिज इन दिनों मामूली घटनाएँ नहीं रह गयी हैं। उनका खर्च बढ़ा है। माता-पिता का बोझ बढ़ा है।

युवा बच्चों का सोच अब अवसरवादी किस्म का होने लगा है। वे चाहते हैं कि परम्परा का मतलब माता-पिता है। माता-पिता का खर्चा कराएँ और शादी का आनन्द लें। शादी उसी तरह की डिजाइण्ड, किन्तु देसी परम्परागत छौक लेती हुई, मगर होटलित हवाई जहाजित पैकेज किस्म की ही चाहिए। होते-होते एक से एक बड़ा आइटम चाहिए। दहेज, कैश और काइण्ड दोनों में बढ़ता चलता है।

इसके आगे परम्परा नहीं रहती। माता-पिता का लालन-पालन काम नहीं रहता। शादी परम्परागत चाहिए। इसके आगे परम्परागत मूल्य काम चलाऊ रहते हैं। जैसे कि माता-पिता काम चलाऊ रहते हैं। माता-पिता का घर चाहिए और

जब शहर से बाहर विदेश में चले जाएँ तो माता-पिता को बच्चों को पालने के लिए बुलाते रहना चाहिए।

नयी पीढ़ी के लिए शादी बड़ी सांस्कृतिक समस्या है। उलझनगीरी। संकट से घिरी। 'दिल चाहता है' फिल्म में आमिर खान, अक्षय खन्ना और सैफ अली खाँ की असल समस्या इसी क्लास की है। वे लड़कियों के बीच रहते हैं। सम्पन्न वर्ग के हैं, लेकिन वे उनमें अपनी-अपनी प्रेमिका नहीं देख पाते। प्रेम का कथन नहीं कर पाते। 'आई लव यू' नहीं कह पाते। इसलिए नहीं कि वे संकोच करते हैं, बल्कि इसलिए कि 'लव' का अर्थ इस पीढ़ी के लिए गायब ही हो गया है। एक गाना ही है कि 'प्यार क्या है, इक मुसीबत है...' प्यार की परिभाषा में ही हीरो का जीवन निकल जाता है।

इसी तरह इस पीढ़ी को लेकर बनी चली फिल्म 'जब वी मेट' है। जिसमें इस पीढ़ी को लाइफ का मतलब, पार्टनर का मतलब, लव का मतलब समझ नहीं आता। वह रोमाण्टिक रह ही नहीं गये हैं, लेकिन अन्ततः वे सब अरेंज्ड मैरिज ही करते हैं। उनका अरेंज्ड से कोई झगड़ा नहीं है। अरेंज्ड मैरिज जब दहेज और दिखावटीपन वाली मानी जाती है तो शादी करने वाले पढ़े-लिखे युवाओं का इस दिखावटीपन से झगड़ा रहता था। वह झगड़ा सांस्कृतिक होता था। अब नयी पीढ़ी में ऐसा कोई पंगा नहीं है।

शादी बदल गयी है। बच्चे बदल गये हैं। इसलिए उसका ताम-झाम बदल गया है। उसका आइडिया बदल गया है। लव कम अरेंज्ड मैरिज चल निकली है। सारा जीवन फिफ्टी-फिफ्टी है। शादी भी फिफ्टी-फिफ्टी ही है।

18 मई 2008

क्रिकेट रसम्

पॉपुलर कल्चर के हजारों साल पुराने ग्रन्थ 'नाट्यशास्त्र' के रचनाकार भरतमुनि ने नाट्य में नौ रसों को स्थान दिया था। बाद में वक्त पर कई और रस जोड़े जाते रहे। भक्ति को भी रस कहा गया। वह भक्ति का जमाना रहा। आज क्रिकेट का जमाना है। आज क्रिकेट-रस सबसे बड़ा रस है। क्रिकेट में रस न होता, आनन्द रस के परिपाक की क्षमता न होती तो क्या वह सबके हर्ष-विषाद का कारक बनता? क्या वह एक ही संग खेल और मनोरंजन का ऐसा महामिक्स बनाता, जिसे देखने के लिए लोग घरों का काम छोड़ दें, दफ्तर ठप हो जाएँ और हर आदमी की जुबान पूछे : स्कोर क्या हुआ? जीत पर पटाखे छूटें और हार पर आँसू आएँ। चालीस-पचास करोड़ लोगों की भावनाएँ जिसके साथ जगें। जो खेल नहीं जानते, वे तक उसके उस्ताद बन उठें। दाँव लगाने लगें। मैदान कोई जीते, सड़क पर कोई जीते। जनता की जेब खुशी से कटे और कार्पोरेट मालामाल हो। इतनी विकट महिमा न किसी दल की है, न किसी नेता की, न किसी और खेल की, न किसी फिल्म की, न किसी उत्सव की।

क्रिकेट का इतिहास बताता है कि वह हमेशा से ऐसा नहीं था कि देश की करोड़ों-करोड़ जनता उसके संग-संग हारती और जीतती लगे। जश्न मनाये जाने लगें। क्रिकेट में इतना पैसा भी नहीं था। गोरे लॉर्ड्स का खेल किस तरह, किस घड़ी अपने यहाँ जनता का गेम बन गया, इसका इतिहास कई लोगों ने लिखने की कोशिश की है। हमें क्रिकेट को भारत की निराली पॉपुलर कल्चर के रूप में पढ़ना चाहिए। वर्ल्ड कप से पहले, उसकी पहली जीत से पहले, इतना क्रिकेट भाव नजर नहीं आता था। टीवी पर लगातार प्रसारण के बाद बहुत बड़े दर्शकों के लिए क्रिकेट खेल से आगे बढ़कर मनोरंजन का 'आइटम' बन गया। तब से क्रिकेट बदलता गया और आज वह अरबों का खेल है। जितने टीवी दर्शक हैं या रेडियो के श्रोता हैं, सब के सब उसके दीवाने हैं। जो खेल नहीं जानते, वे भी उसके

मस्ताने हैं। ऐसे को एक समग्र पॉपुलर के रूप में देखा जा सकता है।

क्रिकेट की पॉपुलरिटी के पीछे तीन-चार तत्त्व काम करते हैं। क्रिकेट का स्थाई खेल-भाव, जो आनन्द और मनोरंजन का निर्माण करता है। नये भारत को अपनी आवाज बुलन्द करने, पश्चिम से बराबरी करने के लिए जो एक भाव मिला, वह क्रिकेट में मिला। इसका एक बड़ा उदाहरण 'लगान' फिल्म में गुलामी के प्रतिरोध और 'तेरे खेल में तुझे ही मात देने' की बात हिट रही। देशाभिमान और उसकी जन-ऊर्जा सब उसे हिट करती रही। भारतीयों ने ग्लोबल की नयी दुनिया में नये देशाभिमान का निर्माण किया। इस नयी दुनिया की क्रिकेट इस अभियान का माध्यम बनी। 'जीतने का भाव' हम हैं, जिससे 'दुनिया को दिखा देने' का भाव और 'सबसे आगे होंगे हिन्दुस्तानी' का भाव विकसित हुआ। क्रिकेट इन सबका वाहक बना। पॉप-देशभक्ति का भाव उसका आधार बना। जब क्रिकेट जीतती है तो जाति भेद, लिंग भेद, धर्म भेद किनारे हो जाते हैं। भेद आनन्द के क्षण में बिला जाते हैं। जब तक पॉपुलर कल्चर 'समग्र आनन्द' के क्षण बनाने की क्षमता नहीं रखती, वह पॉपुलर नहीं होती। क्रिकेट सबका समग्र आनन्द है। उसमें देश है, राष्ट्रीय खेल का भाव है। उसके हीरो हैं—खलनायक हैं। क्रिकेट दीवानी जनता है। उसे जनता तक पहुँचाने वाले टीवी-रेडियो-अखबार हैं। हर गली मुहल्ला है, जहाँ छोटे-छोटे सचिन-धोनी खेला करते हैं। क्रिकेट ने धर्म को, जाति को, लिंग को, अमीरी-गरीबी को मिटाकर रख दिया है। सब हर्ष-विभोर हो सकते हैं। सब रो सकते हैं। सब हँस सकते हैं। क्रिकेट रस बन गया है। जिस रस को कॉर्पोरेट और ग्लोबल कम्पनियों का अरबों पैसा बनाता हो, उससे जुड़ी जनता बनाती हो, उससे जुड़े मीडियाकर बनाते हों और जो अपनी समग्रता में अपने किसी भी तरह के विरोध के भाव को भी तिरोहित कर चुका हो, वैसा खेल एक महारस है—आधुनिक महारस।

टीवी के प्रसारण ने क्रिकेट खेल को हर खेल की तरह आर्ट में बदल दिया है। एकदम आकर्षक पॉपुलर आर्ट रूप में। खिलाड़ी हीरो की तरह होते हैं, दर्शक खाते-पीते मध्यवर्ग के और उपभोग के क्षण निरन्तर होते हैं। बीच में विज्ञापन और प्रायोजन होते हैं, जो क्रिकेट को सेक्सी बनाते हैं।

बताइए, इस महारस का कोई विकल्प है?

चीयर लीडर्स से डर काहे का

इन दिनों हमारी राजनीति भावनात्मक विरोध में जितना खिलती है, उतना रचनात्मक प्रयत्नों में नहीं। सत्तावान आते ही श्रीहीन मान लिया जाता है और सारा सत्य विपक्ष की ओर सुरक्षित मान लिया जाता है/इस तरह विपक्षी वृन्द का एक स्वतःप्राप्त प्रभामण्डल बनता है। ऐसा माना जाता है विपक्ष आत्मसमीक्षा से मुक्त होता है। वह सबसे सवाल पूछता है। सबको लेकर आपत्ति कर सकता है। लेकिन अपने आप से एक सवाल नहीं पूछता। एक मायने में विपक्ष भी सत्ता पक्ष का प्रतिपूरक बनता है। यह अपनी संसदीय राजनीति का वह दुहराव है जिसके सब आदी हो चले हैं। इसका एक अर्थ यह भी है कि विपक्ष जैसी कोई शै बची ही नहीं दिखती। हमारी राजनीति हरदम सत्तावादी है। या तो चीयर लीडर्स हैं या फीयर लीडर्स हैं।

इसका नवीनतम उदाहरण चीयर लीडर्स का विरोध और उसकी परिणति के रूप में देखा जा सकता है। पूरे देश में किसी भी नगर-महानगर में चीयर लीडर्स से कोई खतरा नहीं महसूस हुआ। उल्टे एक दैनिक में खबर आयी कि मैचों के दौरान दर्शकों का मनोरंजन करने वाली चीयर लीडर्स को भद्दी मर्दानी फब्तियाँ सुननी पड़ती हैं और छेड़छाड़ का सामना करना पड़ता है। अखबार ने बताया कि इस मामले में पन्द्रह साल के बच्चे से लेकर सत्तर साल तक के बुजुर्ग एक ही भाव से कमेण्टबाजी करते हैं। चीयर लीडर्स की तकलीफ क्या हो सकती है? इसे किसी ने न सुना। केस एकदम उल्टा चल निकला।

सबसे पहले एक खबर दगी। शाहिद आफरीदी के हवाले से एक चैनल ने बताया कि चीयर लीडर्स के नाच की वजह से इन मैचों को पूरे परिवार के साथ बैठकर देखना दूभर है। इसके बाद अचानक मुद्दा नेताओं की पकड़ में आया। देश में सबसे पहले मुम्बई में मराठी संस्कृति पर खतरा महसूस हुआ और विपक्षी आवाजों ने लगभग तय-सा कर दिया कि मुम्बई के आईपीएल मुकाबलों में चीयर

लीडर्स नहीं होंगी। आरोप उसी तरह के रहे, जिस तरह के डांस बारों में नाचने वाली युवतियों के सन्दर्भ में लगाये गये थे। वे जिस तरह से न्यूनतम कपड़े पहनती हैं, जिस तरह से नाचती हैं, जस तरह से उनके हाव-भाव में सेक्सी टच रहता है और अंग-प्रदर्शन रहता है, उस सबका अच्छा असर नहीं होता। भारतीय संस्कृति के लिए यह सब ठीक नहीं, खतरनाक है। इसलिए उसे रोका जाना चाहिए।

विरोध के इन स्वरों को आईपीएल और बीसीसीआई ने सुना। उन्हें लगा कि उनके मैचों की असली यूएसपी तो इस तरह के विरोध से किनारे हो जाएगी इसलिए वे बोले। बात की। बीसीसीआई के मुखिया शरद पवार ने बात की तो मामले में खुद पानी मिलाया गया और कहा गया कि चीयर लीडर्स नाच सकती हैं। मगर ठीक से कपड़े पहनकर।

राज ठाकरे ने इसके भी आगे जाकर फरमाया कि चीयर लीडर्स की जगह पंजाबी भाँगड़ा अच्छा विकल्प हो सकता है।

विकल्प दिया गया। एक मैच में लेजिम वाले लड़के जरूर देखे गये। वे मैदान में दर्शकों का मनोरंजन करने के लिए लेजिम एक्सरसाइज कर उसकी आवाज से मनोरंजन कर रहे थे। चीयर लीडर्स लड़कियों को पूरे कपड़े पहनाये गये होंगे। हाव-भाव कैसे रहे? निश्चय ही संस्कृति के लिए वे खतरनाक नहीं रहे होंगे।

महाराष्ट्र और उसमें राज ठाकरे और उनके पीछे-पीछे उनकी स्थानीयतावादी विचार छाया में पलने चलने वाले महाराष्ट्र के सत्ताधीश जिस तरह से राज ठाकरे के हिन्दीजन के अन्ध-विरोध के सिलसिले में चुप्पी साधे हैं, उससे इतना तो सिद्ध होता है कि महाराष्ट्र और उसमें भी मुम्बई जैसे मैट्रो शहर को नयी गैर मैट्रो परिभाषा में बाँधने की कोशिश हो रही है। लोग अब इसके आदी-से हो चले हैं।

इस बार संस्कृति का खतरा सूँघने की व्याधि पश्चिम बंगाल भी जा पहुँची। एक लाइन की खबर यह आयी कि पश्चिम बंगाल के एक मंत्री जी ने भी ऐसा ही कुछ चीयर लीडर्स के बारे में फरमाया है तो लगा कि जिस रेनेसाँ की, मानववादी विकास की अग्रता की बात अक्सर मराठी और बांग्ला कल्चर को लेकर होती रहती है, जिस उदारता की बात की जाती रही है, उसका युग खत्म हो चुका है और ये समाज अब अपने सिकुड़ने के दहाने पर खड़े हैं। हर बार किसी भी सांस्कृतिक मसले पर भावनात्मक विरोध अपने में एक कामचलाऊ तरीका बन गया है।

हमारा मीडिया ऐसे विरोध को अच्छी जगह देता है और अगर इस राजनीति का लक्ष्य कोई नरम निशाना हो तो पौ-बारह होती है।

चीयर लीडर्स का विरोध इसी श्रेणी का विरोध रहा। उनका विरोध करने वाले आईपीएल के विरोध में नहीं रहे। क्रिकेट का जो मैदानी रूप आईपीएल ने बना डाला है, उस पर किसी के कल्चर को खतरा नहीं हुआ। क्रिकेट में खिलाड़ियों के आचरण को लेकर जिस तरह की बातें चर्चा में रही हैं, जिस तरह से भज्जी-साइमण्ड विवादों में मंकी की जगह माँ की गाली को वैधता-सी दी गयी, उस प्रकरण में किसी की संस्कृति खतरे में नहीं आयी। माँ की गाली संस्कृति का हिस्सा बन गयी या कहिए कि चुप-सी लगा ली गयी। राष्ट्रीय अभिमान सामने आ गया। उसके पीछे बीसीसीआई और भारत में क्रिकेट के सबसे बड़े खेल उद्योग के होने के पूँजीगत दबाव ने 'माँ की गाली' तक को नजरन्दाज कर दिया। एक घनघोर मर्दवादी लम्पटता चुपके से चलने दी गयी और सारा ध्यान मंकी शब्द के नस्लवादी होने पर ही रहा। मंकी कहा गया कि नहीं और हिन्दी का वाचिक कौशल देखिए कि 'मंकी' जरा से बलाघात के बदलने मात्र से 'माँ की' गाली में आसानी से बदला जा सकता है। लम्पटता और मर्दवाद की ऐसी वैल्यू मान्य हो गयी कि उस पर किसी नैतिक उँगली ने आपत्ति नहीं की। खेल की समीक्षाओं और विवादों तक में माँ की गाली क्षम्य हो गयी। नैतिक विपक्ष का पाखण्ड इसी तरह सामने आता रहता है।

आईपीएल के वर्तमान ट्वेंटी-ट्वेंटी फार्मेट बड़ी पूँजी और बड़े हितों के संजाल का परिणाम है। यह कई गुना बढ़ी पूँजी का सबसे कम समय में सबसे ताकतवर बन चल नया सकल मनोरंजन उद्योग है, जिसका अपना जादू और प्रदर्शन का तमाशा है। क्रिकेट एक ही वक्त में बिग बिजनेस, कारपोरेट घरानों और मीडिया उद्योग का संयुक्त उद्यम होकर खेल और खिलाड़ियों की बॉडी शॉपिंग है। अभी इसका सीधा दबाव खिलाड़ियों की तन्दरुस्ती पर होना है। मैदान में, आचरण में अराजकता बढ़नी है।

यह सब खेल की दुनिया के लिए नया नहीं है। अमेरिका में बेसबॉल, अमेरिका फुटबाल आदि सब बहुत पहले एक विराट संचालित कारपोरेटी उद्योग में बदल गया है। चीयर लीडर्स यानी अपने क्लब के पक्ष में प्रसन्नता को प्रदर्शित कर प्रसन्नता बाँटने वाली टीमें कॉलेजों के युवाओं के उस अतिरिक्त 'पेड' प्रयत्न का परिणाम रहीं, जहाँ उनके पास लॉयल्टी के लिए अपने क्लब या कॉलेज के अलावा दूसरा नहीं होता था। अपने यहाँ क्रिकेट को राष्ट्रवादी मुहावरे में चलाया

गया, फिर एकदिवसीय तक राष्ट्रवादी अधिक रही। लेकिन अब लॉयल्टी क्लब लॉयल्टीज की तरह बनायी जानी है। यह एक नयी प्रक्रिया है। इसके पकने में टाइम लगना है। मगर पकेगा जरूर। साठ हजार करोड़ से कहीं ज्यादा की पूँजी की अपनी ताकत होती है जो इस तरह के नैतिक प्रश्नों को ज्यादा तरहीज नहीं दे सकती। ऐसे तमाम नैतिक विरोध पक्ष का प्रभामण्डल कई बार सन्दिग्ध नजर आता है। प्रायः चालू नैतिक ब्रिगेडी मुहावरा राजनीतिक सत्तावादी मुहावरा होता है। नैतिक सवालों से उसका कोई लेना देना नहीं होता। नैतिकता का सच्चा दावेदार अपने आप से सबसे पहले पूछता है कि क्या यह नैतिक मानक तुम्हारे अपने ऊपर लागू होता है? और अगर हाँ में उत्तर होता है तो फिर नैतिक विमर्श बनता है। नैतिकता की तलवार दुधारी होती है, जिसकी पहली तीखी धार नैतिक सवाल उठाने वाले को काटती है। उसके बाद ही उसके सवाल वैध होते हैं। इस प्रकरण में किसके सवाल कितने वैध हैं, यह किसी बहस का विषय नहीं है।

रही बात चीयर लीडर्स की, विदेशी पश्चिमी कल्चर होने की, तो जरा सोचें। हमारे पुराणों में जब भी कोई अवतार किसी राक्षस का संहार करता है, तब आकाश में खड़े होकर देवतागण पुष्प-वर्षा करते हैं। ऐसे सीन बार-बार बताये जाते हैं। आकाश से पुष्प-वर्षा करते हर्षित होते देवतागण पौराणिक संस्कृति के सबसे पुराने 'चीयर लीडर्स' नजर आते हैं। चीयर लीडर्स का काम अपने पक्ष को मजबूत करना, उसका उत्साहवर्धन करना ही तो है। वे यही करते हैं। फर्क यह है कि वे सब देवता हैं। देवी वहाँ नहीं हैं। और क्रिकेट मैंचों के चीयर लीडर्स में लड़कियाँ ज्यादा हैं जो कम कपड़ों में हाथों में चमकने वाले कागज की झालरें लेकर हरदम प्रसन्न चेहरे बनाये डाँस करती रहती हैं। उनकी टाँगे लम्बी, सुडौल और सीधी हैं। वे किसी सौन्दर्य प्रतियोगिता में से आयी लगती हैं। उनका रंग गोरा है। वे युवती हैं और मैदान में इतने मर्दों की भीड़ में वे अरक्षित इस कदर 'अंग प्रदर्शन' करती दिखाती हुई, मर्दवादी बना दिये गये क्रिकेट में दर्शक मर्दों की नजरों का आखेट बन सकती हैं। उन्हें सेक्सी माना जाता है, इसलिए भारतीय किस्म का मर्दवादी उन्हें 'अपने लिए' है। उनका मैदान में होना इस कदर प्रसन्न होना चिढ़ाता है और इसे कण्ट्रोल करना जरूरी है ताकि घर पर भी, औरत पर कण्ट्रोल रहे। इसलिए विरोध आसान और मजेदार मर्दवादी तरीका ठहरता है।

एक बेहद बड़ी पूँजी की माँग है कि क्रिकेट मनोरंजन का लाइव रूप बने और वह कारपोरेट की तिजोरियाँ भरता रहे। उसके पीछे कारपोरेटी पूँजी, मीडिया और वॉलीवुड का, सबका बड़ा पैसा लगा है। जो लोग मुम्बई की परम नैतिक परिभाषा

करने पर उतारू हैं, वे यह बताएँ कि क्या बॉलीवुड इस तरह की खुली संस्कृति का अगुवा नहीं रहा? क्या वही उसकी यूएसपी नहीं है। आप अपनी नैतिकता के चलते इस बॉलीवुड का क्या करेंगे जिसमें आइटम सांग-डांस इन चीयर लीडर्स को मीलों पीछे छोड़ देते हैं।

मनोरंजन का जगत् एक जटिल और बड़ी पूँजी का जगत् है। उसे कच्ची नकली नैतिकता की लूट से बनाना हास्यास्पद है। चीयर लीडर्स से परेशान लोग अन्ततः 'फीयर लीडर्स' ही हो सकते हैं।

18 मई 2008

धर्म की काया माया

ज्यों-ज्यों आर्थिक अविकास और विकास की उलझनों के बीच का, मार्केट के तुरन्ता उतार-चढ़ाव के बीच का द्वन्द्व बढ़ा है, त्यों-त्यों भारतीय लोगों में धर्म के प्रति एक नया रुझान सामने आया है। वह जितना भौतिकवादी-उपभोगवादी हुआ है, उतना ही धर्मवादी भी होना चाहता है। इस क्रम में धर्म-व्यवहार को भी वह उपभोग की तरह लेता है। राजनीतिक-सांस्कृतिक संगठन तक धर्म को इसी अर्थ में लेते हैं। वे उसका राजनीतिक उपभोग करते रहते हैं। धर्म की अपनी माया इन दिनों ज्यादा बढ़ी है।

कोई जमाना था, जब कुछ सच्चे किस्म के भक्त लोग होते थे, भक्ति करने के नाना उपाय और मार्ग बताते थे। इस हेतु अनेक भक्ति मार्ग और दर्शन बने। कोई राम भक्त हुआ, कोई कृष्ण भक्त, कोई शैव रहा, कोई शाक्त, कोई तंत्र-मंत्र साधता रहा। भारतीय इतिहास के मध्यकाल में हिन्दी में भक्त कवियों ने अपने समय में धर्म के विचलनों को देखा है। तुलसी ने तो कई बार बताया है कि धर्म का क्षय हो रहा है, अधर्म और अधम लोगों का बोलबाला है, सन्त की जगह असन्तों ने ले ली है, वे स्वयं माया में लिप्त हैं। कबीर ने कहा कि जिन भगवानों को पूजा जाता है, वे तक माया में लिप्त हैं। ईश्वर कृपा, सच्चे गुरु और सच्ची साधना से ही परमेश्वर मिल सकता है।

पुराणों की कथाओं में ईश्वर भक्त प्रहलाद और ध्रुव को तरह-तरह की यातनाएँ झेलनी पड़ीं। रावण को भी शिव को प्रसन्न करने के लिए अपने सिर काट-काटकर चढ़ाने पड़े। उन्हें पढ़कर यह भाव पैदा होता है कि ईश्वर की सच्ची कृपा सेंत-मेंत में नही होती। उसके लिए सब कुछ यानी माया-मोह छोड़ना पड़ता है।

बाद में बहुत से ऐसे पन्थ भी बने, जो कहने लगे कि भगवत कृपा के लिए इतना सब त्यागने की जरूरत नहीं। भगवान् की बनायी सृष्टि में विद्या, माया का ग्रहण करना अविद्या से दूर रहना ही काफी है। इसके लिए आप राम का नाम

चाहे जैसे भज सकते हैं या भगवान् के अवतार की लीला में शामिल होकर चल सकते हैं। नवधा भक्ति अब नौ सौ प्रकार की भक्ति बन गयी है।

यह भक्ति का पॉपुलर रूप रहा, जिसने भक्ति को कठिन बनाकर आसान बना डाला। यह भक्ति का समाजीकरण ही था, जो समाज के कारण ही सम्भव हुआ। माया से लड़ने के संकल्प के पॉपुलर संस्करण में 'माया' को ही अपनाने पर जोर बढ़ गया।

आज जो भी नजर आता है, वह इन सबका ग्लोबल युगानुरूप विस्तार ही कहा जा सकता है।

धर्म अब एक धन्धा है। खुलेआम, अरबों-खरबों का बिजनेस। बड़े मन्दिरों की प्रचार से महिमा निर्मित की जाती है और उनके पास अनाप-शनाप चढ़ावे आते हैं। कई मन्दिर इनकम टैक्स में छूट लेकर काले धन को सफेद करने में मदद करते हैं।

आज मन्दिर-मस्जिद-गिरजाघर-गुरुद्वारावादी भाव बढ़ चला है। सब एक पॉपुलर धार्मिक व्यवहार बनाने में लगे हैं। इसी अनुपात में धर्म में भौतिकता का माया, मोह और राजनीति का प्रवेश होने लगा है।

अरसा पहले एक अखबार और मिडिया एजेंसी ने सर्वे किया था, जिसमें बताया गया था कि भारत के निन्यानबे फीसदी से भी ज्यादा लोग धर्म से डरते हैं और अपने-अपने धर्म के अनुसार पूजा-इबादत आदि में विश्वास रखते हैं, उसे व्यवहार में लाते हैं।

इन दिनों आप आधा दर्जन धार्मिक चैनलों पर चौबीस घण्टे प्रसारण करने वाले सैकड़ों बाबाओं को सुनते-देखते हैं। उनके पास अकूत सम्पदा है। उनके सिंहासन चमकदार हैं। उनके भक्तों में पैसे वाले हैं, गरीब हैं, राजनेता हैं, अभिनेता हैं। और क्या पता और कौन-कौन हों? उनमें से कइयों के ऊपर तरह-तरह के आरोप लगते रहते हैं। ऐसे कई बाबाओं ने भगवान् की जगह ले ली है। वे स्वयं को भगवान् की जगह रखना पसन्द करते हैं, भक्त उन्हें उसी भाव से पूजते हैं। वे स्वयं अपनी लीलाएँ रचते हैं।

एक बाबा जी के बारे में कहा जाता है कि वे इतने बड़े तपस्वी हैं कि उनके पन्द्रह दिन के तप के बाद स्वयं मेनका उनके पास आ जाती हैं। इनकी उम्र सत्तर के आसपास है। ये बाबा अपने भक्तों के आगे नाचने लगते हैं, गाने लगते हैं, मुरली बजाने लगते हैं। दूसरे, तीसरे, चौथे बाबाओं के बारे में ऐसी कहानियाँ मशहूर हैं।

यह सच्चे धर्मभाव का माया में आकण्ठ डूबना है, उसका दोहन है, सांस्कृतिक-राजनीतिक उपभोग है, यह ग्लोबल है। बड़े बाबा लोग ग्लोबल ट्रिपों में डॉलरों की कमाई करते हैं, इनकी सम्पत्तियाँ अकूत हैं। उनका आकलन नहीं किया जा सकता। वे जन-मन को कण्ट्रोल करते हैं। यह धर्म के मायामय हो उठने का दौर है...।

16 सितम्बर 2008

नये पैसे की रोशनी

नैया में जल बढ़ता है तो उलीचना होता है। वरना नैया डूब जाती है। घर में पैसा बढ़ता है, उसे भी दोनों हाथों से उलीचना चाहिए। यही सयाने लोग कहते हैं। ऐसा न करने से घर का हाल नाव-जैसा होता है।

पानी बढ़ रहा है।

इन दिनों जगह-जगह, हर पल, हर छिन धन-वर्षा हो रही है। नाव में पानी बढ़ रहा है। अपने नये कुबेर फोरबिस और फोर्चून सेठ छाप पत्र-पत्रिकाओं में दुनिया के पहले दस-बीस-पचास-सौ सबसे बड़े अमीरों में गिनती पाने लगे हैं। ये अरबों नहीं, खरबों की अकूत सम्पदा के स्वामी हैं। दिनानुदिन धन-वर्षा बढ़ती जाती है।

मगर उनके हाथ उसे 'उलीचते' नहीं, बाँटते नहीं, वे उसे और बढ़ाते जाते हैं, और बढ़ाते जाते हैं, वे कुबेर से आगे निकल जाने की चाह में दौड़ रहे हैं, हाँफ रहे हैं।

पुराने वक्तों में पैसे वाले पैसे का ऐसा संचय, 'उपयोग' नहीं करते देखे गये। वे प्याऊ लगवाते, रैनबसेरे बनवाते, धर्मशालाएँ बनवाते, स्कूल खुलवाते, दान देते, वृत्तियाँ देते नजर आते हैं। नये सेठ का नारा :

मेरा पेट हाऊ।
मैं न देहौं काऊ ॥

यह हमारे नये धन्नासेठों की दुनिया है, जो नए उभरते मध्यवर्ग के आदर्श हैं। एक सेठ अरबों रुपये का एक 27 मंजिला भवन बनवा रहे हैं, जिसमें एक हैलीपेड भी होगा। एक सेठ ने इंग्लैण्ड में सबसे ऊँची बोली लगाकर एक बड़ा मकान खरीद डाला, मगर उसकी खुशियाँ चन्द दिन ही टिकी रह सकीं। अब एक रूसी धन्नासेठ ने एक और भी भव्य-दिव्य भवन और अधिक रेकार्ड-तोड़ कीमत देकर खरीद डाला।

एक सेठ ने अपनी शादी की वर्षगाँठ पर अपनी पत्नी को एक पूरा जेट एअरलाइन गिफ्ट में दे दिया।

एक ने अपने पुत्र को उसके जन्मदिन पर पूरी एअर फ्लीट लांच भेंट कर दी।

ये तो कुछ उदाहरण हैं। ज्यों-ज्यों पैसा आया है, बड़ा पैसे वाला उतना ही कंजूस होता चला गया है। वह देता है, तो किसी 'पराये' को नहीं देता, किसी 'समाज' को नहीं देता। वह देता है, तो 'अन्धा बाँटे रेवड़ी' के हिसाब से 'अपनों' के बीच ही देता लगता है। वह अपने घर, अपने बच्चों, अपने कुत्तों से बाहर किसी दुनिया को नहीं पहचानता, जबकि यह बाहर चोबदार तैनात होते हैं। बाअदब बा-मुलाहिजा होशियार का ऐलान होता है। वो पधारता है। उसके पीछे कोर्निश बजाते उसके ताबेदार लम्बे-लम्बे साफे बाँधे, अचकनें पहने, जूतियाँ पहने आते हैं। दरबार की तरह दरबार लगता है। सिंहासन की तरह सिंहासन होता है, तब यह नया मोगाम्बो कहता है, मोगाम्बो खुश हुआ!...

नये धन कुबेर लिप्सायमान रहते हैं। अपने ऐशोआराम से फुरसत नहीं होती। अपने नीचे, आसपास, पड़ौस नहीं देखते। संसार के किसी निश्चित गारण्टीड आनन्द कानन में वे रहने को विकल रहते हैं।

नया धन कुबेरी मध्यवर्ग, इस क्रम में अधिकाधिक स्वार्थी और उसी मात्रा में अधिकाधिक दुस्साहसी होता जाता है। कहीं नशे में बीएमडब्ल्यू गरीबों को कुचलती निकल जातीं है। कहीं गैस फटकर हजारों को खत्म कर देती है। कहीं काले हिरणों का शिकार किया जाता है। कहीं कायदे-कानून ताक पर रखकर, जमीनें, फार्म खरीद डाले जाते हैं। सब अपने लिए। अपने पेट के लिए। पेट जिसमें सारी दुनिया समा जाए, तो भी चैन न पड़े।

यहाँ उसका दुस्साहसी मन हिंसक मन में बदल जाता है। मानवोचित संवेदनशीलता सूख जाती है। अपने हित में सब सही है। शेष गलत है। वह न्याय उसे प्रिय लगता है। फिर उनमें उनके नुमाइन्दों में एक दिन टकराव होता है हितों का। और फिर होते हैं गृहयुद्ध। महाभारत होते हैं। आखिर में सबका 'मौसल पर्व' आता है। नये कुबेरों का भी आता है।

यह जीवन पूरा रूपक है। समुद्र मंथन किया देवों-दानवों ने। सहारा लिया वासुकी का। मन्दराचल पर्वत का। वासुकि तो बेचारा पिस गया। जो रत्न निकले, उनमें से लक्ष्मीजी को भगवान् विष्णु जी ले गये। विष्णुजी को लक्ष्मी वितरण ठीक करने के लिए अवतार लेने पड़ते हैं, व्यवस्थाएँ ठीक करानी पड़ती हैं।

नव धन कुबेर विष्णु की तरह न है, न हो सकता है। उसमें अति स्वार्थ का रावणभाव है।

मन्दी में आनन्द

लीलाओं का मौसम है। यह फेस्टिव सीजन है। होली आने तक का कैलेण्डर उत्सवों से भरा रहता है। फेस्टिव यानी उत्सवी। उत्सव मनाने का भाव यानी समारोही आनन्द का भाव! समारोही भाव यानी जिसमें सब आरोहित हो सकें, वह भाव! एक सामूहिक भाव! ऐसे ही भाव पॉपुलर कल्चर के अवसर होते हैं। दीवाली हो, ईद हो, क्रिसमस हो, सब में आनन्द का निर्माण समान तत्त्व होता है। आनन्द का निर्माण, भावना की आपूर्ति से तय होता है। भावना की आपूर्ति उपभोग की आपूर्ति से सम्बद्ध होती है। और इस बार उत्सवी सीजन में मन्दी का भाव है। स्टॉक बाजार का बैठना, हर ओर हिंसा और असुरक्षा का होना, अच्छे उठान वाला बाजार नहीं बनने देता। इस बार के उत्सवी सीजन पर इस मन्दी भाव का असर देखने को मिला है।

दिल्ली में करोड़ों के बजट वाली सौ से ज्यादा रामलीलाएँ हुई हैं। पूरे देश में दसियों हजार रामलीलाएँ होती होंगी। पश्चिम बंगाल में हजारों पूजाएँ होती हैं। फिर भी उत्सव का मूड है, मगर महँगाई है, दाम बढ़े है। रिपोर्टों के अनुसार, रामलीलाओं में भीड़ें कमतर नजर आयी हैं। नयी पीढ़ी नहीं आ रही है। लीला कमजोर तबकों का, औरतों का मेला भर रह गया है। इसका सबका बड़ा कारण मन्दी, महंगाई और हिंसा की मार है।

ऐसे में पॉपुलर कल्चर क्या कर सकता है? क्या मन्दी में कोई कुछ कर सकता है? क्या निराशा में कोई पॉपुलर कल्चर हो भी सकता है? सामान्य उत्तर है कि नही हो सकता।

मार्केटिंग के सरल नियम के अनुसार तो उदास वातावरण आनन्दोत्सव के निर्माण के लिए अच्छा वातावरण नहीं माना जाता। मन्दी मन को भी मन्दा करती है, अवसाद लाती है, निराशा बढ़ाती है। हताशाएँ चरम पर होती हैं। समाज में उत्साह की जगह अवसाद का राज्य होने लगता है। यह बताता है कि कल्चर का सम्बन्ध समाज की आर्थिकी से अनिवार्यता से जुड़ा होता है, लेकिन यह सिक्के का एक पहलू है। दूसरा पहलू इसके विपरीत भी हो सकता है। इतिहास गवाह

है। निराशा में भी पॉपुलर कल्चर बना है। कल्चर्स ने निराशाओं को आशाओं में बदला है। यहाँ तक कि ठण्डे बाजार में उत्साह पैदा किया है। रुके चक्के को चालू किया है।

पश्चिमी पॉपुलर कल्चर का इतिहास इसका गवाह है। कहीं न कहीं अपने पॉपुलर कल्चर का इतिहास भी ऐसी गवाही दे सकता है। पश्चिम में, खास कर अमेरिका में जब पिछली सदी में उन्नीस सौ उन्तीस-तीस में महामन्दी छायी तो निराशाएँ बढ़ीं। कारोबार बाजार ठप्प हो गये। जीवन निराशामय हो गया। तब वहाँ के कॉर्पोरेट मालिकों ने, मीडिया के मालिकों ने, हॉलीवुड और विज्ञापन उद्योग के मालिकों ने गहन विचार किया कि क्या इस मन्दी से उबरने के लिए पॉपुलर कल्चर के रूपों यथा फिल्मी, नाच-गानों, विज्ञापनों को सक्रिय किया जा सकता है। और ऐसा किया गया। निराशा से आशा की ओर लाने वाले संदेश आदमी की जरूरतों से जोड़कर दिये जाने लगे। उत्साह का संचार करने वाले विज्ञापन दिये जाने लगे। कल्चर का रुख आदमी की जरूरतों को उसके जीवन से जोड़कर अन्ततः उसमें आनन्दभाव पैदा करने की ओर उन्मुख हुआ और देखते-देखते उत्साह का वातावरण बना। अमेरिकी विज्ञापन उद्योग और हॉलीवुड का इतिहास इस बात की गवाही देता है। अपने इतिहास में आनन्द के निर्माण पॉपुलर कल्चर के निर्माण और उसके सामाजिक सम्बन्ध पर इस तरह के शोध नहीं हुए हैं, लेकिन ऐसे ऐतिहासिक दौरों की कल्पना की जा सकती है, जब घोर निराशाओं के बीच भी आनन्द के निर्माण में पॉपुलर कल्चर ने अपनी भूमिका निभायी हो।

इस बार का कुछ उत्सवी सीजन ठण्डा है कॉर्पोरेट या सरकारें इस तरह के भाव मूलक सामाजिक सरोकार अपने एजेण्डे पर नहीं रखते। कॉर्पोरेट सामाजिक जिम्मेदारी को कुछ मानते हैं, कुछ नहीं मानते। जो मानते हैं वे एड्स जनशिक्षण की बात ज्यादा करते हैं। वे समाज के भाव निर्माण के लिए अम्बानीज फिल्म में पैसा लगाएँगे, लेकिन उनमें क्या 'भाव-निर्माण' होगा, उसके बारे में बहुत बारीकी से नहीं सोचेंगे। पैसा कमाना एक मात्र उद्देश्य होगा। कॉर्पोरेट की इस वातावरण को दूर करने में एक भूमिका हो सकती है, इस बात का प्रमाण नहीं मिलता, जबकि मिलना चाहिए।

विज्ञापनों में नये उपयोगी प्रयोग नहीं मिलते। अभावग्रस्त सीमित समाज के सिकुड़े हुए बाजार में सिर्फ सेक्स अपील कर चीज बेचने का संदेश, नासमझी ही कही जा सकती है।

पॉपुलर कल्चर इस मन्दी को पलटने में एक बड़ी भूमिका निभा सकती है। बशर्ते उससे जुड़े लोग अपनी जिम्मेदारी समझें।

नवम्बर 2008

मिक्सिंग

हाय मिक्स-मिक्स

शरीर में है। तकरीर में है। पनीर में है। अमीर में है। जमीर में है। खमीर में है। आत्मा में है। धर्मात्मा में मिक्सिंग है। परमात्मा में मिक्सिंग है। दुरात्मा में मिक्सिंग है। हुतात्मा में मिक्सिंग है। मन में है। तन में है। जन में है। गन में है। रन में है। वन में है। टन में है। सृष्टि के कन-कन में है। बताइए किस छन में नहीं है—मिक्सिंग। ऐसी चीज ढूँढ़ना मुश्किल है, जिसमें कोई दूसरी चीज आकर मिक्स न हो रही हो। और मिक्स होती न दिख रही हो और मिक्स होते हुए वह चीज मस्त न लग रही हो।

धर्म में मिक्सिंग, अधर्म में मिक्सिंग, कर्म में मिक्सिंग, मर्म में मिक्सिंग, शर्म में मिक्सिंग, फर्म में मक्सिंग, चर्म में मिक्सिंग, जर्म में मिक्सिंग, सब तरह की सब तरफ मिक्सिंग ही मिक्सिंग है। पूरब मिक्स, पश्चिम मिक्स, उत्तर-दक्षिण मिक्स खेवा मिक्स, देवा मिक्स। स्वर्ग मिक्स। नर्क मिक्स। मिक्सिंग ही मिक्सिंग। ऐसा लगता है कि कोई जबर्दस्त मिक्सी, सबको फेंटे दे रही है। रीमिक्स किये दे रही है। ये मिक्स मिक्स हाय मिक्स ये मिक्स मिक्स हाय मिक्स। मिक्स भाषा की मिक्सिंग, संस्कृति की मिक्सिंग हर घड़ी हर वक्त है। हिन्दी में अंग्रेजी मिलकर 'हिंगलिश' मस्त। पंजाबी में इंग्लिश मिलकर पिंगलिश मस्त। इसी तरह से मलयालम की 'मिंगलिश' मस्त। तमिलांचल की 'तिंगलिश' मिक्स। अंग्रेजी में हिन्दी मिलकर नयी तरह की इंग्लिश—हिन्दी यानी 'इन्दी' मस्त। अंग्रेजी में पंजाबी की 'पिन्दी' मस्त। अंग्रेजी में मलयालमिया 'मिन्दी' मस्त। इसी तरह से 'तिन्दी' मस्त। 'बिन्दी मस्त। खून में मिक्स। चून में मिक्स। नून में मिक्स। जुनून में मिक्स। कानून में मिक्स। हनीमून में मिक्स। जित देखो तित मिक्स-मिक्स।

इस भूमण्डलीकृत दौर का सबसे बड़ा पपलू 'मिक्सिंग' है। प्योर मिलता नहीं। स्योर मिलता नहीं। शुद्ध मिलता नहीं। अशुद्ध ही शुद्ध है। शुद्ध अवरुद्ध है। 'असली' शब्द सिर्फ एक शब्द भर है। कहने को है। चाहने को है, लेकिन असली के नाम पर जो है, वह 'असली अशुद्ध' है। देखते-देखते 'नकल' की, 'नकली' की, मिक्स की, रीमिक्स की ऐसी हवा बही है कि आदमी नकल असल का फर्क भूल चला है। नकली की गारण्टी है। नकली की वारण्टी है। असली की एक कल्पना है। मिक्स वक्त की जरूरत है। मिक्स एक पॉजिटिव वैल्यू बन चला है। कोई जमाना रहा जब लोग असली दूध, असली घी, असली रेशम, असली चाँदी, असली सोने की बात करते थे। अब असली आदमी तक नहीं मिलता। उसे अपने नाम के आगे असली लिखना पड़ता है। इससे उसके नकली होने का यकीन 'असली' हो उठता है। आप कहीं नज़र डालिए। कहीं तलाशिए। हर चीज नकल नज़र आती है। हर चीज भ्रष्ट नज़र आती है। मिक्सिंग यानी मिलावटिंग। मिक्सिंग यानी भ्रष्टिंग।

ईश्वर की तरह छन-छन, कन-कन में व्याप्त मिक्सिंग के बावजूद आदमी शुद्ध प्योर, मौलिक की कामना करता रहता है और जितनी कामना करता है, उतना ही अ-मौलिक, अ-शुद्ध और 'मिश्रित' उसे मिलता है। मिश्र का युग है। अमिश्र का नहीं। इसीलिए कहते हैं कि शुद्ध एक शब्द भर है, जिसका अर्थ कोई नहीं रह गया है। वह ऐसा शब्द है, जिसकी असलियत ही सन्दिग्ध है। तो भी लोग 'मिक्सिंग' का विरोध करते रहते हैं। आदतन ऐसा करते रहते हैं। परिणाम यह है कि जितना विरोध किया जाता रहा है, उतना ही 'मिक्सिंग' का रुतबा बढ़ता जाता रहा। वैल्यू बढ़ती रही। इस पोस्टमार्डन युग में 'मिक्सिंग' सत्य है, 'शुद्धम्' मिथ्या है।

1 नवम्बर 2009

परिवार से अ-परिवार तक की यात्रा का दशक

इस दशक में परिवारों का रूप तेजी से बदला है। सब परिवार एक तरह के नहीं हैं, लेकिन बदलाव सबमें आया है। समाज के अ-समान विकास के कारण परिवारों के नक्शे बहुस्तरीय हैं। तो भी परिवारों में बहुत-सी बातें समान हैं। परिवार का आकार, परिवार का घर, परिवार की आमदनी का जरिया, परिवार की उत्कर्षेच्छु गतिमयता, उसके पास उपलब्ध संचार और शिक्षा के सामान तथा आराम देने वाली सुविधाएँ और खाली वक्त आदि कुछ संकेतक बताते हैं कि आर्थिक-सामाजिक बदलाव का सबसे ज्यादा दबाव परिवारों पर है। परिवार बदले हैं और बदल रहे हैं।

अब न तो कहीं बड़े संयुक्त परिवार या कुनबे बचे हैं, जिनमें तीन-चार पीढ़ियाँ एक साथ रहती हों, न ऐसे परिवार बचे हैं जिनमें तीन पीढ़ियाँ एक साथ सुखपूर्वक रहती हैं। जहाँ हैं, उनमें स्पेस की प्राइवेसी की नई समस्याएँ आने लगी हैं। अक्सर खबरें आती रहती हैं कि बहू-बेटे ने मिलकर माता-पिता को बुढ़ापे में घर से बाहर निकाल दिया। फिल्म 'लगे रहो मुन्ना भाई' ने इस तरह के वृद्धों की समस्याओं को बड़े तीखे ढंग से उजागर किया है। वृद्धाएँ कहाँ गईं, इस ओर अभी नजर ही नहीं है।

अब शहरों में, खासकर बड़े शहरों में, महानगरों में दो पीढ़ी वाले एकल परिवार ही ज्यादा नजर आते हैं। पिछले दस सालों में इस एकल परिवार में भी समस्याएँ बढ़ी हैं। एकल परिवार अब 'एक-एक' के अलग-अलग परिवार और 'अ-परिवार' तक विखण्डित हुए हैं।

अगर किसी बड़े शहर में किसी पुरानी बस्ती में यथा दिल्ली, कोलकाता में कुछ बड़े परिवार कई पीढ़ियाँ एक साथ जीते हुए कभी-कभी सुन पड़ते हैं तो मालूम पड़ता है उनका एक चूल्हा नहीं है, बल्कि अनेक चूल्हे हैं, रसोई हैं। महानगर में अलग-अलग रहना बहुत महँगा है, इस कारण वे एक हवेली या बड़े

मकान में रहते हैं। लेकिन जिस गति से शहरी जमीन और बस्तियों की कीमतें बढ़ी हैं, उसके कारण परिवारों में बिखराव हुआ है।

यह लेखक अपने अनुभव से पन्द्रह-सोलह साल पहले आबाद एक ऐसे बड़े परिवार को जानता है जो पुरानी दिल्ली में रहता था, जिसमें साठ-सत्तर का कुनबा रहा करता था। चार पीढ़ी एक साथ रहती थीं। अब वह धीरे-धीरे बिखर गया है। शायद वह हवेली भी बिक गयी होगी। उसमें कोई बिजनेस, कोई शोरूम, कोई दफ्तर खुल गया होगा। पिछले दसेक सालों में हर शहर ने अपना रिहायशी स्पेस बढ़ाया है। सोसाइटीज बनी हैं, फ्लैट सिस्टम लोकप्रिय हुआ है। और पूरी की पूरी 'सिटीज' या 'मेगासिटीज' बनी हैं। ये मिनी शहर की तरह बसाये गये हैं। इस तरह महानगरों में शहरों के बीच उप 'सिटीज' बनी हैं और शहरों के पुराने स्पेस को बदल रही हैं। उनमें नये परिवार अपने-अपने स्वर्ग को बनाने चले गये हैं। आमदनी और काम की नजर से ऐसे नये परिवार छोटे-'डबल इनकम ग्रुप' वाले हैं, जिन्हें अंग्रेजी में 'डिंक्स' कहा जाता है। पतिदेव नौकरी करते हैं, बीवीजी नौकरी करती हैं। चौबीस गुणा सात घण्टे वाली नौकरी है, गाड़ी हैं, लैपटॉप हैं, ब्लैकबेरीज हैं।..और बाल बच्चे? वे तो फिलहाल स्थगित हैं। ये नयी सिटीज, सोसाइटीज महानगरों के बाहरी इलाकों में बन उठी हैं। इन्होंने परिवार को बदला है, उसकी विजीबिलिटी को बदला है। अब किसी पार्टी में, शादी-ब्याह में पति-पत्नी इकट्ठे नहीं आ पाते। एक पहुँचता है, तो दूसरा एक बुके के साथ सॉरी का सन्देश भेजकर दफ्तर में अटका रहता है।

पैसा, पार्टी और पावर की तीन 'पी' नये एकल परिवारों से बच्चे को पोस्टपोन कर रही हैं। बच्चों को लेकर देर रात पार्टियों में मजा नहीं किया जा सकता। तो इस तरह के परिवारों में बच्चे सबसे पहले आउट हैं। यह ऐसे एकल परिवार हैं जिनमें बच्चों की किलकारियाँ कम सुनाई पड़ती हैं।

दिल्ली का ही प्रापर्टी सेल-परचेज के चलन को देख लिया जाए या अखबारों में, टीवी में, रेडियो में रीयल स्टेट के विक्रेताओं बिल्डरों के नित्य छपने वाले विज्ञापन देख लिये जाएँ तो हमें परिवारों के तेज संक्रमण का एक नक्शा मिल सकता है। यह सब पिछले सालों में तेजी से हुआ है। पुरानी दिल्ली के दो-तीन तल्ले वाले एक ही घर और परिवार से जगर-मगर मकान खूब बिके हैं। उनमें बाजार बने हैं और औलादें फ्लैटों में, सोसाइटियों में रहने आ गयी हैं। वे आपस में मिलते रहते हैं, लेकिन एक जगह रहने वाला बड़ा परिवार वे नहीं हैं। पुरानी दिल्ली के अनेक बाशिन्दे हिन्दू-मुसलमान सब अपने-अपने पुश्तैनी बड़े मकान

तोड़-बेच कर नयी जगहों में जाकर विभक्त हुए हैं। यों अब मोबाइल फोन हैं, इण्टरनेट हैं, कारें हैं और फ्री टॉक टाइम है। खूब बातें हो सकती हैं, लेकिन मिलना मयस्सर नहीं होता।

पुराने परिवारों को विकास की प्रक्रिया में एकल होना ही था और यह यहीं नहीं हुआ, दुनिया भर में हुआ है। यूरोप में, अमेरिका में यह प्रक्रिया उन्नीसवीं सदी के आखिर तक पूरी हो गयी थी जबकि अपने यहाँ अभी तक जारी है।

नये शहरी, अर्ध शहरी परिवारों के अनेक स्तर हैं। गाँव के परिवारों में पुश्तैनी जमीन के अगली पीढ़ी तक आते छोटी जोतों में बदलने, उनके अधिक लाभदायक न रहने और बेरोजगार होने के कारण या कृषि में नयी पीढ़ी की दिलचस्पी के कमतर होते जाने के कारण गाँव के परिवार ही नहीं उजड़े, गाँव के गाँव तक सूने हो गये हैं। गाँव शहर में या तो मिल गये हैं या शहर बन गये हैं। इसका असर कृषि योग्य जमीन से जुड़े पुराने ढंग के परिवारों के आकार पर पड़ा है।

गाँवों में वह सब पहुँच रहा है जो बड़े शहरों में चलन में है। टीवी ने, मोबाइल ने गाँव के भीतर बचे-खुचे कृषि जीवी परिवारों में अजीब किस्म का कम्पटीशन, संचय की जगह खर्चीलापन और आरामतलबी बढ़ा दी है। वे जिस ग्लोबल शहरी संस्कृति का उपभोग करते हैं, वह उन्हें घर बैठे टीवी से, फिल्मों से मिलती है और वह उन्हें इतना बदल चुकी है कि पंजाब के ग्रामीण नौनिहालों को शहर आकर पगड़ी बाँधना तक सीखना पड़ता है।

गाँव के परिवारों में अब आपस में कम बातें होती हैं। घर की औरतें जो पहले अचार डालने, मसाले सुखाने, धूप लगाने, कपड़े धोने-सुखाने और बड़ियाँ-पापड़ बेलने में टाइम गुजारती थीं, अब 'बालिका वधू' और 'बैरी पिया' देख मोबाइल पर डिस्कस करती हैं। उनका कान कहीं और लगा होता है और टीवी उनकी आँखें अपने संग चिपका लेता है। घर में घरवाली का बदलना परिवार के ढाँचे की चूल का बदलना है। अब उसके पास खाली समय है, खर्च के लिए कुछ पैसा है, उसका रोल कुछ तो बदला है। बढ़ती घरेलू हिंसा की खबरें इस बदलाव और उसमें औरतों के रोल के बदलने के संकेत देती हैं। इस बदलते रोल को मर्द पसन्द नहीं करते। गाँवों में भी परिवारों के ये दोनों पहिये हिल रहे हैं।

चौपालों की जगहों पर दुकानें हैं। समूह का जीवन और उसके लिए समय नहीं है। गाँव में कभी हर किसी को हरेक की खबर रहती थी। अब हर व्यक्ति अपने में मगन है। लोग एक-दूसरे से ज्यादा बेगाने रहने लगे हैं। मुकदमे बढ़ रहे हैं। फौजदारियाँ बढ़ रही हैं।

गाँव के लड़के की शादी में दहेज ग्लोबल ब्राण्डों को माँग कर लिया जाता है। छोरा हनीमून मनाने शिमला जाने लगा है। जो बहुरिया मनाली-शिमला जाने लगी है, वह बहुरिया नये जमाने की रैपिडेक्स की अंग्रेजी वाली है। उसकी जरूरतें अलग हैं। मेकअप है, पार्लर हैं, क्योंकि वह खुद को करीना कपूर और कैटरीना कैफ से कम नहीं मानती। लड़का शाहरुख खान, शाहिद कपूर या अक्षय कुमार, अभिषेक से अपने को कम नहीं समझता। टीवी ने उसे बराबरी पर दिखने का अनमोल हक दिया है।

गाँव हिन्दी के आज के पाठक के लिए एक किताबी रूमानी नक्शा है, जिसमें झोंपड़ी, गाय-भैंस दिखते हैं। सच्चाई यह है कि अब न तो शिवपूजन सहाय के 'किसान' वाले गाँव हैं, न प्रेमचन्दीय कहानी के गाँव हैं।

अब नये गाँव हैं जिनमें गलियों में दुकानें उग आयी हैं और चौपालों में सिनेमाघर बन गये हैं। शहर अपने हर आइटम के साथ हरेक के जीवन में कुछ न कुछ मौजूद होने लगा है। मोबाइल, मारूति, सेण्ट्रो, हीरो होण्डा या बजाज मोटर साइकिलों ने गाँवों में भी लगभग एकल परिवार बना दिये हैं।

अब गाँव का लड़का गाँव की लड़की को मोटर साइकिल के पीछे बिठाकर फिल्मी सीन देता है। परिवार का नक्शा उसकी बुनियाद में बदल रहा है। पुराने परिवार के नक्शे में से नया निकल रहा है।

स्पेस के बदलने से परिवार बदले हैं, परिवार नियोजन के निजी तरीके सुलभ होने से परिवार बदले हैं, महँगाई से बदले हैं और उपभोग के लालच से बदले हैं। ये सब पिछले दस साल में तेजी से हुआ है।

अब ऐसी नयी पीढ़ी कस्बे में तब्दील होते जाते हर गाँव में है। इन घरों में आत्मसन्तोषी भाग्यवादी लोग नहीं रहते। वे महानगरीय दुनिया के बारे में उसकी चमक-दमक उसकी दूध जैसी सफेदी और 'क्योंकि सास भी कभी बहू थी' की दादी की उम्र की बा के काले बालों का राज जानते हैं। फेअरनेस क्रीमों, बाल रंगने वाली हेअर डाइयों, स्किन क्रीमों, थ्रेडिंग के बारे में जानते/जानती हैं।

यहाँ अब होरी, गोबर या घीसू, माधव नहीं रहते, न उनके परिवार धनिया के परिवार की तरह हैं। अब यहाँ भी सबकी महत्त्वाकाँक्षा आसमान छूने की है। बुढ़ियाएँ बाल काले कर भवें बनाकर रहती हैं।

यह 'चला मुरारी हीरो बनने' से आगे निकलकर 'मैं भी माधुरी दीक्षित बनूँगी' गाते हुए 'मालामाल वीकली' में मस्त होकर 'वेलकम टू सज्जनपुर' वाला गाँव है, जिसमें 'बिल्लू बारबर' अपनी गतिहीनता के कारण अपने बच्चों के लिए अनादर्श

है क्योंकि महानगर यानी शाहरुख खान हर जगह हावी है। इत्तफाक से वह बिल्लू के बचपन का दोस्त भी है और इस वजह से पूरा गाँव खुद को एक तमाशबीन में बदल लेता है। यहाँ ऐसे युवा बन रहे हैं जिनका चित्त अपने आसपास से ही रूठा रहता है।

यहाँ जाति बाहर प्रेम बढ़ रहे हैं, क्योंकि प्रेम का स्पेस बनने लगा है, संवाद की जगह होने लगी है। ऐसे लोग नया परिवार बनाने को चलते हैं कि नये एकल आजाद परिवार के बनने से डरने वाले उनकी हत्याएँ कर देते हैं। एक विकट किस्म का विद्वेष स्पर्धा और जाति-धर्म की अधिकतम कट्टरता और अति असहिष्णुता फैली रहती है।

गाँवों-कस्बों, बड़े शहरों में स्पेस बदल गया है। पैसे की आमद और खर्च के तरीके बदल गये हैं। लोगों के मिजाज बदल गये हैं। ऐसे बड़े परिवर्तनों में परिवार भी एक आदर्श परिवार रूप में हर स्तर पर कमजोर हुआ है।

शहरों को नयी पीढ़ी में परिवार बसाना अब एक मजबूरी है, शौक नहीं है। अपने ही परिवार से बेगानापन नये किस्म का बेगानापन है जो उपभोक्तावादी समय में कामनाओं की निर्बाध आपूर्ति के होने और न होने के बीच जन्म लेता है। यह नयी पीढ़ी अपने में बन्द अपने में खोई है। वह परिवार में रहती है, लेकिन परिवार की होकर कम ही रहती है। ऐसी पीढ़ी का परिवार बने भी तो उनमें जिन्दगी नहीं है। उपभोग की लालसा, अधिक कमाने की आपाधापी, काम की जगहों में चौबीस-सात के हिसाब से काम के लिए तत्पर रहने की मजबूरियाँ अपने-अपने माता-पिताओं से अलग रहने वाले पति-पत्नी को इतना समय नहीं देते कि वे आपस में नयी कहानी के दिनों के नायक-नायिकाओं की तरह कुछ देर लड़ भी सकें और अलग-अलग नाराज होकर रह भी सकें। यह समय किसी राजेन्द्र यादव और मन्नू भण्डारी को आपस में तनाव पालकर अलग-अलग रहने का समय तक नहीं देता। नयी कहानी पाले सम्बन्धों के छूटने की जगह यह समय सम्बन्ध न बनने देने का युग है। यह समय सामने अनबोले का और बाद में मोबाइल पर बोलने, इण्टरनेट पर मैसेज लेने-देने और देर रात थक-चूर कर घर के किसी विस्तर में ढेर हो जाने का है।

ऐसे परिवार कहने को तो छोटे कहे जा सकते हैं, लेकिन 'ऊँचे उठते', अपवार्ड मोबाइलद्ध ये परिवार अपने परिवारीपन को खो चुके हैं। एक-दूसरे की चिन्ता करने से बनने वाले प्यार के बन्धन एक-दूसरे की केअर से पैदा होने वाली कर्तव्यशीलता और ऊँचे-नीचे हाइरार्कीकल सम्बन्धों की श्रेणियाँ कमाई, करियर

और समय की आपाधापी में बिला गयी हैं।

यह बड़े शहरों के नये मध्यवर्ग के ऊपर की ओर तेजी से बढ़ते नये एकल परिवारों की सच्चाई है, जिसमें बच्चों के लिए समय नहीं है।

और अब, हालात ये हैं करियर बना रहे लड़के-लड़कियों के एजेण्डे में प्यार-विवाह-परिवार और बच्चे दूर-दूर नजर नहीं आते। नये युवक-युवतियों को अपने माता-पिताओं का परिवार और प्यार मिला है, लेकिन वे अपने बच्चों को अपना परिवार नहीं दे सकते। वे सम्बन्धों की वह उष्मा नहीं दे सकते जो कि बच्चों को मानसिक रूप से पुष्ट करती है, जो उसे जिन्दगी भर ताकत और आत्म विश्वास देते हैं।

घर में परिवार में होकर भी बच्चे अनाथों की तरह, पराये बच्चे की तरह रहते हैं। महानगरों में एक तंग समय की, टाइट सी, अति स्पर्धामयी जिन्दगी नसीब हो रही है जो जमीन से ज्यादा आसमान में या कारों में बीतती है, मोबाइल की कनबतियों में बीतती है या फेसबुक पर बीतती है।

अन्ततः मोबाइल या फेसबुक एक नयी कम्युनिटी बनाते हैं। नयी पीढ़ी, युवजन घर के भीतर किसी से निकटता करने की जगह एक ग्लोबल बेगाने स्पेस में से निकटता और संवाद बढ़ाते हैं। आज के बच्चों को अपने मुहल्ले के बारे में नहीं मालूम लेकिन कहीं साइबर स्पेस में अपना चेहरा दिखा रहे किसी अनजाने के बारे में बहुत कुछ मालूम रहता है।

यह नये किस्म का अकेलापन जिसमें सब कुछ है, लेकिन आदमी नहीं है, उसका अपना जीवन नहीं, उसकी कहानी सुनने वला कोई नहीं है।

वह एक खाली कठघरे की तरह किसी दूसरे अजाने कटघरे से बातें करता है, जैसे अपने आप से बात करता हो और उसे भी भूल जाता हो।

हम परिवार से अ-परिवार के युग में आ रहे हैं।

20 दिसम्बर, 2009

वानर लीला

एंगेल्स ने डारविन आदि का सहारा लेकर बन्दर से आदमी बनने में श्रम की भूमिका बतायी थी। अर्थव्यवस्था के गिरने के अवसाद, गरमी, बेरोजगारी, छोटी-छोटी छतों पर सबके सोने के बाद चलने वाली अनन्त प्रेम-लीलाओं और उचक्केपन ने बताया कि आदमी से बन्दर बनने में अफवाह की बड़ी भूमिका होती है। गरमियों में कस्बों में कहीं न कहीं हर रात चलियो रे! चलियो रे! का शोर उठता रहता है और जगार पड़ी रहती है। कोई नयी बात नहीं।

कोई चालीस दिन की वानर लीला दिखाने के बाद अब मीडिया-प्रिय वानर महाराज कहीं चातुर्मास पर जाने की तैयारी में होंगे। इस बीच उन्होंने मीडिया को हेडलाइनों से भरे रखा। टीवी के खबरिया चैनलों ने उनके बन्दर से हाईटैक कम्प्यूटरित नकाबपोश बनने की ग्राफिक्स को खूब बेचा। उसके हर क्षण बदलते रूप को देखकर और गाजियाबाद से लेकर नोएडा, रोहिणी, आनन्द विहार, मयूरविहार तक कंक्रीट ईंट, सीमेण्ट के जंगल में फैले एक ही साथ अँधेरे में भी दिखने के करिश्मे दिखाये। उसे देख किसी दूसरे ग्रह से आया प्रीडेटर फिल्म का नायक तक पिल्ला नजर आया। रामसे ब्रदर्स की फिल्म वीराना आदि के प्रेमाभिशप्त प्रेत तक मूर्ख लगे और उसकी मसखरी और छेड़खानी देख हिन्दी कथा-साहित्य के समकालीन छोरी-छेड़ू लोग भी लज्जित हुए। लेकिन जिस बन्दर को जनता ने बनाया, वह इन्हीं सब फिल्मी और सीरियली राक्षसों की डिजाइन जैसा पहनने वाला निकला, जिसकी ताकत कम्प्यूटर में रहती थी। स्पष्ट ही लोगों में अपनी फैण्टेसी को हाईटेक बनाने की क्षमता है। यह अभाव में जीने वाले, उपेक्षित रहने वाले निम्नवर्गीय जनों के जीवन में रहने वाले मिथक और लीला-भाव का समान्तर संचार था, जिसने जहाँ बिजली नहीं थी बिजली दिला दी, जहाँ घाव देखने वाले डॉक्टर तक नहीं थे, वहाँ अस्पताल खुलवा दिये। निकम्मे पुलिसजनों को रातोंरात पहरे पर टहलने निकाला और रात को हाथ से पंखे झल-झलकर रात काटने वाले

लोगों को पहरेदारी, सीटीबाजी और हीरोपने का काम दिया। लोग बड़े पैमाने पर व्यस्त हुए। कुछ इलाकों में रात को जगने के कारण और वानर भय के विस्तार के कारण उद्योग और बाजार तक बन्द करने का सुख मिला। बन्दर लीला ने बाजार पर बुरा असर डाला। पूरे बाजार का बन्दर जो ठहरा।

सप्ताह दस दिन में ही बन्दर महाराज गाजियाबाद से बोर हो गये और दिल्ली में दर्शन देने लगे। लेकिन मिजाज वही रहा छेड़छाड़ का। अँधेरे की छेड़छाड़ की विशेषताएँ इस प्रकार रहीं : वे गर्दन और पेट पर खरोंचे मारते और भाग जाते। उधर भगदड़ होती, नीची मुंडेरों पर, अँधेरों में, सकरी सीढ़ियों में, गलियों में, भागदौड़ में लोग टकराते और छिल जाते। गिरने से तीन की मौत भी हुई। लेकिन बन्दर ने अपने आप किसी को नहीं मारा। वे खरोंच मारने तक ही सीमित रहे। काटने की जगह उनके हाथ ज्यादा चले। आदमी ही नहीं औरतें भी लक्ष्य बनीं, जिनमें से ज्यादातर अपेक्षाकृत सुन्दर और जवान दिखीं। बच्चे दिखे।

इस तरह शिकारों के हुलिये से वानर महाराज की प्राकृतिक रुचियों के आशयों को समझा जा सकता है जिसे मजेख़ोरी और बिकने की झोंक में न मीडिया ने समझा और न प्रशासन और पुलिस ने समझा। कस्बों में गरमी की रातों में छतों पर रहने वाले सब चतुर सुजान जानते हैं कि घर के लक्षित और छेड़ित अर्थ क्या रहे। सब जानते हैं कि इन रात्रि-लीलाओं में एक विचित्र किस्म का सेक्स एंगिल काम करता रहता है। प्रेम के लिए जगह नहीं है। तब कहाँ हो प्रेम। पकड़े गये तो पकड़ा गया ही चिल्ला देता है कि कोई तो था, बन्दर था, प्रेत था, आत्मा थी। नींद नहीं लग रही थी। मुझे नींद में चलने की बीमारी जो थी तो भइया इधर आ गया। बिस्तर बदल गया। हिन्दी साहित्य और मीडिया में हास्य की इतनी कमी न होती तो ये बातें बन्दर को बतायी जा सकती थीं। जिन्होंने महमूद, शोभा खोटे, धूमल और ओमप्रकाश का हास्य देखा है उनके लिए छत-लीला अजूबा नहीं है।

भइया, पार्कों में झुरमुट बनाओ ताकि लोग आपस में मिल सकें। जब आप वैलेण्टाइन नहीं करने देंगे तो छत पर छेड़छाड़ होगी। समाजशास्त्रियों ने कोई चालीस दिन बाद बताने की कोशिश की कि यह मामला शहरीकरण के आधे-अधूरेपन से जुड़ा है और इसमें मनुष्य के डर का दोहन किया जाता है और कि यह जन-भ्रम की तरह है। कोई बन्दर नहीं, कोई नकाबपोश नहीं। यह सब सच है, लेकिन यह बाद की व्याख्याएँ हैं जो बिजली में रहने वालों ने अँधेरे में रहने वालों के बारे में दी हैं। इसमें प्रेम, सेक्स का एंगिल गायब है। बन्दर को इससे वंचित करने की

आवश्यकता नहीं। यह भी नागरिकता की समस्या है। यह प्रेम-कोण बन्दर के प्रथम दर्शनों में पढ़ा जा सकता है। बाद में जब उसमें प्रशासन के निकम्मेपन को पीटने का अवसर निकल आया तो दल, नेता और मीडिया ने मिलकर उसे फिर दैनिक बनाया। नकाबपोश और आईएसआई भी बनाया। एक मामूली-सी अफवाह मिथक निर्माण में व्यस्त कर दी गयी। यह गणेशजी के दुग्धपान से अलग किस्म का मामला ठहरा। गणेशजी दूध पीते मन्दिरों में उपलब्ध रहे। बन्दर महाराज खरोंचते हुए भी अनुपलब्ध रहे। गणेशजी भक्तों का खर्चा बढ़ा रहे थे। यह मजाक चुहल मसखरी और मीडियाप्रियता बढ़ा रहा था। गणेशजी ने एक दिन दुग्ध-लीला की। इसने चालीस से ज्यादा दिन लीला की। चमत्कारों के नित्य इन्तजार में रहने वाली जनता के लिए ऐसी अफवाह रोचक न होती तो दंगे हो गये होते और अनन्त हनुमान मन्दिर बन गये होते, जिसकी अनुगूँजें कुछ भक्तों के कहीं यज्ञानुष्ठानों के रूप में दिखने लगीं जिनके परिणाम शायद आगे दिखें।

यहाँ से वानरलीला का धार्मिक कोण बनता है। जो छेड़लीला और निहित मसखरी के कारण पूरी तरह नहीं बन सका। इसे मीडिया के नकाबपोश ने भी दूभर कर डाला। ऐन मुमकिन है कि यह हिन्दुत्ववादी तत्त्वों का अधपका खेल रहा हो जो हाथ से बाहर निकल गया हो। हर मिथ में भी अनेकार्थता और अर्थ की तरलता रहती है। वानरलीला का धार्मिक कोण यहीं पढ़ा जाना चाहिए। जिस समाज में रात को सपने में साँड़ के आ जाने पर शिवजी पुजने लगते हैं, बन्दर के आ जाने पर हनुमान भक्त अतिरिक्त भक्तिभाव से भर जाते हैं, वहाँ बन्दर से हनुमान बनने-बनाने की प्रक्रिया एकदम तर्कसंगत लगती है। बन्दर के पीछे चलते अधपके धर्मभाव के पीछे उत्तर प्रदेश सरकार का वह आदेश भी रहा हो सकता है जो राज्य में बिना मजिस्ट्रेट की आज्ञा के कहीं भी धर्मस्थल बनाने की आज्ञा नहीं देता। मस्जिदों को रोकने के लिए दिया गया आदेश मन्दिर निर्माण भी बन्द किये हुए है तो हिन्दुत्व के भक्तजन क्या करें। वे बन्दर लीला को हनुमान लीला बनाकर जनता के बीच भक्ति-भाव भरकर किसी भी मजिस्ट्रट को मजबूर कर सकते हैं कि मन्दिर बनना है। लेकिन बुरा हो मजा लेने वाली जनता और मीडिया का कि बन्दर अपने रहस्यमय पवित्र अर्थ से आगे निकलकर छेड़ने के लम्पटार्थ का उस्ताद बन.गया। इतने दिन चली बन्दर लीला का एक कारण यह भी रहा कि बन्दर पर पुलिसवादी दबिश न देने के पीछे पुलिस की धर्मभीरुता एक बड़ा कारण रही। उत्तर प्रदेश के अनेक स्थानों में हनुमान मन्दिर बाकायदा मिलेंगे। ऐसे में पुलिस बन्दर उर्फ भाव के हनुमान को कैसे पकड़े। यूपी में बन्दर खूब हैं।

वे उत्पाती हैं। वे बरतन कपड़े ले भागते हैं। बदले में खाने को माँगते हैं। काट लेते हैं। बिजली से चिपक कर मर जाया करते हैं तो भी हर मंगल और शनि को अपने दुखों और भयों को दूर करने के लिए लोग उन्हें चने, केले खिलाते हैं। आप उनका कुछ नहीं कर सकते।

यह अचानक नाकाम रहा धार्मिक कोण हिन्दुत्व की गिरफ्त में घिरे समाज में कितना अतिरिक्त और उच्छल धर्म भाव पैदा करता है, यह इसी से विदित है कि हर रोज कहीं न कहीं, कोई न कोई देवी-देवता प्रकट होते रहते हैं। पहले वे सपने में आते हैं, फिर वे पत्रों में आते हैं कि इतने पत्र लिखो तो तुम्हारा कल्याण होगा। नहीं तो हानि होगी। धर्म के विराट उद्योग में उसके चिह्न नित नये बनाये जाते रहते हैं। जिस देश के प्रधानमंत्री, गृहमंत्री और मानव संसाधन मंत्री एक ही साथ किसी धर्म-माता के चरण पखारने और आशीर्वाद लेने में मगन दिखते हों, वहाँ जनता को चमत्कारों के अटूट इन्तजार से भला कब तक बचाया जा सकता है। जिस देश के मानव संसाधन मंत्री ज्योतिष, वैदिक कर्मकाण्ड और संस्कृत भाषा को सब समस्याओं का समाधान जैसा बताते हों, वहाँ एक बन्दर भगवान् क्यों, अनन्त मच्छर, मक्खी, चूहे, बैल देवता आये दिन बन सकते हैं। कहीं मलेरिया बाबा, कहीं बाल्टी बाबा, कहीं कैंची देवी, कहीं उस्तरा देवता, कहीं स्टोव देवता तो कहीं नारियल देवता भरे पड़े हैं। साधारण सी ट्रिकी प्लेनचिट पर लोग इतना यकीन करते हैं कि समझते हैं कि आत्मा का सचमुच आह्वान किया जा सकता है। अरे कण-कण में भगवान मानने वाली विश्व विजयिनी संस्कृति जब पाँच हजार साल में गोता मारेगी तो पता नहीं कितने देवी-देवता सामने खड़े मिलेंगे। गिरते मार्केट और धन्धे के बीच अनन्त बेरोजगारी के बीच धर्म की रक्षा का और चमत्कार का सपना एक नहीं हजार बन्दर देवता बनायेगा। देखते जाइए।

वानरलीला का तीसरा कोण मनोवैज्ञानिक है, जो कहता है कि लोगों में जन-भ्रम भी होता है। मास डिल्यूजन एक जन बीमारी है जो कहीं भी हो सकती है। अपने समाज में यह पर्याप्त हो सकती है। इसमें ड्रामेबाजी का देसी भाव भी रहता है। अफवाह उसका संचार है तो भय उसकी आत्मा, जितना जहाँ अभाव और अज्ञान है उतना ही यह जन-भ्रम सम्भव है।

यह आबादियों के आत्म-विक्षेप का विस्तार हो सकता है। उजड़े बिखरे, विस्थापित और भीषण स्पर्धा में निम्न पूँजीजीवी लोग अपने भय को विस्फारित करके देख सकते हैं। एक कोण मीडिया के ग्लैमर का भी है। अतिसूचना और अत्यल्प सूचना के बीच उपेक्षित हाशिये का आदमी चाहता है कि उसकी कोई

फिक्र करे। कैमरा उस तक भी पहुँचे। वह भी खबर बनने का शोक भी करा सकता है। पन्द्रह सेकेण्ड की अमरता के लिए लोग क्या नहीं करते। और जब वे देखते हैं कि यहाँ तो सब ग्लैमर वाले और राजनेता ही छाये रहते हैं जो आमजन अचानक ऐसा कुछ करने को बाध्य है कि उसकी ओर ध्यान जाए। बन्दर भाव भी मीडिया-भूखा भाव रहा। परिणामतः जब पहली दफा आजतक और स्टार और जी वाले अपने कैमरा लेकर लोगों तक पहुँचे तो सत्रह मई की उस रात बन्दर ने कहीं हरकत नहीं की। इसी तरह चौबीस की रात भी कोई हरकत नहीं हुई। मीडिया ने कवर किया तो बन्दर-भाव की मौज आ गयी। हर आदमी फोन कर अपना घाव दिखाने लगा जो प्रायः खरोंच के या पुराने भी होते। दिल्ली में दो सौ छियासठ फोन कालों में दो सौ तेईस काल बोगस काल रहे। बावन लोग भगदड़ में घायल हुए। बारह पकड़े गये। कुल चौवन लोगों का दावा रहा कि उन्होंने बन्दर देखा है। वे भी प्रमाणित नहीं कर सके। गाजियाबाद में भी ऐसे ही आँकड़े रहे, जहाँ छाया में भी भूत नजर आता हो वहाँ कुछ भी हो सकता है। समय रहते अगर पुलिस प्रशासन सख्ती बरतता तो यह बन्दर एक सप्ताह में मर जाता। अगर मीडिया मन्त्रियों, सन्तरियों और ग्लैमर की दुनिया में दिन रात रमे न रह उपेक्षित जनों को भी खबर का विषय और नायक बनाने की आदत डालता और इस तरह अपने को ग्लैमर रहित और अपने सत्तात्मक विमर्श की चमक को कम करके चलता और जन सेवा करता तो लोग इस तरह मीडिया-भूखे नहीं होते। और खबर बनने बनाने के लिए तमाशे नहीं करते।

एक कोण समाजशास्त्रीय है। यह कहता है कि यह सब शहरीकरण के आधे-अधूरेपन का परिणाम है। न बिजली है न पानी है। छोटे-छोटे घर हैं, अजनबीपन है, इसलिए ऐसे भ्रम बन जाया करते हैं और भय का संचार करते हैं। जिन लोगों को चोटें लगी हैं, वे कहते ही होंगे कि वे भुक्तभोगी हैं और उनका विश्वास किया जाना चाहिए। वे विश्वास करते हैं, सो सब करें। इतना तर्क बन्दर को सिद्ध नहीं करता। लेकिन समाज में तर्क की बलि तो पहले ही दी जा चुकी है।

वानर लीला का अन्तिम कोण मीडिया का अनालोचनात्मक रुख रहा। उसने कोई महीने बाद इस खेल को खेलना शुरू किया। शुरू में उसने इसका आनन्द लिया। मीडिया जिस आनन्दलोक में पहुँच गया है, वहाँ वह अपनी न्यूनतम अलोचनात्मक भूमिका भी भूल गया है। बन्दर ने अपनी लीला से मीडिया की कमजोरी भी बता दी। वह खुद मिथक्करण का निर्माता और अफवाह का कैरियर हो गया है। फ्रूटी के मारकेटरों ने विज्ञापनों के जरिये दिनों तक दिगेन वर्मा नामक

एक चरित्र गढ़ा और उसे अखिल भारतीय स्तर पर चला दिया। बोर्ड पूछते कि दिगेन वर्मा कौन है, क्या वह रितिक से अच्छा नाचता है। वह कितनी भाषाएँ जानता है! लेकिन दिगेन कोई अनाम बेचेहरा छोकरा ही निकला जो उल्टी टोपी पहन कर फ्रूटी पीता होगा। मिथक का निर्माण इस तरह भी होता है। मिथक का निर्माण बन्दर की तरह भी होता है। फ्रूटी उपभोज्य है। बन्दर उस तरह नहीं है। लेकिन जनता ने दिखाया कि उसमें मीडिया के बावजूद अपने भय और मिथकों को बनाने की अपार क्षमता है। वह फिर फिर बनती रहती है। आपात काल में सन्तोषी माता, एक फिल्म और कुछ चिट्ठियों ने बनायी थी। आज वे औरतों को सोलह शुक्रवार का व्रत कराती रहती हैं। आज वह देवी है।

माइथोलॉजीज पुस्तक के लेखक रोलां बार्थ के अनुसार मिथक की खास बात यही है कि वह स्वयं को खाली करके अपनी अनिश्चयात्मकता को पीछे छोड़ जाता है। उसका इतिहास उड़नछू हो जाता है। सिर्फ शब्द रह जाते हैं।

बन्दर महराज चले गये हैं। अपना चालीसा छोड़ गये हैं। लोगों ने हनुमान चालीसा ज्यादा पढ़ा होगा। हनुमान जी के मन्दिरों में भीड़ बढ़ गयी होगी। मीडिया और समाजशास्त्रियों का काम है कि वे इस बन्दर लीला के अर्थ का ब्यौरेवार अध्ययन करें। सामग्री पर्याप्त मात्रा में मीडिया में उपलब्ध है और जनता के बीच भी उपलब्ध है और हमें फिर किसी मिथक के लिए तैयार रहना चाहिए। तभी पूरी बन्दर लीला लिखी जा सकेगी।

□

सच का धन्धा है यह

'ओनली करेजस कैन कनफ्रंट द ट्रुथ।' यह बड़ा-सा शीर्षक उस विज्ञापन का है जिसमें 'स्टार प्लस' के नये सीरियल 'सच का सामना' के लांच को विज्ञापित किया गया है। इस विज्ञापन को देशभर के बड़े अखबारों में दिया गया है।

'सच का सामना' करने के लिए कुछ सवाल छापे गये हैं।

- क्या आप का कोई ऐसा राज है जो आपकी शादी को तोड़ सकता है?
- क्या आप अपनी बहन की खूब-सूरती से जलती हैं?
- क्या आपने अपने बेटे की शादी सिर्फ इसलिए करवायी, क्योंकि लड़की एक अमीर खानदान की थी?
- क्या आपने कभी अपने माँ-बाप का अपमान किया है?
- क्या आपने अपने पति को धोखा देन का सोचा है?
- क्या आपने अपने पिता पे कभी हाथ उठाया है?
- क्या आपको डर है कि आप एक तनहा मौत मरेंगे?
- क्या आपने कभी अपने पति को जान से मारना चाहा है?
- क्या आपने कभी खुदकुशी करने की कोशिश की है?
- क्या आपको लगता है कि आप शादी करके फँस गये?
- आपकी सास को पैसे भेजने के लिए क्या आप अपने पति से नाराज हैं?
- क्या आपको लगता है कि आपकी सास आपके लिए आपकी माँ से बेहतर है?

ऐसे एक दर्जन से ज्यादा सवाल 'सच का सामना' करने के लिए ललकार रहे हैं। यह नया रियलिटी शो बताया जा रहा है। इस सीरियल के निर्माता सिद्धार्थ बसु का कहना है कि यह कन्फ्क्टियुअल रिजोल्यूशन (द्वन्द्वों का समाहार) करने का मंच देता है। यह टीवी की विधा में उस तरह रियलिटी शो नहीं है, जिस तरह का 'बिग बॉस' था। यह 'कन्स्ट्रक्टेड रियलिटी शो' है यानी निर्मित यथार्थ प्रदर्शन है।

टीवी मनोरंजन उद्योग हर दो-तीन साल में अपना 'आइडिया' बदल कर, नयी रुचियों की सम्बोधित कर, तुष्ट कर मुनाफा कमाता है। रियलिटी शो की रंजकता की राजनीति को समझने के लिए जरूरी है कि टीवी पर आते विराट मनोरंजन उद्योग के अपने 'गणित' को एक पूर्व-स्थिति मानकर चला जाए और उसके सन्दर्भ में मनोरंजन का मूल्यांकन किया जाए। कोरे नैतिक भावनात्मक निर्णय इस तरह के मनोरंजन का नकारात्मक प्रचार बन जाते हैं और टीवी मनोरंजन के बुरे शिकार बनते हैं। 'रियलिटी शोज' के सम्बन्ध में बिना नैतिक हुए ही बात की जा सकती है।

उक्त सन्दर्भ में यहाँ तीन बातों की चर्चा की जा सकती है। इसमें टीवी के मनोरंजन उद्योग और स्वरूप की कुछ चर्चा पिछले पैराग्राफ में की गयी है, जो इस टिप्पणी का मुख्य प्रस्थापना बिन्दु है। बाकी दो बाते हैं : 'मनोरंजन और उपभोक्ता (जनता) का सम्बन्ध और अन्तर्क्रिया' और रियलिटी शोज यानी यथार्थ प्रदर्शन के यथार्थ की चर्चा। इस क्रम में, टीवी के मनोरंजन उद्योग को थोड़ा और देखा जा सकता है : टीवी ने अपने लगभग पचास साल के इतिहास में धीरे-धीरे मनोरंजन के स्वरूप और जनता से उसके सम्बन्ध को बदल दिया है। 1954 में शुरू हुए टीवी ने सूचना देने, शिक्षा देने और मनोरंजन करने का संकल्प किया था, जो कई चरणों में विकसित हुआ। 1990 के बाद उपग्रह टीवी ने और सरकार की प्रसारण नीतियों ने नये निजी टीवी चैनलों को प्रसारण अधिकार दिये। तब से टीवी एक 'माध्यम' के साथ-साथ एक विराट उद्योग में बदल गया। साथ ही मनोरंजन के विविध रूपों से जुड़कर अपने 'परास' में सर्वव्यापी-सा हो गया।

मनोरंजन उद्योग का अपना गणित किसी भी दूसरे उद्योग की तरह चलता है और इन दिनों की उदार फ्री-मार्केट अर्थव्यवस्था में यह और सिर्फ यही सबसे ताकतवर और सांस्कृतिक वर्चस्व का क्षेत्र बनाता है, जो निर्विकल्प-सा लगता है। यहाँ का प्रसारण गणित मूलतः टीआरपी यानी टेलीविजन रेटिंग प्वाइण्ट्स से तय होती है। यही 'जनरुचि' होती है। इस जनरुचि को कारपोरेट (विज्ञापन देने वाले) तय करते हैं। जरूरत हो तो दर्शकों की रुचि को जानने के लिए शोध कराते हैं और मनोरंजन की थीम तय करते हैं।

यह चिन्ता अनावश्यक है कि रियलिटी शो 'पश्चिमी आयात' है या 'नकल' है। जब टीवी कैमरा 'आयात' है, चीजें ग्लोबल हैं, तब यह सतही आपत्ति बेजा हैं। रियलिटी शोज का इतिहास बताता है कि वे पश्चिमी देशों में तब आये, जब 'सोप ओपेरा' सीरियल का युग पुराना पड़ गया। जब सोप ओपेरा दुहराव भरे, बोर

करने वाले, एक जैसे होने लगे तो रियलिटी शो बने। इसका एक बुनियादी कारण 'टीवी कैमरे' की वह आत्यन्तिक क्षमता है जो उसे 'सार्वजनिक उपस्थित' और सबकी निजी जिन्दगी में घुसपैठ कर, झाँककर देखने, उसे लाइव कवरेज कर दिखाने की शैतानी ताकत देती है। इसीलिए टीवी के मनोरंजन का मुहावरा फिल्म के मुहावरे से काफी अलग रहता है और वह फिल्म को भी अपने मुहावरे में डालकर बदल लेता है।

यहीं दर्शक और टीवी के आत्यन्तिक और अनन्य सम्बन्ध प्रकट होते हैं। आप टीवी से फेस टु फेस होते हैं। और चूँकि टीवी सब कुछ को 'सपाट' बनाने का माध्यम है, समतलीकरण का माध्यम है जहाँ सिनेमा की तरह कोई हीरो नहीं होता, इसलिए कहानी, सीरियल, ड्रामे, नाच, गाने के अलावा दर्शक को अपनी अन्तर्क्रिया में शामिल कर टीवी अपने दर्शक (ग्राहक-उपभोक्ता जगत) का विस्तार करता चलता है और उसे कारपोरेट को बेचकर (विज्ञापन दिखाकर) लाभ कमाता है। इस तरह टीवी 'ट्रीविया' (सतहीपन) को सबकी (न्यूनतम समापवर्त्य की गणित से) संस्कृति बतता है। 'लाइव कवरेज' इसी 'ट्रीविया' को अमर (पन्द्रह सेकेण्ड के लिए) करते हैं और दर्शक को तीखी अन्तर्क्रिया में सक्रिय कर उसे 'शो' में शामिल कर लेते हैं।

टीवी दर्शक को अपने कार्यक्रम में शामिल करने (अन्तर्क्रिया) से लेकर अपना हिस्सेदार (पार्टीसिपेन्ट) बना सकता है। रियलिटी शोज भी अन्तर्क्रियात्मक साधारणीकरण का आयोजन हैं जो प्रायः दो तरह के हो सकते हैं : एक अहर्निश, लाइव कैमरों के जरिये सीमित बनायी गयी रियलिटी को दिखाकर (जैसे 'बिग बॉस') एक ठलुये मध्यवर्ग की जिन्दगी बेचें या 'लाइव मोमेंट' की जगह 'शूट' किये जायें या कथा बनायी जायें और लोगों को अभिनय करने दें। दोनों हालात हैं—हम या तो जीवन शैली, बड़े हीरोज, हीरोइनों, मॉडलों की जीवन शैली, उनकी तुच्छताओं को देखें या वैसा करने को उद्यत हों।

'सच का सामना' इस दृश्य में दूसरी कोटि का रियलिटी शो है जो पर्सनल विचिंग को, निजी जिन्दगी के 'राग विराग' को भरे चौराहे पर कहने का 'साहस' देना चाहता है।

इसी क्रम में एक चैनल ने 'मुझे इस जंगल से बचाओ' नामक 'आउटडोर' रियलिटी शो देना शुरू किया है। जो प्रकृति (बनायी गयी) और नयी पीढ़ी के छोरे-छोरियों के 'कृत्रिम डर' को बेचता है। यह भी 'साहसी' को शामिल करने को कहता है, यही साहस 'सच का सामना' में 'जरूरी' कहा जा रहा है।

यहाँ से हम 'सच का सामना' के सवालों पर थोड़ा गौर करें जो ज्यादातर निजी जिन्दगी के दबे-ढके भावों-विचारों को उकसाकर सबके सामने कहलवाना चाहता है। ऐसा करने वालों को वह 'साहसी' कहता है। यही 'डर' का मनोविज्ञान है जिसे 'व्यक्त' कराकर यह कार्यक्रम हल्का करना चाहता है। इसे ईसाइयत वाला 'कनफैशन' समझना गलत होगा। वह चर्च में पादरी के साथ नितान्त एकान्त में होता है। यहाँ चौराहे पर होना है, करोड़ों दर्शकों के बीच होना है।

यह अपने 'गोपन-प्रिय', 'बन्द' समाज से एक प्रकार का सीधा टकराव लगता है। फ्रायडीय दमन के समाजों में बहुत से निजी द्वन्द्वों का दमन परिवार, रिश्ते, कर्मकाण्ड, संस्थान करते रहते हैं। बिरादरी, जाति, धर्म करते रहते हैं। ऊँच-नीच-बड़े-छोटे, रिश्ते-नाते, उनके बीच आये तनाव (जिनके कारण प्रायः आर्थिक-भावनात्मक होते हैं) जब टूटने के कगार पर होते हैं तो मनुष्य के लिए परिवार, बिरादरी, संस्थान, संगठन, कोर्ट-कचहरी होते हैं जहाँ समस्याओं का समाहार हो सकता है। लेकिन यहाँ सब कुछ बातों के नंग-नाच, आरोप-प्रत्यारोप के जरिये होता है।

भारतीय समाज में हर आदमी-औरत को एक दूसरे से 'शिकायत' रहती है, सत्ता से भी शिकायत रहती है। अब सारी शिकायत पर्सनल बन सकती है। निजी समस्याओं का समाधान उनके प्रदर्शन में नहीं, ठहरकर, विचार कर सुलझाने में है। निजी समस्या का गायन साहित्य में भी होता है, मगर वह सामाजिक सन्दर्भ में आता है। 'सच का सामना' में वह सीधा दो टूक हो सकता है। उसके बाद लोगों के रिश्तों का क्या बनेगा, इसकी परवाह 'शो' वालों को नहीं है।

यह दौर दर्शन के मनोविज्ञान को सैक्सुअली तिमतिमाने का है। राखी सावन्त का 'स्वयंवर' यही करता है। सच का सामना 'झूठ-सच' के 'सन्देह' (यह दर्शनशास्त्र में है। सच आज तक किसी को नहीं मिला। जो मिला, सापेक्षिक मिला) को 'एब्सोल्यूट ट्रुथ' बदलने का धोखा देता है। यह एक प्रकार का साइक्लोजिकल युद्ध है जो दर्शकों के मनोविज्ञान को थोड़ा जल्दी, जरा ज्यादा मुक्त (उद्दंड, मर्यादाहीन) होने का मौका दे सकता है। यह द्वन्द्वात्मक है। कुछ अच्छा भी है कि ये बातें कोई किसी से नहीं कहता, कहने का साहस कर सकता है, लेकिन यही सीमा भी है कि कहने के बाद क्या?

बहरहाल, रियलिटी शो भी टीवी के मनोरंजन उद्योग में एक विधा है और इसके आगे भी कुछ न कुछ नया—पेश्टीज—टीवी पर होते रहना है। बेहतर हो, हम दर्शक के रूप में टीवी के प्रति सतत सजग, आलोचनात्मक रवैया रखें।

जो शहीद हुए हैं

गीतकार प्रदीप का अमर गीत 'जो शहीद हुए हैं उनकी जरा याद करो कुर्बानी' जब-जब बजता है दिल में अब भी कुछ-कुछ होता है, जो लोग बासठ के सीमा युद्ध को नहीं भूले हैं। वे इस गीत के भीतर की टीस को, दर्द को और करुणा की पुकार को महसूस कर सकते हैं। यह गीत सुनने वालों को अपने दर्द में शामिल करने वाला है कि 'जरा याद करो कुर्बानी'। यह याद दिलाता है कि जब वे सीमाओं पर गोली झेल रहे थे, जान गवाँ रहे थे तब हम अपने सुरक्षित घरों में बैठे थे। गीत के मुखड़े में वतन के लोगों का आह्वान है कि जरा याद करो कुर्बानी। जिन्होंने कुर्बानी दी, हमारे आराम के लिए दी, उन बलिदानियों की याद करो।

कहते हैं कि जब बासठ की लड़ाई चीन से लड़ी गयी तो देश का मूड निराशामय था, हताशा चारों तरफ थी, सेनाएँ उस युद्ध में बहादुरी के साथ पीछे हटने को मजबूर हुई थीं। नेहरू जैसा राष्ट्रनेता दुख और हताशा से गमगीन था। एक नया राष्ट्र संकट की इस घड़ी में जनता को भरोसा नहीं दे पा रहा था कि वह देश की सीमाओं की रक्षा कर सकता है। जनता की सहज देशभक्ति की भावना को एक वैषफल्य भाव ने घेर लिया था। तब यह गीत लिखा गया था और लालकिले पर लता मंगेशकर ने नहेरू की उपस्थिति में गाया था। उपस्थित सब लोग फफक कर रोने लगे थे। यह इस गीत की ताकत थी। निराशा को, पीड़ा को गहरे मन में उतार देने वाली प्रार्थनापरक शान्त धुन और लता की मधुर आवाज, जिसमें दर्द की गहन उदासी और शोक की छाया लरजती थी। उसके बाद यह गीत एकमात्र ऐसा गीत बन गया जो हर राष्ट्रीय संकट के क्षणों को याद करने के अवसर पर बजता है। स्कूलों में गणतंत्र दिवस पर, पन्द्रह अगस्त पर और किसी भी आवाहनी मौके पर बजाया जाता है। यह एक अमर आह्वान गीत है। शहादत का गाना है। कोमल दर्द भरा उद्‌बोधन है।

पता नहीं इस गीत के कितने रिकॉर्ड बने बिके होंगे। इसको अधिकाधिक सुनते हुए हमें तो लगता है कि अगर भारतीय गीतों में किसी एक गीत ने 'पॉपुलर

संचार' का कोई रिकॉर्ड बनाया है तो इसी गीत ने बनाया है। बिकने का भी बनाया है और बजने का भी। यह अकेला गीत है जो साल में राष्ट्रगान के बाद शायद सबसे ज्यादा जगह सुना जाता है। कोई सर्वेक्षण ही इसके आँकड़े बता सकता है। हमारा निजी आकलन यही कहता है कि शहादत के गीतों में यह सबसे बड़ा और स्थायी गीत है।

फिल्मी गीतों में बड़ी ताकत होती है अपने गीत-संगीत प्रिय समाज में वे सुनने वालों को बदलते हैं उनकी भावनाओं की अभिव्यक्ति करते हैं, इसीलिए वे हरदम जुबान पर रहा करते हैं और लाखों गानों के बीच जब एक गाना बार-बार जुबान पर आ जाता है मुहावरा बन जाता है तो उसे हम जीवन का हिस्सा ही मानते हैं। यही इस गाने के साथ है, जैसे यह हमारे भजन और कीर्तन गीतों की तरह स्पेशल है। फर्क यह है कि यह शहीदों का माहात्म्य समझाता है। नसीहत सी देता है कि अपने रक्षकों को याद करो। वह सैनिकों का महिमा गान है। मगर अध्महिमा गान नहीं है। उसमें रक्षकों की 'बल्नरेबिलिटी' भी है, लेकिन उसमें कोई सिनीसिज्म नहीं है। पागलपन का आह्वान नहीं है, उन्माद का भाव नहीं है। ये बातें इस महान् पॉपुलर गीत को टीवी की स्क्रीन पर बार-बार सुनते हुए याद आयीं, ये बातें लता के इस कहने पर याद आयीं कि जब ये गीत बजने लगा तो वे फूट-फूट कर रोती रहीं, रोती रहीं। जो गाना रुला दे, वह गाना दिल पर लिख जाता है। लोकप्रिय संस्कृति दिल पर ही अपनी इबारत लिखा करती है। उसमें हमारी भावनाएँ स्वर पाती हैं, इसलिए हम उसमें रमा करते हैं। इस गाने ने हर एक को छुआ है और हर संकट में छूने की क्षमता रखता है।

मुम्बई पर हुए आतंकवादी हमले के बाद शहादत को मनाने का एक तरीका नये मध्य वर्ग का बन चला है। नया मध्य वर्ग टीवी में अक्सर मोमबत्तियाँ जलाता है और शोकमग्न दिखता है। इनमें नये शहरी लोग होते हैं। वे पोस्टर हाथों में लेकर सन्देश देते हैं कि उन्हें किस बात पर दुख है और वे क्या चाहते हैं? निरे स्वार्थी समय में यह अच्छा है कि इनके दिलों में दुख व्याप्तता है और वे अपने ढंग से उसका इजहार करते हैं। इसका स्वागत किया जाना चाहिए। अपने समाज में दुख शोक मनाना, उसका इजहार करना, एक लोकप्रिय व्यावहारिकता मानी जाती है। कहते हैं कि सुख में एक बार शामिल न होइए, लेकिन दुख में दुश्मन के भी शामिल होइए। दुख मनाने से कम होता है, उदात्त होता है। लता का गीत इसी उदात्त शोक का प्रतीक है, इसीलिए क्लासिकल है और सबसे ज्यादा पॉपुलर है।

जनवरी 2009

शुभकामनाओं का रेला

हमने अपने एक अभिन्न मित्र से सुबह-सुबह कहा : नये साल की शुभकामनाएँ।

उसने तुरन्त जवाब दिया।

आपको भी नये साल की शुभकामनाएँ।

हमने फोन से एक दोस्त से कहा, हैप्पी न्यू ईयर।

उसने भी जवाबी कार्रवाई तुरन्त करते हुए कहा, जी आपको भी हैप्पी न्यू ईयर।

पूरे दिन यही होता रहा।

नये साल का पहला दिन इसी तरह कहने-सुनने में बीत गया। हम कहते शुभकामनाएँ, तो पलटकर आ जातीं शुभकामनाएँ। हम कहते हैप्पी न्यू ईयर, तो बिना देर लगाये पल्टी मारती हैप्पी न्यू ईयर।

शाम तक जितनी शुभकामनाएँ दीं, उतनी वापस होकर इकट्ठी हो गयीं। जिस तरह चिट्ठी बैरंग लौटा करती हैं या एसएमएस जब कहीं न जाकर लौटकर माफी-सी माँगता है या ईमेल अपने ठिकाने तक न जाकर बीच में ही मुँह बिराने लगती है, वही हो रहा था।

जिस तरह दहेज के लिए प्रताड़ित बेटी एक दिन अचानक वापस आ जाती है, जिस तरह बाउंस हुआ चेक वापस आ जाता है, उसी तरह लेकिन उसने भी ज्यादा स्पीड से हमारी शुभकामनाएँ लौट आयीं। किसी पुराने ऊँचे पटाव की बिल्डिंग में जिस तरह आवाज देने पर गूँजती हुई आवाज लौट आती है, जिस तरह किनारे पर आकर लहर बार-बार लौटकर समुद्र में मिल जाती है, जिस तरह घड़े में बोलने पर जवाब आता है या गहरे कुएँ में बोलने पर आवाज़ें वापस आती हैं उसी तरह हमारी शुभकामनाएँ लौट कर आती रहीं। नये साल के पहले दिन कोई तीस शुभकामनाएँ दीं, जो तुरन्त-तुरन्त साठ की गिनती गिनने लगीं।

इतनी सारी रिटर्न्ड शुभकामनाओं का क्या अचार डालूँ? क्यों नया साल इस

तरह से मनाया कि रात तक कबाड़ इकट्ठा हो गया? दिल की धक-धक, धिक-धिक करने लगी। धिक्कार की आवाज़ें कानों में आने लगीं। गहरी ग्लानि महसूस हुई। कैसे लोग हैं कि कुछ अच्छा दो तो लौटा देते हैं। समाज में इतना अशुभ हो रहा है। लेकिन लोग हैं कि किसी की शुभकामना नहीं चाहते। किसी की शुभकामना पर किसी को यकीन नहीं रहा लगता। कैसा घोर कलजुग है कि शब्द किसी अर्थ की आहट किये बिना किसी के दिल से टकराये बिना ज्यों के त्यों लौटने लगे हैं। या तो समाज में इतनी शुभता फैली है कि अब किसी को दूसरे की शुभकामना की जरूरत नहीं रही या समाज में इतना शक फैला है कि कोई किसी को दो भले शब्द कहे तो बन्दा यों घूरता है जैसे उसे गाली दी हो।

शुभकामनाओं के रिटर्न्स के इस दौर में सबसे ज्यादा ध्यान खींचने वाली बात रही जवाबी शुभकामना की तुरन्तता। लगा कि आदमी नहीं आप घड़े से बात कर रहे थे, आप किसी कुएँ में बोल रहे थे। आदमी घड़े की तरह, कुएँ की तरह हो गया है। ईको करता है। प्रतिध्वनि करता है। अपनी नहीं कहता है, दूसरे की कही को बिना सोचे-समझे लौटा देता है, जैसे एटीएम कार्ड गलत कोड डायल करने पर तुरन्त वापस हो जाता है। आदमी गलत कोडवाला एटीएम कार्ड बन गया है।

होली, दीवाली सब हैप्पी होली, हैप्पी दीवाली कहते, सुनते हैं। तब भी ये शब्द इसी तरह बैरंग लौटते हैं। न्यू ईयर के शब्द भी इसी तरह लौटते हैं। क्यों लौटते हैं?

शायद इसलिए कि हम दिल से किसी का शुभ नहीं चाहते। हमने जब भी शुभकामनाएँ दी थीं तो कितने मन से दी थीं? जमाने का चलन था सो दीं। टीवी ने रात के बारह बजे हैप्पी नयू ईयर कहा तो हमने उसे ही आगे पासऑन कर दिया। एकदम फ्री में, अगले ने भी पास कर दी।

जब कोई चीज सबके पास सेंत में होती है तो उसमें फालतूपन आ जाता है और वह महत्त्वहीन हो जाती है। जैसे पैकेट, प्लास्टिक की थैलियाँ, पुराने कपड़े, रद्दी कागज, पुरानी बातें, यादें जो सारे दोहरायी गयी हों या पुराने एलबम, जिसमें पुराने, घिसे, पीले, काले से फोटो लगे हों, यह सब बोर करने लगता है। आदमी बोर हो गया है, विभोर नहीं हो सकता है। नया साल एक पल के लिए आता है और पुराना पड़ जाता है और फिर एक साल की तरह बोर करने लग जाता है। इसलिए नये साल पर आप कुछ नया करने की सोचिए जनाब!

9 जनवरी 2009

निन्दा रस चुनिन्दा रस

गजब का रस है। सब रसों का राजा है। नाट्यशास्त्र में भरत मुनि ने जितने रस गिनाये हैं, उनमें 'निन्दा रस' का जिक्र नहीं है। वह रौद्र रस के किसी संचारी के पर्याय के रूप में पड़ा नजर आता है। कितनी गलत बात है। भरत मुनि ने सही न्याय नहीं किया है। बाद के रसाचार्यों ने भी नहीं किया। निन्दा रस की गिनती तक नहीं की है, जबकि वह उनके जीवनकाल में खूब रहा है। उसने बड़े गुल खिलाये हैं। उससे कहानियाँ बनी हैं। कविताएँ बनी हैं। ऐसे प्रमाण मिलते हैं। ज्ञानी जन शृंगार रस को रसों का राजा बताते रहे, जबकि असल रस निन्दा रस था, जो सबके ऊपर रहा।

महाभारत में से अगर निन्दा रस निकाल दें तो क्या कोई फाइट सीन सम्भव है। अगर मामा शकुनि और भांजे दुर्योधन के प्रिय निन्दा रस को हटा दें तो 'महाभारत' क्या 'महाभारत' रहेगा? इसी तरह रामायण से अगर मन्थरा कैकेयी की जुगल जोड़ी की ईर्ष्या स्पर्धा को हटा दें, शूर्पणखा की सीता से ईर्ष्या को हटा दें या विभीषण की विभीषणबाजी जनित रावण निन्दा को रामकथा से निकाल दें तो बताइए बचेगा क्या? इतने प्रमाण होने पर भी रसाचार्यों ने निन्दा के बारे में नहीं सोचा तो यह निन्दा रस के खिलाफ उनकी राजनीति ही रही होगी।

भक्तों ने प्रेम भक्ति का प्याला पिया, मथुरा का पिया, सखा भाव का पिया और मदमाते रहे, लेकिन निन्दा रस के प्याले को कलजुगी कहा और हाथ न बढ़ाया। पूरा नशा नहीं हुआ। उनकी कविता एकांगी हो गयी। निन्दा को पाप समझा। सूरदास ने अपनी करनी पर अफसोस करते हुए कहा—'अब मैं नाच्यो बहुत गुपाल, काम क्रोध को पहिर चोलना कण्ठ विषय की माल....निन्दा शब्द रसाल... ।'

सूर इसे 'अपराध' कहते हैं। तुलसी निन्दकों को कलजुग के पापी बताते हैं। उन्हें असन्त कहते हैं, उनकी ही निन्दा कर डालते हैं। इस तरह स्वयं ही निन्दा

रस के निर्माता बन जाते हैं। निन्दा रस को कबीर ने सबसे पहले पॉजिटिवली स्वीकारा। कहा—'निन्दक नियरे राखिए आँगन कुटी छवाय, बिन साबुन पानी बिना शीतल करत सुभाय... ।' इस मामले में वे निन्दा रस के प्रथम आचार्य सरीखे नजर आते हैं। निन्दकों के रोल को इतने समाजशास्त्रीय ढंग से बताया और आधुनिक जनतंत्र का आधार बनाया। इसी कारण आज निन्दा रस जनतंत्र की जान है। निन्दा यूँ तो सदा से स्थायी भाव की तरह सोयी रही है, लेकिन जनतंत्र में पूँजी और बाजार के जमाने में इसे खाद, हवा, पानी इतना ज्यादा मिल जाता है कि 'बेशरम' की तरह इसकी फसल चौबीस घड़ी बारहों महीने खड़ी रहती है। यह अपने आप उगती रहती है।

निन्दा रस को अंग्रेजी में 'कन्डम रस' भी कहा जा सकता है। यह राननीति में मिलता है। हर दल में होता है। यह दल तोड़ता है। मित्रों में फूट डालता है। विचारधारा का अचार बना डालता है। पति-पत्नी, बाप-बेटे, बहन-भाई, मालिक-नौकर के बीच नित्य बनता रहता है। यह पत्रकारिता और साहित्य की तो आत्मा है। यह संसद में बरसता है। हर गली कूचे में बहता रहता है। घरों में सास-बहुओं के बीच मित्र मण्डलियों में लहराता चलता है। हर गोष्ठी, हर पत्रिका, हर कविता-कहानी इससे भरी रहती है। निन्दा रस का स्थायी स्पर्धा का भाव है। कॉम्पटीशन बढ़ता है तो ईर्ष्या बढ़ती है। कॉम्पटीशन के बिना बाजार नहीं चलता। स्पर्धा नयी इकोनॉमी की रूह है। उदारीकरण की मूल भावना है। इसके बिना इकोनॉमी आगे नहीं बढ़ती। साहित्य की कहें तो आलोचना इसके बिना हो ही नहीं सकती। हर अच्छे आलोचक को निन्दा प्रवीण होना होता है। हर सांसद-विधायक को होना होता है। नेता को होना होता है। आलोचना से विपक्ष जैसा संस्थान पैदा होता है। विपक्ष से आन्दोलन पैदा होता है। आन्दोलन से सत्ताएँ बदलती हैं। ये है निन्दा रस का जलवा है। कोई इतना प्रोडक्टिव रस।

निन्दा रस बनाने के लिए कम से कम दो व्यक्ति तो चाहिए ही। उनके बीच एक कॉमन थर्ड पार्टी होनी चाहिए जो अनुपस्थित हो। निन्दा करने वाले कई तरह के हो सकते हैं। सीधे, दो टूक। आड़े-तिरछे-बाँके। व्यंजनावक्रता वाले। काकुवाले। आचार्यों ने इसे भाषा का अलंकार कहा। 'व्याजनिन्दा' नामक अलंकार बना डाला जो कि निन्दा की सरासर तौहीन है। निन्दा करने वाले ज्यादा बड़ी संख्या में नहीं हो सकते। वे समानधर्मी हितवादी हो सकते हैं। कहने वाले से ज्यादा यह रस सुनने वाले को मन ही मन भाता है। निन्दा स्वास्थ्यवर्धक है। पाँच मिनट का

निन्दा रस बना लें तो पाँच घण्टे स्वस्थ रह सकते हैं। जरा सी देर किसी की निन्दा कर ली और मस्त हो गये। गुस्सा निकल गया, इसे कहते हैं–गुस्सा थूकना! इसीलिए निन्दा-रसिक सबसे लम्बी उम्र जीते हैं। अगर स्वस्थ रहना है तो नित्य निन्दा-रस का पान करें। निन्दा रस है ही ऐसा 'पापुलर पपलू' कर्म। सबसे सस्ता। सेंत में बनता है।....'हर्रा लगे न फिटकरी रंग चोखा आए!'

फरवरी, 2009

अमेरिका में मन्दी, भारत में सुस्ती!

आर्थिक संकट है/मन्दी है। सरकार सोचती है कि 'स्लोडाउन'/सुस्ती है। अमेरिका वाली मन्दी नहीं है। यह निहायत बुरी बात है। लगता है मन्दी के दिव्यवेश को देख अपना देश शर्मा गया है। इसीलिए नाम बदलकर पुकार रहा है। अपने लोग मन्दी को स्लोडाउन या सुस्ती कहकर काम चला रहे हैं। यही भारतीय किस्म की हेराफेरी है। ऐसा लगता है 'सुस्ती' शब्द मन्दी का भारतीय भाव है।

नाम बदलने से कई बार बात बन जाती है। भारतीय संस्कृति में इसका बड़ा महत्व है। बहुत सी माताओं के बच्चे जन्मते ही मर जाते हैं तो पण्डित जन विचारते हैं कि जरूर यमराज इस जातक को जन्म के वक्त पहचान लेता है। अगर इसका नाम जवाहर की जगह लडडूगोपाल रख दें और उसे किसी और का बता दें तो शायद बच जाए। यमराज अच्छे घर के बच्चे को घूर पर तो ढूँढने जाएँगे नहीं, इसलिए कनफ्यूज होकर लौट जाएँगे। घड़ी टली तो फिर नहीं आने के। अपने देश में जनता जनार्दन के हित पण्डितों ने मिलकर ऐसे अचूक टोटके बना रखे हैं। मन्दी की जगह सुस्ती कहना एक टोटका है। सुस्ती मन्दी के गले का ताबीज है। मन्दी आती है तो सुस्ती गर्दन में झूलती है। इस टोटके ने सबको कह दिया है कि घबराना नहीं। इन्तजार करो। सब ठीक हो जाना है। ये 'सेंचुरी' हमारी है। ये टोटके न हों तो अपना बन्दा जिये कैसे? भरम रचकर जीने के निराले आनन्द होते हैं। यही भारतीय संस्कृति का मिजाज है। होगी अमेरिका में मन्दी। मेरे पास तो मन्दी नहीं है। हाँ थोड़ी सुस्ती है। इनके मौसम आते-जाते रहते हैं। एक दिन सब ठीक हो जाएगा। यही सोच है। अमरीका की हर चीज अपने देश ने ली है, लेकिन मन्दी से साफ कह दिया है कि ये आइटम हमें नहीं चाहिए जी। यही तो अपना महान् दोगलापन है।

कल तक अपने देश में सब आइटम अमरीका जैसे आते रहे तो मन्दी अमरीका जैसी क्यों नही लाये जी? लोग पूछ बैठते हैं और जवाब नहीं मिलता। जो

अमरीका में है वह भारत में है। अमेरिका के पास बम है, अपने पास भी है। अमेरिका के पास अंग्रेजी है, हमारे पास उससे भी अच्छी है। अमेरिका में हॉलीवुड है तो अपने यहाँ बॉलीवुड है। अमेरिका के पास तकनीक है, हमारे पास भी तकनीक है। उसके पास कैलिफोर्निया है तो अपने पास बँगलूरू है। उसके पास ओबामा है तो अपने पास मायावती, पासवान हैं। उसके पास विश्वशक्ति होने का गुमान है तो अपने पास एशियाई शक्ति होने का सपना।

इस तरह सब कुछ एकदम अमेरिका-अमेरिका हो गया। तब कहा जा रहा है कि ये मन्दी नहीं है। ये भी कोई बात हुई? सुस्ती कमजोरी की निशानी बतायी जाती है। कमजोर सुस्ती में रहता है। दिन भर काम करने वाला शाम तक थकान महसूस करता है और सुस्त वाल से घर लौटता है। सरकार सोचती है और उसके अनुसार मीडिया सोचने लगता है तो जनता सोचने लगती है कि मन्दी नहीं है सुस्ती है। सुस्ती कहने से संकट टल जाएगा।

मन्दी या सुस्ती का भविष्य में जो हो सो हो, लेकिन नोबेल पुरस्कार से सम्मानित अर्थशास्त्री अमर्त्य सेन ने एक बात कह दी है कि मन्दी के दौर के बाद अमेरिका की दादागीरी खत्म हो जानी है। यह और भी बुरी बात होगी। अमेरिका अमेरिका न रहेगा तो हम कहाँ जाएँगे। वे लोग जो सपने में अमेरिका अमेरिका करते हैं, उसके लिए पापड़ बेलते हैं, उनका क्या होगा? ऐसी बातें सुनकर बड़ी निराशा-सी होती है।

हमारे मन का बचा हुआ आदर्श अमेरिका है। हर हिन्दुस्तानी देशभक्त के दिल में अमेरिका रहता है। वह इस धरती पर स्वर्ग की तरह माना जाता है, जिसमें हूरें, परियाँ रहती हैं। हर आदमी वहाँ कुबेर और इन्द्र है और हर समय 'इन्द्र सभा' जमी रहती है। दुनिया का सर्वोत्तम सब कुछ वही है। अगर वह न रहा तो हमारा क्या होगा? चिन्ता की बात है। यही संकट है, लेकिन संकट का इलाज तो अपने पास पक्का है। संकट होते ही हनुमान चालीसा और महामृत्युंजय मंत्र का जाप शुरू हो जाता है। हनुमान चालीसा का पाठ कैसेट से निकलने लगता है :

संकट कटे मिटे सब पीरा
जो सुमिरे हनुमत बल बीरा।

'ओम त्रयंबकम् यजामहे' कानों में पड़ने लगता है। अड़ोस-पड़ोस से सुनायी पड़ने लगता है। देखना एक दिन इसी तरह मन्दी को ठीक कर देंगे। बस बने रहें हमारे टोटके।

21 अप्रैल 2009

जो बहुत रंग गिरे

लीजिए पेश है ग्लोबल होली जोकियों का कण्टेस्ट स्पेशल शो। एकदम झकास रियलिटी शो लाइव। एक-से-एक नेता-अभिनेता, लेता-देता, घोटम-पोटम घोटाला, सबका सत्यम राजू का निवाला, आला-प्याला, लाली-लाला, साली-साला, खाली-खाला, आला दरजे के होली जोक। होली मेक। होली शंकर। होली जोकर। होली हॉकर। होली शॉकर। होली क्रेकर, होली ब्रेकर।

इस बार की होली में 'होली जोकी नम्बर वन' का जब कण्टेस्ट कराया तो एस.एम.एसों. पर सबकी ऐसी-तैसी करते हुए बहुत रंग गिरे, इतनी तरह के रंग गिरे कि नेरोलेक पेण्ट के हजारों रंग फीके पड़ गये, एशियन, शालीमार पेण्ट्स का तो ब्रश ही टूट गया। देसी मार्केट की पिचकारियाँ टूट गयीं। डोलचियाँ कम पड़ गयीं। अबीर-गुलाल की हाथरसी फैक्टरियाँ खाली हो गयीं। लाल-नीले-पीले-काले रंग तेजाबी हो गये। जिधर लगे उधर जलन हो गयी। ब्रजमण्डल की आधुनिक ब्रज बाला हुरहारिनों ने शरमाकर घूँघट काढ़ लिये। कन्हैया लोग अपनी पिचकारी लिये अपने गोवर्धन में बैठ टी.वी. वालों का इन्तजार करने लगे कि वे आएँ तो खेलें। टी.वी वाले खुद कण्टेस्ट में घुस गये। बड़ी मुश्किल से इस बार लोकल होली इस ग्लोबल होली से बचायी जा सकी है।

सो पेश है ग्लोबल होली का ग्लोबल रंग :

रंग नम्बर : एक

बतर्ज नासडैक वालस्ट्रीटी न्यूयॉर्क स्टॉक बुश की हुश—हुश होली अमेरिका ने अपने डालरिए नीले रंग की होली बरसायी और ऐसा रंग बरसा कि दुनिया के चेहरे का रंग बदरंग हो गया। बुश ताऊ ने ऐसी हाउ-मचाऊ होली खेली कि कुछ बचा ही नहीं।

सीएनएन पर रैम्प सांग आया :

बुश की हुश-हुश होली रे रसिया

इराक, अफगानिस्तान की जमीन खूनी रंग से बोरी रे रसिया
नीलौ डालर प फीकौ पड़ि गयो
रिपब्लिकन तम्बू उखड़ि गयौ रसिया
लीमान ब्रदर्स ने सबको दिवालौ
अमरीका को झटक दियो रसिया
दास अबीर जतन कर काले ओबामा
ने अमरीका बचायो रसिया

ओबामा ने हनुमान को नमन कर ठुमका लगाया :

हम काले हैं तो क्या हुआ दिल वाले हैं।
आई हैव ए ड्रीम यू हैव ए ड्रीम
लगायी मैंने ड्रीम की क्रीम
यस वी केन
यस वी केन
यस वी केन।

एक रंग ओसामा पर भी डाला :

तुसी ओसामा असी ओबामा
तब काहे का ड्रामा
ओए ओसामे
तेरा मुक्का
अपना खुल्ले हाथ का तुक्का
अपना हुक्का
आओ ट्विस्ट करें
डायलॉग को शिफ्ट करें
जय कन्हैया लाल की
नयी चइए
दीदी बहिना का गाना ऐसा मिक्स हुआ
कि पता नहीं चला कि किसकी
टेक किधर और किसका अन्तरा किधर
अपना जोकी ग्रेट कन्फ्यूज
उसका उड़ा अकल का फ्यूज
दी उसने ऐसी न्यूज कि

बोलो हर गंगे।
अगला जोकी पगला जोकी
अगला जोकी
हरियाणे के छोरा-छोरी
लव स्टोरी लव स्टोरी
छोरा चन्दू चाँद बन गया
अनुराधा बन गयी फिजा
चार दिनों तक रही चाँदनी
फिर खिजाँ ही खिजाँ

छोरा लौटा बाप के छोरी रोवत जाय
खायी नींद की गोलियाँ सीन दियौ हरसाय
सखा सुन चाँद के
होली जोकी
उर्फ
दिल दिया दर्द लिया
मनमोहन ने किया सवाल
ए जी : ये दिल किसको दूँ?
डॉक्टर बोले :
अब इस दिल में क्या रखा है?
नो वेकेंसी यस वेकेंसी
राहुल राहुल जपते जपते प्रणव
भए पीयमिया

अगले होली जोकी
राहुल बाबा
लकड़ी की काठी
काठी पे घोड़ा
घोड़े की दुम पे जो मारा हथौड़ा
दौड़ा-दौड़ा दुम दबा दिल्ली तक दौड़ा
आ जाओ

आ भी जाओ
हमको न यूँ सताओ
तुम बिन जी न सकेंगे
आ जाओ बाबा आ भी जाओ
एकदम क्यूट गाल पर डिम्पल
नम्बर वन है पी.एम.सिम्पल

सबसे घटिया होली हॉक रे
राज ठाकरे, राज ठाकरे
मनसे तनसे ठोक ठाक कर
हिन्दी वाले सभी हंकाले
ऐसे मराठी मानुस को
अब कौन संभाले
सुनो बालासाहब जी

सबसे खराब जोकी
पाकी जरदारी
जिसकी मति गयी है मारी
जो खेलें आतंक की होली
उनकी बोलते बोली
जो रखते बात-बात में गोली
उनसे होड़ लेते देसी जोकी
प्रज्ञा पुरोहित बहना भाई
ऐसी हिंस्र हिन्दू कौम कहाँ से आई?

इस पार मिले ऐसे जोकी
उस पार न जाने क्या होगा?
सन् दो हजार नौ होली का
संसार न जाने क्या होगा?

□

आईकॉन नहीं आइटम

इस चल-छल समय में आज के युवा वर्ग की छवि बनाने की कोशिश करें, तो मुश्किल पेश आती है। अब आईकॉन नहीं बनते, अब तो आइटम निर्मित होते हैं। यह आईकॉन का नहीं, आइटम का युग है। युवा वर्ग आइटमों से काम चलाता है, वह आईकॉनों को भूलने लगा है। बहुत बड़ा युवा वर्ग है। आबादी का दो-तिहाई है। यह 'समरूप' नहीं। सर्वत्र उपलब्ध युवा वर्ग की निश्चित कोई एक छाप नहीं बनती। वह अनेक रूप है। जाति धर्म लिंगभेद के अलग-अलग रूपों और स्तरों में रहता है। उसकी गरीबी का चेहरा अमीरी के चेहरे से अलग लगता है।

पहले उसकी तस्वीर बनाएँ, तो कैसे बने? उसका रेखांकन भी कैसे हो? जब उसका मन मिल जाए, तब तो सोचा जाए कि उसके आईकॉन कैसे हैं? मीडिया ने अपनी बात उसके मुँह में डालकर कुछ 'आईकॉन' कुछ देवता उसके नाम से बनाये हैं। उनमें उसका विश्वास नहीं है, क्योंकि वे बस उसे एक मेटिनी शो भर का मजा देते हैं। अमिताभ की जगह सलमान, आमिर, शाहरुख आये, सुनील गावस्कर की जगह सचिन आये, लेकिन दिल को उनके नाम कुछ देर याद रहे, बहुत देर तक दिल में टिके नहीं। ये सारे आईकॉन कुछ देर की तफरीह भर रहे।

माइकल जैक्सन, मैडोना से लेकर ऐश्वर्या राय, करीना सब यों आये और यों गये। ये मेटिनी आइडोल मिट्टी की मूरत निकले, जो टिके नहीं। कुछ दिन नौजवान बिल गेट्स और नवयुवतियाँ इन्दिरा नूई की ओर देखते रहे। ये आईटी और मैनेजमेण्टी आईकॉन रहे, लेकिन एक मन्दी के झटके ने इनकी हालत 'कामायिनी' के उस मनु की तरह कर दी, जो 'भीगे नैनों से प्रलय प्रवाह' देखता रह गया। 'अमरीका' होने का सपना देखते-देखते बिखर गया। उसके सामने फिर राग अलापा गया कि संसद में बहुत सारे युवा नेता आ गये हैं और राहुल उनके प्रतीक हैं। राहुल ने युवाओं के लिए कांग्रेस में कुछ 'जगह' बनायी और चाहा कि आज के मैनेजमेण्टी—आईटी-दक्ष युवा, राजनीति को 'ठीक' करने के लिए राजनीति

में आयें और काम करें। लेकिन क्या राहुल कोई आईकॉन बन सके हैं? प्रेरणा बन सके? जी नहीं। वे एक अक्सर जुबान पर आता नाम भर हैं, मगर आईकॉन वे नहीं बने हैं।

'आईकॉन' ऐसा होता है, जो अपनी प्रतिभा से ऊँचा मानक बनाता है, जिसे कोई दूसरा नहीं छू पाता। वह प्रेरक होता है और सबके लिए उपलब्ध होता है कि दूसरे वैसे बन सकें। जरूरी नहीं कि उसमें कोई बहुत बड़ विचार, यश और आचरण हों, मगर जो हों, वे प्रिय हों, मनोरंजनकारी हों और हानिरहित हों। वह अपने होने से कुछ नया करें और जिसे करने में सुकून मिले। आईकॉन की दुनिया युवा जगत् की दुनिया है। आईकॉन उपभोक्ता युग के आदर्श होते हैं। वे अमर नहीं होते। वे 'उपभोग-मिथक' होते हैं। वे उतनी ही देर रहते हैं, जितनी देर आप उन्हें उपभुक्त करते हैं। वे ब्राण्डों से निकलते हैं, ब्राण्ड बनते हैं। उनके पीछे कोई बड़ा आइडिया नहीं, बड़ा मीडिया और बड़ा पैसा खड़ा होता है। इसलिए बिजनेस करने वाले युवा के लिए अम्बानी बन्धु आईकॉन हो सकते हैं। राजनीति करने वाले के लिए राहुल और अब तो भाजपा के वरुण भी हो सकते हैं। लड़कियों के लिए प्रियंका हो सकती हैं, लेकिन ये तमाम आईकॉन अधूरे आईकॉन हैं। लोग उनके दीवाने नहीं हैं और न बन सकते हैं।

यही है, 'उत्तर-आईकॉन युग' की खासियत कि अब समाज में आईकॉन भी नहीं ठहर पा रहे। एक ओर आतंकवाद और दूसरी ओर विश्व मन्दी ने 'निश्चिन्त आनन्द' के उपभोक्ता 'पल' को नष्ट कर दिया है, जिसमें युवा कुछ देर रहने के लिए 'युवा' रहता था। आईकॉन हमेशा अच्छे चढ़ते बाजार में बना करते हैं। गिरते बाजार में नहीं। आईकॉन 'परम गारण्टीड सूखेषणा' की उपज होते हैं। बाजार के हिलते ही वे बुलबुले की तरह फूट जाते हैं। ओबामा एक कल्ट फिगर एक आईकॉन जितनी जल्दी बने, उससे पहले ही बिखर गये। अब विश्व के युवा को कल की चिन्ता है। नये पूँजीवाद ने उसकी पूँजी चुपके से चुरा ली है और उसे कर्जखोर बना डाला है। अब उसके पास बचत भी नहीं। शौक और आदतें वही हैं, जो चढ़ते बाजार के वक्त थीं।

अब युवा की जिन्दगी में चैन नहीं है। स्पर्धा दस गुनी बढ़ी है और अवसर कमतर हुए हैं। इस युवा के दिल-दिमाग में बेचैनियाँ जोर मारती हैं। उसकी दुनिया मोबाइल ब्लॉग और फेसबुक की साइबरी दुनिया है। एकदम पास और फिर भी कितनी दूर। दुनिया से संवाद में लेकिन एकदम खाली। यह युग आईकॉन का उतना नहीं, जितना फेसबुकी आइटमों का है। हर युवा अब अपना

आईकॉन, खुद है और उसकी साइबर कम्युनिटी है। जहाँ सब बराबर हैं। यहाँ कोई किसी का नहीं बनता।

साइबरी दुनिया आज के युवा का शरण-स्थल है। उसका कोई आईकॉन नहीं है, क्योंकि इस दुनिया में कोई किसी को आईकॉन नहीं मानता। सब बराबर हैं। हर युवा अपने आपमें एक आईकॉन, एक आइटम है। तो कुछ-कुछ ऐसी बनती है। उसका सुन्दर सपना टूट गया है। कल तक वह सपनों के कुछ टुकड़ों को लिये-दिये अपने मन की महँगी मोटर साइकिल या रेस कार को सवा सौ, डेढ़-सौ को स्पीड पर दौड़ा रहा था कि अचानक इकनॉमी के अँधेरिया मोड़ पर एक्सिडेण्ट हो गया है। वह अब एक स्वप्नहीन दुनिया में जीता है। जो कुछ अमरीका-आईटी और डॉलर वाले सपने रहे, वे कुछ दिन दिखते रहे, युवा वर्ग लगा रहा; लेकिन इन दिनों की मन्दी में सारे सपने चकनाचूर हो गये दिखते हैं।

यह आईकॉन का नहीं आइटम का युग है। ये आइटम भी अति चंचल क्षणभंगुर हैं।

21 अप्रैल 2009

लोकतंत्र का लोकनृत्य

जनतंत्र की परिभाषाएँ गढ़ने वाले राजनीति शास्त्रियों ने जनतंत्र की जो परिभाषाएँ गढ़ी हैं अपना जनतंत्र उन जैसा होते हुए भी काफी कुछ अलग देसी रंग वाला है। जनतंत्र 'जनता का, जनता के द्वारा, जनता के लिए' बताया जाता है। अपना जनतंत्र जनता का जानता के लिए जनता के द्वारा लोकनृत्य है। सबसे बड़ा एक अरब से ज्यादा का नाच लोकनृत्य है। टिकट बाँटने से लेकर रिजल्ट आने तक अविराम उत्सव रहता है।

चुनाव में जनता की विराट हिस्सेदारी उसे सम्पूर्ण लीला बनाती है। लोकतंत्र न हो तो अपना समाज मर जाए। उसे अपना लोक चाहिए। अपने लोक का तंत्र चाहिए। डिक्टेटरशिप तो इसे भगवानूजी की भी पसन्द नहीं। चुनाव का मतलब है एक प्रकार का जरूरी परिवर्तन।

विद्वान लोग कोसते रहते हैं कि कुछ नहीं हो रहा है। कुछ नहीं बदल रहा, जनता स्वयं कहती रहती है कि कोई कुछ नहीं करता है, लेकिन चुनाव आते ही वोट देने-लेने, चर्चा करने, जिताने-हराने, सट्टा लगाने का मजा लेने लगती है। अपने जनतंत्र का यही मजा है, यही रस है, यही आस। अपने यहाँ जनतंत्र एक स्वभाव की तरह है। पाँच साल में न हो तो समाज में प्रलय हो सकती है। जनता नाराज हो सकती है। बराबरी सबको नहीं मिली है। सब जातिभेद, धर्मभेद में जीते हैं, लेकिन कानून की नज़र में सब बराबर हैं। जनतंत्र सबका है, संसद सबकी है, यह भाव नीचे तक पॉपुलर है, सही जन न्याय है। हर आदमी अन्दर से सामन्त है, लेकिन पब्लिकली जनतंत्र में रहने को मजबूर है। सभी जनतंत्र फायदेमन्द दिखने लगता है, फिर धीरे-धीरे अपने भीतर भी थोड़ा-थोड़ा जनतंत्र बनाने लगता है। यह जनतान्त्रिक भावना सबसे पॉपुलर भावना है। हजार दादागीरी के बाद भी एक दूसरे की सुनना सुनाना एक मूल्य बन चला है। जो इस संवाद निर्माता को नहीं मानता, अशिष्ट और फासिस्ट कहलाता है। इस जनतंत्र को बनाया है अपने

संविधान ने, अपने नेताओं ने, अपने विपक्ष ने, अपने परमानेण्ट विपक्षी रहने के भाव ने और सबसे ज्यादा जनता ने बनाया है। जनतंत्र अपने उपयोग जताता रहता है। बात करो, बहस करो, विवाद करो, मानो-मनवाओ, तर्क करो, दादागीरी न करो...

इस जनतंत्र में जब तब नयी लीलाएँ दिख जाती हैं। पिछले दिनों जनतंत्र में जूता तक चला। बुश को जूता, चीनी नेता को जूता। अपने नेताओं के चित्रों पर जूतों की मालाएँ पहनायी जाती हैं।

जनतंत्र में जूता तक हिट हो जाता है। ब्राण्ड बन जाता है। जूता जो बुश को मारा गया। दुनिया में लाखों जोड़ी बिक गया। अपना जनतंत्र अपने जन समाज की तीखी घृणा और प्यार का इजहार है। प्यार आया तो सीधे देवता का दर्जा दे दिया और नजरों से गिरा तो कुत्ते की जात पूछा! अपने समाज में आदमी की जिन्दगी भी ऐसी ही है। 'कभी अर्श पर कभी फर्श पर' के हिसाब से बनती बिगड़ती रहती है। अपना जनतंत्र इसी का आईना है।

सता पक्ष और विपक्ष इसी तरह बनता है। हर आदमी में बैठा एक अदद परामानेण्ट नाराज आदमी है। उसे जन्नत की खुशियाँ दे दो तो भी नाराज ही रहेगा। इसी परशुरामी मिजाज से विपक्ष बनता है। अपने लोकतंत्र में निन्दा और स्तुति जैसी दो भावनाओं का बोलबाला है। दुश्मन की निन्दा और अपने की स्तुति। दूसरे की पैरोडी खींचना, उसके किये पर पानी फेरना और अपने किये को जताते फिरना। आत्मश्लाघा इस जनतंत्र का परमतत्त्व है। 'हार नहीं मानूँगा रार नयी ठानूँगा' वाला भाव भी स्थायी है। ऐसे शौकीन लोग हैं जो हर चुनाव लड़ते ही हैं, भले उन्हें दो वोट मिलें। एक घोड़े वाले हो गये जो घोड़े पर रहकर चुनाव लड़ा करते थे। एक धरती पकड़ थे जो हर चुनाव लड़ा करते थे। ऐसे कितने लोग न होंगे जो हर बार फाइट में मजे-मजे के लिए अपनी आन-बान के लिए उतरते होंगे। हार-जीत से परे वे पब्लिक के मजेदार आइटम होते हैं। लोग उनके होने का मजा लेते हैं। समाज की जितनी लोकप्रिय आदतें हैं, इस जनतंत्र में समाहित हैं।

दूसरे की खिंचायी, चिढ़, आगे निकलने वाले को टँगड़ी मारना, फिर हँसकर सॉरी कहना। यह जनतान्त्रिक मनोरंजक भाव अपने समाज में नीचे तक फैला है। स्पर्धा, ईर्ष्या, द्वेष सब रहते हैं। कोई किसी की बढ़त नहीं देख सकता है। जनतंत्र इसी जन मिजाज की अभिव्यक्ति है और मानसिक हिंसा का एक प्रकार का विरेचन है। जनतंत्र में आकर आदमी इन बातों को जरा शराफत से व्यक्त करता है। चुनाव होने वाले हैं। दस हाजर का खर्चा चुनाव पर होने वाला है। इतना ही

सारे दलों का होगा। यह अपने आप में सबसे बड़ी प्रोडक्टिव पॉपुलर कल्चर है। किसी भी महाफिल्म, महाकथा, महाकविता से आगे की चीज है चुनाव! अपना जनतंत्र अपने लोक की लीला है। अपना समाज इसीलिए टिका हुआ है। सारी मन्दी और निराशा के बावजूद आदमी सोचता है सब कुछ न बदले, लेकिन कुछ तो बदलेगा। अभी न बदला तो आगे बदलेगा। जनतंत्र इसी पॉपुलर आशावाद का मंत्र है।

जूता और हेट स्पीच

चुनावों में 'जूता' चल रहा है। हेट स्पीचें ग्रेट स्पीचें बन रही हैं। अपना जनतंत्र का पॉपुलर संस्करण तैयार हो रहा है। जो हेट स्पीच करता है, वह चर्चा में आ जाता है। जो जूता चलाता है, वह महान् हो जाता है! पापुलर कल्चर को बनाने के लिए हर बार कुछ रसीले चौंकाने वाले मौलिक आइटम चाहिए होते हैं। अपना जनतंत्र और चुनाव का दौर इस अवसर को मुहैया करता है। लम्पटों ने जनतंत्र को पाँव की जूती जब से बनाया है, तब से हेट स्पीच और जूते चलन में आ गये हैं। 'जूता चलना' पॉपुलर मुहावरा है। जब-जब चलता है, बड़ी खबर बनता है। जूता जब भी चलता है, सबसे पॉपुलर क्षण का निर्माण करता है। जूता चलाने वाला हीरो हो जाता है, उससे भी बड़ा हीरो होता है, वह अदना जूता जिसे चलाया गया। जूते का फलसफा पॉपुलर है—'जूते की महिमा अनत/अनत किया उपकार, लोचन अनत उघाड़िया/अनत दिखावन हार।' एक बार चलने के बाद हर आदमी के लोचन खुल जाते हैं। हर आदमी पूछता है कि इस महान् होनहार जूते का महाभाग मेहमान कौन था? सीन देखते ही पुलकित होते हैं कि वाह कया सीन है? क्या बन्दा है? बाद में हिम्मत वाले की मरम्मत होती है तो होती रहे। इधर चला, उधर कोई हीरो बना। जिसे लगा वह दयनीय से लेकर हँसी का पात्र बना। टीवी और राजनीतिक स्पर्धा के इस युग में जूते सबसे पॉपुलर आइटम हैं। जिस पत्रकार ने अमेरिकी प्रेसीडेण्ट बुश पर जूता फेंका, वह जूता अमर हो गया। वह कम्पनी अमर हो गयी। मन्दी में भी जूतों का बाज़ार गरम हो गया। चीन के नेता को मारा तो सीन बना। चिदम्बरम् को मारा। आगे पता नहीं किस-किसके भाग में है? चिदम्बरम पर जूता चलाने वाला पत्रकार पत्रकारिता भूल गया, उसकी निजी घृणा हावी हो गयी। यही हेट का खेल है, जो इन दिनों चल रहा है। जूता हरेक के भाग्य में नहीं होता। बड़े आदमी के भाग्य में होता है, जो चलाता है, वह अनिवार्यता छोटा होता है। जूता भावनात्मक लेवल का काम करता है। जूता

जनतान्त्रिक हथियार है। जोर का झटका होता है, जो धीरे से लगता है। समाज में तो जूते का महत्त्व पुराने जमाने से समझा जाता रहा है, राजनीति ने अब समझा है। चुनावी राजनीति में इन दिनों 'हेट स्पीच' का युग चल रहा है। इस हेट में जूते का चलना ग्रेट सीन देता है। नित्य हेट स्पीच करो। सीन की जरूरत हो तो एकाध जूता आइटम भी करो। करवा दो। जूते का चलाया जाना जान से मारने जैसा अपराध नहीं बनता। देखें तो एक अहिंसक अपराध-सा है। जूता एक अहिंसक हथियार है, जिसके पीछे कोई बदबूदार हिंसा छिप जाती है। जूता एक पर्सनल कार्रवाई है। जूता हर समय तैयार हथियार होता है, जो जूता मारता है, वह अपना ही जूता मारता है, दूसरे के जूते को नहीं मारता। मारा जाने वाला जूता नया नहीं हो सकता। वह पहना हुआ होता है। जितना पुराना, उतना अच्छा। मारा गया जूता वापस नहीं आता। एक मारने वाले के पास रहता है। एक लगने वाले के पास। यही जूता-सम्बन्ध है। यह परम पवित्र सम्बन्ध है, जिसे लगता है वह याद रखता है, जिसने मारा होता है, उसे जनता याद रखती है। वह अपने जूते को उतारकर मारा करता है। जूता उत्तर आधुनिक सांस्कृतिक अस्त्र है। जब हेट स्पीच और जूते का पॉपुलर 'पपलू' ऐन रोज सामने बनता है तो इतना मजेदार होता है कि आप उसके स्वाद में रम जाते हैं। देखते वक्त आप निरामय आनन्द में होते हैं। बाद में मुसीबत में होते हैं। 'गलत हुआ', 'सही हुआ'—हुआ-हुआ' बहस में पड़ते हैं। संसद के चुनावों के इस हेट सीजन में 'हेट स्पीच' का जल्वा देखते ही बनता है। आप हेट की टॉफी खाएँगे कि उसके स्वाद पर चर्चा करेंगे? हर हेट स्पीच ऐसी ग्रेट है कि हर नेता का कद दो इंच ऊँचा नज़र आता है। डिजाइनर कपड़ा में सज्जित नेता यत्र-तत्र-सर्वत्र अपनी घृणा के प्रिय पात्र के बारे में अचानक 'बिलो द बेल्ट' लगा देते हैं। ऐसी मधुर बानी बोलते हैं, सबके मन का आपा-तापा खो जाता है। सबको हियरे की जल को शीतल करती है। ऐसी मानववाणी चारों-तरफ चिंगारियाँ फेंकती हैं।

वरुणजी ने पीलीभीत में सबके सामने कहा—'काट डालूँगा। हाथ काट डालूँगा।' ऐसे महावाक्य सुनकर सामने खड़े लौंडे-लपाड़े किलकने लगे। वे उनकी किलकन पर पुलकित होकर दो-तीन बार काटने का अभ्यास कर गये। टीवी चैनलों की दावत हो गयी। खबर धुनी. गयी और देखते-देखते वरुण हिन्दुत्व-हृदय-सम्राट लगने लगे। आडवाणीजी को उनमें जेपी नज़र आने लगे। ये हेट कल्चर के दिन हैं। दिलों में भरी नफरत मौका पाकर बाहर आ रही है। हेट स्पीच और हेट जूता

एक प्रकार के सांस्कृतिक हथियार बन रहे हैं। उनमें नफरत वह वहशत में बदल रही है कि उसमें नितान्त निजी विरोध फासिस्टिक बन जाता है। तालिबानी हेट के पास गोली है, हेट कल्चर में गोली नहीं गाली है।

यह हेट कल्चर इन दिनों बेइज्जती करके आनन्द का निर्माण करती है। हेट करने वाला अन्धा होता है। अतिवादी रूप में वह प्रतिघृणा पैदा कर सकता है। यह घृणा समाज के लिए हितकर नहीं है। जब कोई पॉपुलर पपलू आनन्द न देकर 'घृणामात्र' देने लगता है तो पॉपुलर पपलू बनने की कोटि से गिर जाता है। कहा जा सकता है कि यह हेट स्पीच या जूते मार कल्चर पपलू कल्चर का अनुदात्त संस्करण है।

मई 2009

पाँचवाँ वेद

ज़िन्दगी का गणित ही कुछ ऐसा है कि आप बहुत देर शोक में, निराशा में नहीं रह सकते। रहेंगे तो मरेंगे। बड़े से बड़े शोक को, दुख को टैकल करने के तरीके बने हैं। सब समाजों ने बनाये हैं। आदमी को उससे निकालते हैं। किसी ने कहा भी है—'ज़िन्दगी जिन्दादिली का नाम है, मुर्दादिल क्या खाक जिया करते हैं?' साहित्य का, नाटक का, कलाओं का अन्तिम लक्ष्य इसी ज़िन्दगी की 'सेवा' करना है। जनता को आनन्द देना, सुख देना। भरत मुनि पहले ऐसे चिन्तक थे, जिन्होंने संस्कृत भाषा में पहला 'पपलू शास्त्र' दिया, जिसका नाम है 'नाट्यशास्त्रा'। इसे पंचम वेद कहा गया। यानी 'पाँचवाँ ज्ञान' कहा गया। जब यूनान में प्लेटो अपने 'रिपब्लिक' यानी गणतंत्र की व्यवस्था कर रहे थे और उसमें सामान्य कला के आनन्द को वर्जित्र कर रहे थे और अपने रिपब्लिक में कलाकारों के लिए रहने, जीने लायक जगह को मना कर रहे थे। उनके देश निकाले की व्यवस्था कर रहे थे, कह रहे थे कि कवियों और नाटककारों, कलाकारों को उनके गणतन्त्र में जगह नहीं है, क्योंकि ये सब भावुक होते हैं और राज्य में उत्पात करा सकते हैं, शायद उसी समय भारत में संस्कृत में 'नाट्यशास्त्रा' की रचना हो रही थी। नाट्यशास्त्रा 'पापुलर पपलू' का कितना बड़ा और आदिग्रन्थ है, यह उसके जन्म से स्पष्ट है। यह कहानी नाट्यशास्त्रा में दर्ज है और बहुत शुरू में ही कही गयी है।

संक्षेप में कहानी कुछ इस तरह से कही जा सकती है—

देवता लोगों के मनोरंजन के लिए नाटक हो रहा था। देवजन अपने मनोविनोद के लिए कला-कर्म करते थे। नाटक किया करते थे। वे ही रचने वाले थे, वे ही उपभोग करने वाले। नाटक में नाच-गाना हो रहा होगा। लोग मुक्त कण्ठ से प्रशंसा कर रहे होंगे। तालियाँ बजा रहे होंगे कि तभी प्रेक्षागृह यानी उस जमाने के हॉल के बाहर हंगामा होने लगा। कुछ लोग आकर गेट तोड़ने लगे। वे जबर्दस्ती अन्दर घुस आये और चलता नाटक रोकना पड़ा। हंगामा बरपा रहा। वे मंच पर

चढ़ आये और सब कुछ तहस-नहस कर दिया। इसके बाद देवता-जन सोचने लगे कि इस तरह के उत्पात को रोकने के लिए क्या इलाज किया जाए? सोचते-विचारते वे ब्रह्माजी के पास गये। खबर दी कि महाराज कुछ निम्न अधम असुर टाइप के लोग हमारी रंगशालाओं को अक्सर अपना निशाना बना रहे हैं, क्या उपाय किया जाए?

ब्रह्माजी ने समस्या को सुना और समझ गये कि असल समस्या कहाँ है और उसका इलाज क्या है? वे देवजनों से बोले—आप लोगों के पास चार वेद हैं। आपने उन पर इजारेदारी कर रखी है। सारा ज्ञान-विज्ञान आप उनसे सीखते हैं, लेकिन ये जो जनता जनार्दन है उसके लिए क्या कोई ज्ञानमार्ग आपने सोचा है जो उसे खाली वक्त में ज्ञान दे और आनन्द दे और वो सब दे जो आप रंगमंच से लेते हैं? नहीं न! इसलिए ऐसा होता है। एक ही उपाय है कि आप लोग व्यासजी को बुलाइए और कहिए कि ऐसा शास्त्रा रचें जिसमें चारों वेदों का ज्ञान संचित हो और इस तरह हो कि मनोरंजन करते कराते लोग प्रिय तरीके से सबको ज्ञान देता चले।

नाट्यवेद की रचना इस घटना के बाद हुई। नाट्यवेद इस तरह पहला पॉपुलर कला ग्रन्थ बना है। आज तक जनता जनार्दन के मनोरंजन की बात जब-जब आती है, इस ग्रन्थ का अनिवार्य सन्दर्भ आता है। अब बताइए फिल्में, गाने, नाच, टीवी, फैशन, विज्ञापन, मेले-ठेले, लोकप्रिय घटनाएँ, आईकॉन हीरो-हीरोइनें सब इस जनता के लिए नये मनोरंजन के उपादान हैं और यही सब इनका नाट्यवेद है जो एक अरब जनता को रंजकता देता है।

हरेक समाज ने अपने मनोरंजन के लिए अपनी कलाएँ बनायी हैं। कलाकार को लगता है कि कलाकार वह है और कला का निर्माता भी वही है, जबकि यथार्थ यह है कि सब चीजों की तरह जनता जनार्दन की जरूरत ही सब चीजों की निर्माता है। कलाकार भी तो जनता के बीच से ही होता है, लेकिन उसे गलतफहमी हो जाती है कि वही देवताओं की तरह वेदों का निर्माता और भोक्ता है। सच यह है कि जनता अपने पैसे से, अपनी इच्छा से, अपनी जरूरत से हर समय हर बार पाँचवाँ वेद बनाती-बनवाती रहती है। पॉपुलर पपलू कालम इसी पॉपुलर वेद का आख्यान है।

दिल्ली का दिल

उसे अचानक ताकतवर आदमी बनने का सपना आने लगता है। वह झुग्गी में रहेगा। रिक्शा चलाएगा। झल्ली ढोएगा, लेकिन कमाई का एक हिस्सा अपने गाँव हर महीने मनीऑर्डर करता मिलेगा। दिल्ली किसी को भूखों नहीं मरने देती। मुम्बई में जब कुछ लोगों ने 'बाहरी' लोगों को लेकर उत्पात किये उससे दिल्ली का भाव और बढ़ा है। दिल्ली किसी को नहीं खदेड़ती। सबको अपनाती है। दिल्ली का दिल बड़ा है। कहने की बात नहीं, महसूस करने की बात है। दिल्ली की आबादी जिस रफ्तार से बढ़ी है। उस रफ्तार से किसी और शहर की नहीं। शहर की ताकत शहर बनाती है। दिल्ली लुटती-पिटती रही है। सात बार उजड़ी बसी है। कुछ तो बात है जो दिल्ली में है। अंग्रेजी ताकत के जमाने में कलकत्ता लोगों को खींचा करता था। जब से दिल्ली राजधानी बनी तब से सारे रास्ते दिल्ली की ओर आने लगे। अंग्रेजों के वक्त मुम्बई भी आकर्षित करती थी। लेकिन बिजनेस वालों को करती थी। विभाजन के बाद बॉलीवुड आकर्षित करने लगा, औह आज भी करता है, लेकिन दिल्ली चुपके-चुपके अपनी धमक बढ़ाती रही और आज उसका मुकाबला नहीं। कारण बड़ा साफ है। दिल्ली देश की राजधानी है, सरकार है, पीएम हैं, राष्ट्रपति हैं, संसद है और सबसे बड़ी बात वे सबके लिए खुले हैं। किसी एक जगह एक प्रदेश तक मदूद नहीं है। दिल्ली उस दादी माँ की तरह है, जिसका आँचल बड़ा है और हरेक के लिए उसमें वात्सल्य है, प्यार है, थपकी है। तभी तो सबसे ज्यादा लोग प्रतिवर्ष दिल्ली आते हैं। तीन से चार लाख लोग प्रतिवर्ष दिल्ली आते हैं। और बहुत से यहीं रह जाते हैं। दिल्ली उनको कभी नहीं हँकालती। इतनी पॉपुलर दिल्ली के गीत कम गाये गये हैं। मुम्बई को लेकर ज्यादा गाये गये हैं। कारण यही है कि दिल्ली में आने के बाद आदमी दिल अपने गाँव में ही छोड़ आता है। दिल्ली का दिल लेना चाहता है, लेकिन अपना दिल नहीं देता। बहुत पहले शायद शेख मुख्तार की एक पिक्चक में एक गाना सुना था 'हम दिल्ली के दादे हैं, दादे क्या परदादे हैं।' उसके बाद दिल्ली को लेकर फिल्मी गाने नहीं सुने। अंग्रेजों के जमाने का एक रसिया सुना था 'लखनऊ चलो अब रानी।

दिल्ली का बिगड़ा पानी'। यह शायद अठारह सौ सत्तावन के दिल्ली से पलायन की याद दिलाता है। दिल्ली को अटूट प्यार करने वाले प्रख्यात शायर मीर तकी मीर ने अट्ठारह सौ सत्तावन की उथल-पुथल के कारण यहाँ से जाकर लखनऊ में शरण ली तो वहाँ के लागों ने दिल्ली का हाल पूछा तो मीर ने दिल्ली का दर्द बयान किया–

'दिल्ली जो इक शहर था आलम में इन्तखाब
मैं रहने वाला हूँ उसी उजड़े दयार का'

मीर को दिल्ली इस कदर प्यारी थी–

दिल्ली के न थे कूचे
औराक़-ए-मुसव्विर थे
जो शक्ल नजर आयी
तस्वीर नजर आयी।'

दिल्ली के कूचे गलियाँ 'किसी कलाकार की किताब के पन्ने' थे, जिन पर दिल्ली बनी थी। ये है दिलवालों की दिल्ली!

अठारह सौ सत्तावन के दिनों में गालिब ने दिल्ली के उजाड़ को अपनी चिट्ठियों में दर्दनाक ढंग से दर्ज किया है। मिर्जा गालिब फिल्म में गालिब के जमाने की दिल्ली की झलक दिखती है। हिन्दी के प्रख्यात कवि दिनकर ने 'दिल्ली' नामक एक कविता लिखी है, जिसमें 'वैभव की दीवानी दिल्ली' की ताकत और उसके ऐश्वर्य को 'क्रिटीकली' बताया गया था। बहुत बाद में बण्टी-बबली फिल्म के एक गाने में पुरानी दिल्ली के 'बल्लीमारान से दरीबे तलक' का जिक्र आया है। 'चाँदनी चौक टू चाइना' में दिल्ली दिखी है। 'दिल्ली 6' में दिखी है। यहाँ दिल्ली 'उजड़े दयार' की तरह याद नहीं की गयी है। बल्कि जीते जागते शहर की तरह बनायी गयी है। यह अच्छा है। दिल्ली का दिल पहचानने की कोशिश की जा रही है।

दिल्ली दरअसल ऐसी ताकत का शहर है जो एक ही वक्त अपनी ओर खींचती है। आपकी ताकत लेकर आपको लौटाती है। हर बड़ा शहर यही करता है।

दिल्ली हिन्दी की राजधानी भी है। हिन्दी के अधिसंख्य कवि यहाँ रहते हैं। वे आज तक दिल्ली से अपना दिल नहीं लगा सके हैं। दिल्ली अभी तक उनका 'परदेस' हैं।

कवि निर्भय हाथरसी ने दो लाइनें लिखी थीं 'दिल्लगी से दिल लगाकर देखिए'।

हे पाठक इस 'दिल्लगी' की जगह अपना 'दिल' रख दीजिए। दिल्ली आपकी हो जाएगी।

उठाईगीरी कला

जिस देश में हर छींक पर नैतिक विचार जगते हों, जिस समाज में हर आदमी ईमानदारी के लिए जीने-मरने की कसम खाने की कला जानता हो, उस समाज में चौर्यकला ही पपलू कल्चर हो सकती है। कल्चर से ज्यादा यह आदत है, इसीलिए इस पर कोई नैतिक बहस नहीं होती। सब महापुरुषों के जीवन में कभी न कभी चौर्यकला लीला हुई है। गाँधीजी ने भी एकाध आइटम चुरा लिया था। भक्तों ने देवताओं तक को नहीं छोड़ा। देवताओं ने एक-दूसरे को नहीं छोड़ा। दानव तो इसमें निपुण थे ही। समुद्र से अमृत निकला तो उसी को चुरा ले गये। संकट बढ़ा तब विष्णु भगवान् ने मोहिनी रूप का मेकअप करके उस दानव को रिझाया और अमृत कलश पर कब्जा किया, तब जाकर बात सँभली। रामायण में, महाभारत में ऐसे उठाईगीरी लीला के, चोरी लीला के किस्से जगह-जगह मिलते हैं। पुराणों में, आम किस्से-कहानियों में चोर एक बड़ा हीरो होता है। जो 'लकी' होता है। चोर पंचाशिका नाम से एक किताब भी यहीं लिखी गयी है। वात्स्यायन के काम सूत्र में चौंसठ कलाओं में एक बड़ी कला चौर्य कला है, जिसकी दीक्षा दी जाती थी। जिस समाज में चोरी को एक वैध कला बताया गया हो उस समाज से भला चोरी कैसे गायब हो सकती है? इसीलिए कहा कि चोरी, उठाईगीरी अपनी राष्ट्रीय आदत है। इधर जो पकड़ा गया वही चोर कहलाता है, जो नहीं पकड़ा गया वह चोर नहीं कहलाता। नया ग्लोबल सर्वे बताता है कि जब से मॉल्स खुले हैं, बड़े स्टोर खुले हैं तब से भारत में शॉप लिफ्टिंग बढ़ी है। देश के दुमानदारों ने बताया है कि उनकी दुकानों से कोई दो दशमलव छह अरब डॉलर की कीमत का सामान 'उठाया' जाता है। यह ऊपर से नीचे तक होता है। सामान बनाने वाले एण्टी प्वॉइण्ट पर हेरा-फेरी करते हैं। खुदरा व्यापारी अपने हिसाब के जरिये इधर-उधर करते हैं। शॉप काउण्टर पर खड़ा बन्दी कम या ज्यादा चढ़ाते हैं। कहीं मशीन खराब होती है, कहीं केलकुलेटर तंग करने लगते हैं। कहीं आइटम कण्डम कर दिया जाता है।

एक्सपायरी कर दिया जाता है। हर कदम पर नये-नये तिकड़मी तरीके निकाल लिये जाते हैं। बड़े स्टोरों में, मॉल्स में सीसीटीवी कैमरे लगे होते हैं। सब-कुछ कैमरे में आ जाता है। तब भी माल उठाने वाले 'उठाते हैं। अमीर ऐसा करते पाये जाते हैं। बड़े हीरो-हीरोइन मॉडल सेलीब्रिटीज प्रोफेशनल्स ऐसा करते हैं। पकड़े जाते हैं, लेकिन चुराने की आदत नहीं जाती। पश्चिमी समाज में आये दिन ऐसे केस होते हैं, सख्त सजाएँ होती हैं। अपने यहाँ भी होते हैं, लेकिन उठाईगीरी जारी रहती है। अपने समाज में चोरी, उठाईगीरी एक महान् आदत है तो पश्चिमी समाज में भी है। मॉल्स में कायदे से रखी एक से एक साफ-सुथरी बेहतरीन क्वालिटी की चीजें बाण्डें लुभाती हैं। आप एक आइटम लेते हैं, यों ही देर तक टहलते हैं। फिर चुपके से एक और छोटा सा आइटम जेब के हवाले करते हैं और चल देते हैं। जब आप बाहर निकल आते हैं तो आपको अपने काम पर वह गर्व होता है जो कभी सिकन्दर को हिन्दुस्तान की जीत हासिल करके हुआ होगा। दोस्तों को बताते हैं और अपनी होशियारी का लोहा मनवाते हैं। उठाईगीरी चोरी इस तरह अक्ल की कला है। बड़ी अक्ल वाला ही बड़ा चोर होता है। इसमें भी इज्जत है! गजब का पॉपुलर पपलू आइटम है उठाईगीरी और चोरी। घर में बीवियाँ चुराती हैं। हर बच्चा अपने माता-पिता के पर्स से कुछ न कुछ चुराता है। क्लास में कलम-किताब, नोट्स चुराता है। दफ्तरों में स्टेशनरी-कलम-फाइल चुरायी जाती हैं। वह बाबू क्या जिसका घर दफ्तर के सामान से न चले। वह अफसर क्या जो दफ्तर के माल से मजे न उड़ाये। वो रिसर्चर क्या जो किसी दूसरे की थीसिस से पेज न उड़ाये। हर जगह हर कदम पर हर कोई कुछ न कुछ उठाता नज़र आता है। आँख बची और माल पार। इस कला में रिस्क है, जोखिम है, सजा है, इसीलिए इसमें थ्रिल है और शायद इसीलिए यह बढ़ रही है। खूब सामानों से लदे-फदे मॉल्स में शोरूमों की चीजें कहती हैं कि हमें लूटो, हम हैं खुली तुम्हारे सामने लुटने के लिए, उठाने के लिए, उठाओ, चलो! सुखी जीवन जीना है तो हमें ले चलो अपने साथ, हमें भोगो। जो वो नहीं कहती वह यह कि प्यारे उठाने के बाद पैसे देने होंगे। चीजें जब दिमाग पर कब्जा कर लेती हैं तो आपका हाथ अपने आप उन तक उठता है और उठा लेता है। आगे आपके साथ जो हो, सो हो। चीजें उसकी क्यों चिन्ता करें? यही चीजों का पॉपुलर पपलू आकर्षण है, इसीलिए उठाईगीरी पॉपुलर पपलू व्यवहार है।

एक साल के सवाल

आइए इस साल के आखिरी दिनों में 'ऑफ द ईयर' का खेल खेलें। 'राजनेता ऑफ द ईयर', 'राजनेती ऑफ द ईयर', 'दल ऑफ द ईयर', 'दल-दल ऑफ द ईयर', 'युवा ऑफ द ईयर' ढूँढें। इस क्रम में 'वूमन ऑफ द ईयर' कौन हो सकती है। आधी आबादी में से कौन स्त्रियाँ हैं, जो इस साल के इन दिनों तक अपनी छाप छोड़ गयी हैं? सायना नेहवाल? सानिया मिर्जा? अनुष्का शंकर? प्रियंका गाँधी? सोनिया गाँधी? मायावती? ममता बनर्जी? सुषमा स्वराज? कैटरीना कैफ? करीना कपूर? ऐश्वर्या राय? 'बिग बॉस' की पूनम ढिल्लो? या राखी सावन्त? कौन? वर्ष की महिला कौन है, जिसके चरणों में यह मन्दी का मारा साल समर्पित किया जा सके?

इस साल की महँगाई मारी लम्पटता के निर्मल इतिहास ने अपने अन्त की ओर पहुँचने से पहले मूँछों वाला मोड़ लिया। एक कन्या के प्रति सेक्स-अपराध/मोलेस्टिंग/करने वाले को पुलिस अफसर 19 साल बाद सिर्फ छह महीने की सजा दी गयी, क्योंकि कानून उसे ज्यादा की सजा नहीं दे सकता था। एक हजार का जुर्माना किया गया। इस सबको उसने मर्दाने तेवर से निपटाया। सजा सुनकर वह मुस्कुराता बाहर निकला, जैसे दुनिया फतह कर ली हो। सेक्स-अत्याचार में उसने रिकार्ड तोड़ दिया हो।

इस तरह इस साल ने अतिचारों को मुक्ति का एक बार फिर धोखा देते हुए अचानक खुद को बेपर्दा कर डाला और हम सबके सामने 'मोलेस्टर ऑफ द ईयर' को पेश कर दिया। उफ टाइम भी कभी खुद को नंगा करता हुआ कभी-कभी अपने ही साथ मजाक करता रहता है।

दिसम्बर प्रदूषित हवाओं के कारण खाँसते इन ठण्डे दिनों में विडम्बना अपनी बदमाशी दिखाती रही। मीडिया और धन्धेबाज किसी को 'वूमन ऑफ द ईयर', किसी को 'बिजनेस वूमन ऑफ द ईयर', किसी को 'स्पोर्ट्स वूमन ऑफ द ईयर'

नवाजते रहे, लेकिन इस सब 'फलाँ-ढिकाँ जी ऑफ द ईयरबाजी' को नोचते हुए उन्नीस साल पहले, एक दुर्दमनीय पुलिस मर्द अफसर की हवस का शिकार बनी रुचिका 'विक्टिम ऑफ द ईयर' बन ही उठी। उसे यह खिताब किसी चैनल ने नहीं दिया। यह नाम उसकी भुला दी गयी और फिर अचानक सामने खुली कहानी ने दिया। क्या वह सिर्फ विक्टिम थी? या सबकी चेतना को आत्महत्या कर झकझोर देने वाली मामूली सी खिलाड़िन लड़की थी, जो इस नारीवादी मुक्ति के समय में सबको हतप्रभ करती रही कि देखो उन्नीस साल के लम्बे अन्तराल में भुला दी गयी विक्टिम की चीख 19 साल बाद कानों में गूँज उठी। यह साल इस 'चीख' का साल है।

इक्कीसवीं सदी में पहली दुनिया के दावेदार भारत की आम औरत की मध्यकालीन-सी अतिचारित करुण जिन्दगी थी। जो एक ही साथ दयनीय और उपेक्षणीय दिखी।

एक-दो दिन रुचिका को लेकर हम लोग चकित और दुखी होंगे और फिर किसी और रुचिका का इन्तजार करने लगेंगे। कोई और 'मॉलेस्टिंग वीर' मूँछों पर ताव देता निकल जाएगा। औरतें पिछले दो दशकों से लगातार अपनी हिफाजत, अपने हक, अपने जीवन की रक्षा, शिक्षा, स्वास्थ्य और विकास की बात कर रही हैं। मर्दवादी जमातें उनके इस क्रन्दन से बीस साल से खेल रही हैं। यह भी एक प्रकार का 'अत्याचारी आनन्द' है।

इस साल दर्जन बार संसद में महिला आरक्षण का जाप किया गया और अगली बार उसे लाने के लिए ऐलान कर दिया गया है। महिला आरक्षण विधेयक को लेकर हर प्रधानमंत्री, हर शासक दल आते ही जोर से बोलता है, मैं आरक्षण दूँगा। फिर धीरे-धीरे उसमें पानी मिलता रहता है। फिर कुछ वक्त नयी पेशबन्दी की बातों में खर्च किया जाता है। कुछ कमेटियाँ बना दी जाती हैं। फिर कुछ महीने, कुछ साल तक आराम से कमेटियाँ चाय चुस्कियाँ पीने पिलाने में मेहनत करती हैं और जब सरकारें जाने लगती हैं तो अगले चुनावी घोषणापत्र में महिला आरक्षण की ताल ठोक दी जाती है कि जरा आने तो दो हम अगली बार कर ही डालेंगे। वायदों का इतिहास किसी महान मूर्ख की तरह रिपीट सीन देता रहता है।

इण्टरवल में 'सास भी कभी बहू थी' को याद कर 'घर-घर की कहानी' कहने लगती हैं। जिसमें गोदरेज हेयर डाई सब उम्र की स्त्रियों के सफेद बालों का एम्पावरमण्ट करता रहता है। स्किन, क्री में त्वचा को चमकदार बनाकर हर छोरी को और चमकदार बनाकर एम्पावर करती रहती हैं और फिर 'बालिका बधू' होकर

'बैरी पिया' चिल्लाते हुए रोती हुई गाती रहती हैं कि 'न आना इस देस लाडो' कि कोई कह उठती है 'अगले बरस मोहि बिटिया ही कीजो' और उनकी इच्छा बनियानी अंग्रेजी अग्रजाएँ एमटीवी के 'रोडीज' में मोटर साइकिल पर बैठ एक दूसरे को चुनिन्दा गाली सुनाती, खुद को ताकतवर समझती रहती हैं कि अचानक किसी कोने अँतरे, किसी महानगर में, किसी गाँव में, किसी उत्सव में किसी खेल में अचानक लिखा मिलने लगता है 'नारी तुम केवल विक्टिम हो...'

औरतों के लिए यह 'नयी गोली' का साल है। 'गोली ऑफ द ईयर' ने 72 घण्टे में औरत का गर्भ गिराने की सुविधा दे रखी है। बाजार ने औरत को इतनी ही आजाद की है। उसे माँ बनने की च्वायस है। उसे आजादी दी है। यह साल उसे एक कदम इधर और ले आया है।

चयन की आजादी के खेल में इस साल ने 'राखी सावन्त का स्वयंवर' दिया है। जिसमें राखी जैसी निम्न वर्ग की आइटम गर्ल हीरोइन बन उठी और अपने दर्जन भर छोकरों को रिजेक्ट कर पति नामक आइटम का वरण कर चुकी है। वह कालिदास की शकुन्लता ने होकर टीवी की शकुन्तला है। वही 'वूमन ऑफ द ईयर' है। इस साल को 'ईयर और रिलेशनशिप' के रूप में भी याद किया जा सकता है। लिव इन रिलेशनशिप का अदालती आदेश औरत की चयन का, आजादी का भी है।

यह साल पुराने अत्याचारों के जारी रहने का साल भी है। लिंग परीक्षण कर गर्भ में लड़कियों को निपटाने से लेकर शिक्षालयों में, नौकरियों में, रस्तों में, घरों में, लड़कियाँ नित्य अतिचारित जाती रहती हैं और न्याय है कि वह 'दामिनी' की तरह ' 'तारीख पे तारीख, तारीख पे तारीख' देता चला जाता है। कानून तो इस साल भी थे लेकिन न्याय? वह अब भी नहीं है। सबको बिल्कुल नहीं है। ज्यादातर केसेज में बिल्कुल नहीं है। इसका उलट पहलू यह हुआ है कि अब 'विक्टिम' ही विक्टिमाइजेशन पर उतारू होने लगा है। न्याय पाने की जगह 'प्रति-अन्याय' करने की प्रवृत्ति बढ़ रही है। जो अन्तः स्त्री के प्रति अतिचार को बढ़ाती ही है। कानूनों के उपयोग कम, दुरुपयोग ज्यादा होने लगे हैं। दहेज प्रताड़ना के केसों में यह कई बार सामने आया है।

इस साल औरत का नाम-जप ज्यादा हुआ है। महिलाओं के लिए फुली रिजर्वूड ट्रेनें चली हैं। आई ए एस में महिलाएँ ऊपर आयी हैं। हायर सेकेण्ड्री से लेकर हर इम्तहान में अव्वल रही हैं। इस साल भी आयीं हैं। शीला दीक्षित इस साल की 'महिला सीएम ऑफ द ईयर' कही जा सकती हैं। यूपी की सीएम

मायावती उनसे मुकाबला करती दिखती हैं। सोनिया गाँधी 'राजनेता ऑफ द ईयर' कही जा सकती हैं।

ये कुछ महिला विकास के कुछ प्रतीकात्मक चिह्न भर हैं। व्यापक समाज में करोड़ों औरतें ऐसी हैं, जो 'उपेक्षिताएँ ऑफ द ईयर' हैं 'विक्टिम ऑफ द ईयर' हैं। कहीं वे जलायी जाती हैं। कहीं वे बलात्कृत की जाती हैं। और इस साल भी घरेलू हिंसाएँ उनके कमजोर शरीरों को दागती रही हैं। 'किरन के साथ कचहरी' इस साल हर रोज बताती रही कि गरीब औरतें घरेलू हिंसा का सबसे बुरी शिकार हो रही हैं। वे परित्यक्ता होकर किसी तरह बच्चों को पालते हुए संघर्ष भरा जीवन जी रही हैं। इस साल वे यह बात ज्यादा बार कहती पायी जाने लगी हैं कि वे अपने आदमी के साथ तभी रह सकती हैं, जब वह उनकी इतनी न्यूनतम बात माने। खर्चा दे।

फैशन उनके पास पहुँचा है। गाँव कस्बों की मामूली औरतें तक भंवें बनाती हैं। बाल काले करती हैं। स्किन गोरी करने वाली क्रीमें लगाती हैं। हर समय जवान दिखना चाहती हैं। 'बालिका बधू' से लेकर 'बैरी पिया' तक देखती हैं और विज्ञापनों की भाषा में बोलती हैं। वीजे डीजे आरजे चाहती हैं। नये डांस आइटम करती हैं। अंग्रेजी के दस बीस शब्द बोलती हैं। टेंशन, सीजन, शो, प्राब्लम, लोन, थेंक्यू और शटअप कहती हैं। नच बलिए में आने की लालसा रखती हैं। यह औरतों की नयी दुनिया हैं। इस साल वे पिछले सालों की तरह ही बोली हैं। उनकी आवाज बढ़ी है। आवाज का वजन बढ़ा है। उनके हमदर्द बढ़े हैं।

क्या इतना काफी है? यह साल सवाल छोड़कर जा रहा है।

30 दिसम्बर 2009

लोकप्रियता का फार्मूला

अपने यहाँ कुछ भी लोकप्रिय हो जाता है। जो लोकप्रिय हो जाता है, वही चलता है। उदाहरण के लिए यों तो तैंतीस कोटि देवता माने जाते हैं, लेकिन मन्दिरों में एक-दो, चार या एकाध दर्जन देवी-देवताओं से ज्यादा के दर्शन नहीं होते। देवी-देवताओं में भी जो लोकप्रिय हैं, वे त्रिदेव ब्रह्मा विष्णु महेश हैं। दुर्गा हों या रामसीता या कृष्णराधा। शेष उनके संग कई देवी-देवताओं को भी पूजने के लिए जगह दी जाती है लेकिन हर मन्दिर अपने किसी एक प्रसिद्ध देवता के नाम से ही प्रख्यात रहता है। देवताओं के लोकप्रिय होने के बहुत सारे कारण गिनाये जा सकते हैं, लेकिन बुनियादी कारण है सर्वमंगलकारी होने की उनकी लीला। वे संकट से मुक्त करने वाले और आनन्दकारी होते हैं। राम, कृष्ण, शिव, फिर हनुमान ऐसे ही लोकप्रिय देवता हैं, जो ईश्वर के पर्याय बन गये हैं। उक्त लोकप्रियता के जो दो कारण बताये गये हैं, वे जन-संस्कृति की मूलरुचि के आलम्बन बनते हैं। मंगलकारी नायक पुजते हैं। आनन्ददाता पुजते हैं, जो पुजता है—समझिए वह लोक का प्रिय है, जनता का प्रिय है।

जनरुचि को वही भाता है, जो जनहितकारी होता है। यहाँ हित का मतलब लाभ है। कोई लाभकारी हुआ तो आनन्दकारी भी हुआ। यही लोकप्रिय का पैमाना है और हमेशा से है। इसी तर्क से सभी तरह की लोकप्रियता के सारे फॉर्मूले निकलते हैं। नेता, राजनीतिक दल, बाजार के ब्राण्ड और धर्म सम्प्रदायों के मनोरंजन करने वाले नायक-नायिका आदि सब इसी बुनियादी गणित से काम करते हैं। साहित्य-संस्कृति, कला, कविता, कहानी, नाटक, मीडिया, फैशन, सीरियल के लोकप्रिय होने के फार्मूले से लेकर फिल्मी फार्मूले इसी तरह से बनते हैं।

पॉपुलर या लोकप्रिय होने का सवाल फिल्मी दुनिया का अनमोल सवाल है कि फिल्म का वह फॉर्मूला क्या है, जो किसी फिल्म को सुपरहिट बनाता है, किसी को फ्लॉप बनाता है, किसी की कमायी करोड़ों में होती है, किसी की लागत भी

नहीं निकलती। किसी का प्रोड्यूसर मामूली बैनर की जगह रातोंरात बड़े बैनर का मालिक बन जाता है, किसी को फिल्मी लाइन में जमे रहने के भी लाले पड़ जाते हैं, लेकिन फिल्म के लोकप्रियता के फार्मूले को जान लेने का मतलब यह नहीं है कि आप इस फार्मूले को घोटकर किसी फिल्म में डाल दें तो वह हिट हो जाएगी। जी नहीं। यहाँ कला का, शिल्प का, शैली की प्रस्तुति का कमाल काम करता है, जो बदल गये उन्हें देशकाल के अनुसार बदलना होता है। फिल्मी फार्मूलेबाजी की अपनी मुसीबतें हैं। फॉर्मूला बहुत जल्द पुराना पड़ जाता है। दो-चार बार आजमाया जाकर यह घिस जाता है। उसमें नयापन लाना होता है। फिर वह नया भी घिस जाता है। इस तरह यह प्रक्रिया सतत चलती रहती है। दूसरी समस्या यह है कि फिल्म के हिट होने के बाद ही पता पड़ता है कि फॉर्मूला क्या था। उससे पहले किसी को पता नहीं होता कि हिट होगी या पिटेगी। वही 'थ्री ईडियट' वाला गाना सबके दिमाग में बजता रहता है—मुर्गी क्या जाने अण्डे का क्या होगा? लाइफ मिलेगी या तवे पे फ्राई होगा?

हिन्दी फिल्मों का लगभग एक सदी लम्बा इतिहास इसी लोकप्रियता के फार्मूले के दाँव को खेलने का इतिहास है। गारण्टी किसी की नहीं है। जब कोई फिल्म हिट हो जाती है, पसन्द कर ली जाती है तो कहा जाता है कि इसका फॉर्मूला ही ऐसा था कि हिट हो गया। फिर उस फिल्म की नकल चलती है। जब वह फॉर्मूला पब्लिक को बोर करने लगता है तो उसी में कुछ बदलाव किया जाता है और अगर नया फॉर्मूला हिट हो गया तो फिर उसकी नकल पर धड़ाधड़ फिल्में बनने लगती हैं। हिन्दी फिल्मों के कई फार्मूले प्रसिद्ध हैं। सबसे ज्यादा प्रसिद्ध है : प्रेम कहानी का फॉर्मूला। वह आज तक का केन्द्रीय फार्मूला है। यह अखिल भारतीय फॉर्मूला है। सब भाषाओं में चलता है। हिन्दी भाषा का प्रेम ज्यादा लोकप्रिय रहा है।

दूसरा फॉर्मूला गाँव और शहर के आदमी के बीच का है। नौकरी की तलाश में युवा शहर आता है। चमक-दमक देख परेशान हो जाता है। अकेला हो जाता है। शहरी जीवन की स्वार्थपरता और मुकाबले गाँव की एक-दूसरे की केयर करने वाली भावनाओं के बीच टकराव होता है। कुछ गाँव बदलता है, कुछ शहर बदलता है। तीसरा फॉर्मूला शहरीकरण की प्रक्रिया में टूटते संयुक्त परिवारों की कहानी कहने से बनता है। माता-पिता को अकेले छोड़ बेटे अलग हो जाते हैं। मुसीबतें आती हैं तो फिर एक होने लगते हैं। बड़े अपने हित की कुर्बानी देते हैं। छोटों के लिए अच्छे बच्चे की तलाश रहती है। चौथा फॉर्मूला अपराध और अपराधी की

खोज है। पाँचवाँ फॉर्मूला देशभक्ति का रहा है, लेकिन ऐसे फार्मूले मल्टीप्लेक्स के युग के पहले के हैं। मल्टीप्लेक्स के आने के बाद तुरन्ता फार्मूले आ गये हैं। उसी के हिसाब से निर्माता निर्देशक तैयार हो गये हैं। नया फॉर्मूला कॉमिक है। कॉमिक शैली में सामाजिक संदेश देने का है। पुरानी फिल्मों में एक कॉमेडियन मात्र होता था, अब पूरी फिल्म का मुहावरा ही कॉमिक होने लगा है। डेविड धवन से लेकर प्रियदर्शन और राजकुमार हिरानी ने इसे साबित किया है। हिन्दी फिल्मों में कला फिल्मों का यथार्थवादी फॉर्मूला फिर जमने लगा है। महानगर के यथार्थ से लेकर उपनगरों के यथार्थ को दिखाने में कई फिल्में जनरुचि का विषय बनी हैं। पिछले साल गुलाल से लेकर देव डी, लव आजकल, कमीने से लेकर थ्री ईडिएट्स का हिट होना बताता है कि मल्टीप्लेक्सी फिल्मों ने ताजे उदार युवा दर्शक वर्ग बनाये हैं, उसकी अभिरुचि नया ढूँढ रही है जो अब स्थिर होने लगा है। यहाँ मूल भाव यथार्थ को देखना, क्रूरता को देखना, साथ ही कॉमेडी की जड़ता को तोड़ने का औजार बनाना है। यह भाव भी मंगलकारी है। फॉर्मूले बनते रहते हैं। 'लोक' में 'प्रियता' किसी एक फॉर्मूले, एक नुस्खे में ही हो सकती है, क्योंकि जनरुचि का मतलब है अनेक स्तरीय रुचियाँ, जिन्हें किसी सूत्र, किसी फॉर्मूले में ही पिरोया जा सकता है। लेकिन याद रहे फॉर्मूला बन तो सकता है, नकल नहीं किया जा सकता।

□

बुरा न मानो होली है

चैनलों के नलों में पानी नहीं है, रंग है लेकिन बे-पानी है। साइबरी रंगों की गिनी-चुनी बूँदें एक ही जगह गिरती रहती हैं। वे किसी को सराबोर नहीं करतीं। चैनल इसी तरह होली मनाते हैं। चैनलों के 'लोगो' पर कम्प्यूटर एनीमेशन की पिचकारी हर दो सेकेण्ड में चलती है, लेकिन किसी को भी नहीं भिगोती। ऐसी ही साइबरी पिचकारी से चैनल आपस में होली खेलते हैं। चैनल खबरों में सच की होली खेलते हैं। सच की होली जलाते हैं। मनोरंजन में नरम सेक्स की होली खेलते हैं। कहीं राहुल ढेर सारी दुल्हनियों को गोद में बिठाने पर तुले हैं और टाँगतोड़ बैठे हैं। वे रंग से नहीं, चूमने-चाटने से होली खेलते हैं।

कहीं इमोशनल अत्याचार करने वाले लड़कों को लड़कियाँ स्टिंग कराकर किसी दूसरी के संग सोता पकड़ती हैं और जम के गाली सुनाती हैं। यह सेक्सी होली होती है। राजदीप अमिताभ के संग होली खेलते हैं। अमिताभ राजदीप के बहाने उन्हीं की खबरों से होली खेलते हैं। 'एनडीटीवी' वाले अपने बण्टी-बबली वाले न्यूजब्रेक की याद करने में लगे हैं। वह 'भेटेरन' रिपोर्टर पिछले कितने साल से खबर को 'खबड़' की तरह पढ़ता आ रहा है। इस तरह खबर से 'खबड़तबड़' किस्म की होली खेलता रहता है। आजतक अपनी हिन्दी ठीक नहीं कर पाया। प्रणय होली के दिन भी रंग नहीं लगने देते। बरखा जी होली पर अंग्रेजी में बहस करती मिलती हैं।

बॉलीवुड के सितारे टीवी के सहारे होली खेलते हैं। अपनी नयी फिल्म का गुब्बारा लिये हुए वे सुबह-सुबह किसी न किसी चैनल पर आकर बैठ जाते हैं और दर्शकों पर फेंकने लगते हैं कि आओ ये फिल्म देखो। 'थ्री ईडियट्स' ने दर्शकों को वाया टीवी तीन सौ से छह सौ करोड़ की होली खेल थोक में थ्री ईडियट बनाया। होली खेल डाली। 'इण्डिया टीवी' ने पूरे साल अन्तरिक्ष की तश्तरी से होली खेली। प्रलय के दिन के रंगों से खेली और अब सुबह-सुबह इण्डिया टीवी लेकर हर

चैनल किसिम-किसिम ज्योतिष छाप पिचकारी मारता रहता है।

छोटे-छोटे चैनल गली-मोहल्लों की होली खेलकर मजे लेते हैं। आशुतोष की हिन्दी की पिचकारी बहुत फर्राटे से चलती है। 'दूरदर्शन' अपनी मर्यादा में पिचकारी छिपा के मारता है। बस जरा पुराने फिल्मी होली गाने बजाकर होली को मनवाता है और खबरों में कहता है आज देश में परम्परागत हर्षोल्लसा से होली मनायी गयी। असली होली विज्ञापन मनाते हैं। इन दिनों कपड़े साफ करने वाला एक डिटर्जेंट होली रंगों को धाने से होली की शुरुआत करता है। एक बच्चा दौड़ता रंगों की रंगोली पर गिर जाता है तो माँ कहती है कि कोई बात नहीं। सब रंग साफ हो जाएँगे। 'एमटीवी' के स्प्लिट विला में लड़के-लड़की गाली-गलौजी सेक्सी होली खेलते रहते हैं। 'सच का सामना' ने हर आदमी की भावनाओं पर गन्दे सवालों के रंग डालकर होली खेली। कोई पूछे कि टीवी का असली हुरिहारा कौन है तो अर्णव और रजत में कम्पटीशन ठहरता है। रजत निरन्तर होली भाव में रहते हैं। दुख की बात भी मुस्कराकर बोलते हैं।

उधर अर्णव भाई की हर पिचकारी पाकिस्तान की ओर तनी रहती है और मुस्कुराकर कहने की जगह गुस्से से ही बोलते हैं। वे डर की होली खेलते हैं। उन्हें बोलते देख सुनाई पड़ता है—'भेड़िया आया भेड़िया आया...अभी खबर लेता हूँ, अभी खबर लेता हूँ।' 'छोड़ूँगा नहीं' वाले भाव से पूरे टाइम अकेले मोर्चा लेते हैं। सारे चैनल एक-दूसरे के 'ट्रैफिक जाम' में फँसे हैं। एक-दूसरे से आगे निकलने के लिए टँगड़ी मार नकल मार होली खेलते हैं। सबके पास उधार के रंग हैं। अंग्रेजी रंग हैं। हिन्दी के जातीय रंग किसी के पास नहीं हैं। इसीलिए इनकी होली बदरंग है। टीआरपी की लालची ईर्ष्यालु होली है। मस्त बिन्दास होली नहीं है। □

होली क्या आइडिया सरजी

बसन्त आता है। संग बसन्ती बयार लाता है तो होली अपने आने की सीटी देने लगती है। लेकिन होली कहाँ है? कहाँ है होली?

पाँच परसेण्ट बचे हुए अतीत समय में डूबा मन पूछ उठता है—कहाँ हो होली तुम? कौन ले गया तुम्हें?

अत्याचारी वर्तमान खा गया या बाजार खा गया या अमरीका खा गया या चीन खा गया या कि आपाधप आदमी का मेट्रो-मन पचा गया?

मेट्रो-मनी के अनमने शहरों में मेट्रोपने के शोर में बसन्ती सीटी सुनायी नहीं देती, लेकिन अभी तक कोई भूली हुई होली सीटी मार रही होती है। जिसे सुनाई पड़ती है, वह होली में आ जाता है। जिसे नहीं सुनाई पड़ती हैं, वह घर से बाहर निकलता ही नहीं।

बसंती धूप ताजा करने लगती है। बसन्ती हवा झकझोरने लगती है। बची हुई ठण्ड आदमी को फिफ्टी-फिफ्टी जाड़े-गरमी का बाना पहनाती है। ऐसे में होली का आइडिया न आये तो क्या 'आइडिया' वाले सर जी से पता करना होगा कि होली की रिंगटोन कौन सी है? जरा दीजिए तो सही।

जब होली की रिंगटोन की याद सताने लगे, तब होली का आइडिया आने लगता है।

इस समय में, जलते समय में होली झुलसा हुआ गीला-सा जब विचार है, जिसमें से आतंकवाद की मिलीजुली चिरांयध आती है। अचानक बहुत से आदमी बेकरी में बेक कर दिये जाते हैं और वे राजनीति की होली बन जाते हैं।

होली का आइडिया ज्यों ज्यों गायब हुआ है। त्यों-त्यों आतंक होली खेलने लगा है। आप निरातंक होना चाहते हैं इसीलिए होली खेलना चाहते हैं। लेकिन वे आतंकित करते हैं और अपनी बम-बम होली खेलने लगते हैं। बेकरी में मानवों को बेक करने वाले हों या पश्चिम बंगाल में माओवादी किशनजी हों। वे होली के

आइडिया से कोसों दूर हैं। काश वे होली खेलना जानते! जो होली से बाहर हो गये हैं। अपनी होली उनको भी गेहूँ की भुनी बालें, चने के भुने छोले और गुझिया नमकीन भेजती है। गले मिलती है, वे न मिलें न मिलें। हम तो मिलते हैं जी। क्योंकि होली कहती है–

दिल तो पागल है जी।

जब संसदीय वृक्ष पत्ते गिराने लगते हैं, गुलमोहर बौराने लगते हैं, टेसू की नसें कस जाती हैं, कलियाँ उभर आती हैं और बजट की हवा बसन्ती हवा में घुलने लगती है। तब समझिए कि होली अपना आइडिया लिये आ रही है सरजी!

जब वित्त मंत्री देश के आर्थिक संकट से जूझते हुए इकनामी को चित्त-पट्ट करते दिखें। जब ग्रोथ के आँकड़े आने लगें और जब चमकदार धूप पीली शलवार कमीज चुन्नी पहने निकल पड़े तो समझिए बसन्त ने होली भेज दी है।

ये कैसे दिन आ गये हैं कि होली को रंगों से नहीं, हवा से नहीं सलवार के रंग से पहचाना जाता है।

जब दिल्ली में पीली सरसों की जगह छब्बीस रुपये की पीली वाली मटर की दाल आने लगे और अरहर की दाल के मजे को रिप्लेस करने लगे तो समझिए महँगाई ने होली एडवांस में भेज दी है। हिन्दी के समकालीन लेखन में होली खत्म हो रही है। जो बच रही है, वे होली मूड के हिन्दी सम्पादकों के पास बच रही है या अखबारों पत्रिकाओं के पेजों को देखने वालों के पास बच रही है। उनके पास कुछ तो है, जिसमें होली आने लगती है एक पेज, दो पेज, चार पेज। हिन्दी की जाति ही ऐसी है कि उसके अखबार होली मनाये बिना नहीं मानते। होली हिन्दी ब्रजी में ही हो सकती है। अवधी, भोजपुरी आदि बोलियों में ही हो सकती है। होली हरेक के नसीब में है कहाँ?

इस 'अ-होली' वाले समय में सोचिए–अखबार न हों तो होली का क्या हो? कब आयी? कब गयी? पता ही न चले। सोचिए कि एक दिन किसी अदालत का दरवाजा जनता खटखटाये कि अदालत जी बचपन में कोई होली हुआ करती थी, जिसका क्लीसीरकल नाम 'होलिका बहन जी' था। जिसने प्रहलाद नामक भक्त को अपनी गोद में बिठाकर जलाना चाहा था, लेकिन अमरता का वरदान पाकर भी खुद जल मरी थी, प्रहलाद बच गया था। उसी को जलाकर लोग उस होलिका की याद कर उसे पूजते हैं और एक दूसरे से गले मिलते हुए रंग मारते हैं। गुलाल अबीर गालों पर, माथे पर मलते हैं। होली गाते हैं, फगुनौटी में फाग गाते हैं। ढोल नगाड़े बजाते हैं। मस्ती धमाल करते हैं। यह एक दिन बिन्दास होने की घोषणा

है। इस दिन दुश्मन भी गले मिल जाते हैं।

ऐसी होलिका आण्टी के हम सब प्रहलाद तत्त्व ही तो हैं। हम शिकायत करते हैं कि अब होलिका आण्टी गायब नजर आती हैं। जरा पुलिस को कहिए कि हमारी रंगीली किन्तु ईर्ष्यालु आण्टी को जरा ढूँढकर लायें। उसे कहाँ छोड़ आये। कहाँ बिला गयी है, किसी ने किडनैप तो नहीं कर लिया है, होली को?

लगता है होली आण्टी की किडनेपिंग हो गयी है। उसकी रिपोर्ट तक नहीं हो रही है। उसकी खबर मिलती है तो अखबारों के रंगों और होली लेखन में मिलती है या टीवी चैनलों के 'लोगोज' में मिलती है। जिनमें साइबर पिचकारी साइबरी रंग स्क्रीन पर मारती रहती है, जो किसी पर नहीं गिरते। ये ऐसे छलिया रंग हैं कि किसी को रंग से सराबोर नहीं करते। ये रंग ऐसे निर्गुण और बदरंग हैं कि उनका जरा सा रंग नहीं चढ़ता।

जो होली के समय में, होली के समाज में एक पल भी रंगा नहीं वह 'जन्मेया' ही नहीं।

'शोले' में गब्बर ने अपने साँभा से एक बार पूछा था—अरे ओ साँभा बता तो होली कब है? कब है होली?

और तब से अब तक होली का पता नहीं चल रहा। गब्बरों के डर से होली छिप गयी है या गायब कर दी गयी है।

हर साल जब-जब यह लेखक पत्र-पत्रिकाओं के लिए लिखने बैठता है तो याद करता है कि पिछले साल सबसे पहली होली की पिचकारी किसने मारी थी? कौन था वह जिसने होली के आइडिया में छेड़ा था? कौन था, जो होली में हँसा था और हँसाया था। कौन था, जिसने जी मन को निर्मल बनाने का पल दिया था। कौन था, जो गले मिला था?

28 फरवरी 2010

दिल तो होली है जी

होली सबसे पहले *आउटलुक* के सम्पादकों को सूझती है। फीचर सम्पादक कहती हैं, 'पचौरी जी, होली पर लिख दीजिए।' होली की बोली में सबको गोली देने वाला यह निरीह प्राणी पचौरी कातर होकर कहता है, 'क्यों हमें पिटवानें पर तुली हैं?' एक नोबेल पचौरी ग्लोबल मूड में वार्मिंग की डोज क्या दे बैठा, सारे गोरे एण्टी होली तत्त्व उनके पीछे पड़ गये। बावलों की समझ में यह तक न आया कि ग्लोबल वार्मिंग में असल आइटम होली ही है। होली जलती है, गरमी होती है। गरमी होती है, ग्लेशियर पिघलते हैं। ग्लेशियर पिघलते हैं तो पानी बनता है। पानी बनता है तो होली होती है। गोरे कहते हैं, 'हम होली कहाँ खेलते हैं?'

अब तक विकसित देश इस होली को खेलते रहे हैं, गर्मी पैदा करते रहे हैं। पचौरी कह रहे हैं कि होली खेलने के लिए पानी की किल्लत होने जा रही है। तो सारे गोरे उनके पीछे पड़ गये हैं। जानते नहीं हैं, गोरों की न कालों की, होली है दिल वालों की। बीटी के टीटी जय श्रीराम रमेश जी की जय हो।

जय श्री राम रमेश जी की कि एक बैगन की होली से परेशान हैं। किसने कहा था भाई साहब जी कि निर्गुन बैगन को आप सगुन करें और जब सगुन हो जाए तो उसे फिर निर्गुन कर दें।

क्या समझे थे बैगन जी को? बैगन जी ने पलटकर बैंगनी रंग की पिचकारी मारकर जय राम रमेश जी की कर दीनी है जी। बैगन का कहना है कि उसका क्या कसूर। पहले उसकी बीटी स्वीटी बैगनिया से छेड़छाड़ क्यों की? और कहते हो कि बैगन को बचाओ। भाई जी बीटी स्वीटी बैगन को आने दो। कुछ भरता बने, कुछ आलू से बने, कुछ पकौड़-शकौड़ा तलें तभी तो होगी बैगन की होली।

मुतालिक की मूँछों की जय हो

वह एक टीवी चैनल पर बहस कर रहे थे कि चार छोरों ने गिराकर असली काला रंग चुपड़ दिया चेहरे पर। तब से कहते फिर रहे हैं कि यह होली गलत है।

मुतालिक भाई, होली खेलने के लिए होली की स्पिरिट लाइए। यह कहते मत रोइए कि ये कैसे हुरिहारे हैं जो सोचते हैं उनका रंग रंग है। दूसरे का रंग रंग नहीं होता। अरे भई यह पब्लिकिया होली है। अब आपकी मूँछे हैं और पब्लिक है। होली में मूँछें बच जाएँ, यही बहुत है।

अमन की आशा उर्फ होली के जवाब में गोली

हाय बड़ी जंगी होली है। उधर 'जंग' होली खेल रहा है, इधर रंग होली खेल रहा है। इधर अमन की आशा है, उधर अमन का झाँसा है। क्या फाँसा है? इधर आशा जी क्लासिकल डांस कर रही हैं, उधर पुणे में धमाके में पब्लिक मर रही है। देश की विदेश नीति की होली चल रही है।

राहुल भैया की छापामार होली

असली होली राहुल भैया की है। आज यहाँ खेली, कल वहाँ। परसों जहाँ-तहाँ खेली। आज इस गली, कल उस थली, तरसों उस पौरी। एकदम रसिया बने हैं जन राजनीति के। बड़ी मुश्किल में हैं। इधर निकलें तो छोरी, उधर निकलें तो छोरी। कहें होरी होरी। इधर हैलो करें तो गोरियों के हाथन में रंग गुलाल, उधर देखें तो गोरियों के हाथन में पिचकारी। दे मारी-मारी।

सुबह हरिजन के संग नाश्ता, दोपहर गिरिजन की चारपाई पर बैठ रोटी-दाल। गरीबी का मलाल। लगाते गाँव वालों को आशा का गुलाल। मुम्बई में बाल ठाकरे से सुपरफास्ट होली खेलें। छिन यहाँ, छिन वहाँ। पता नहीं कहाँ-कहाँ। यह होली इतनी रियल रही कि रियलिटी शो को एकाध फोटो से ही सब्र करना पड़ा।

अमर-मुलायम-आजम की होली

यह लठमार होली है। यह समाजवादी ब्राण्ड की है। लाल टोपी का रंग चढ़ा है। यादव ठाकुर खेल रहे हैं। फिक्सरवाली होली है। अवसरवादी मिक्सरवाली होली है। राजनीति सिक्सरवाली की होली है। गोली की होली है। गाली की होली है। चोली की होली है। रोली की होली।

महँगाई की होली

इस बार होली इतनी महँगी गाई कि हाथ न आई दूध-मलाई। रंग सूख गये, हाथ दुख गये। गाल मले पर रंग निकल गये। कैसी नकली होली रे आई, प्यारी भौजाई। इसलिए हे पाठक, इस बार गाओ—

दिल तो होली है जी
दिल तो गोली है जी
दिल तो महँगाई की खोली है जी!

गालियाँ

'वो बड़ी कुत्ती चीज है।'

'जिन्दगी बड़ी कुत्ती चीज है।'

'वो बड़ा कमीना है।'

'वो सूअर की औलाद है...' जगह-जगह कार्यालयों में सहकर्मियों के बीच ऐसी और इनसे भी गयी-गुजरी गालियाँ नित्य आदानित-प्रदानित होती हैं। ऐसी वाक्यावली उन शिष्ट गालियों में रखी जा सकती हैं, जो माँ-भैन की नहीं करतीं, लेकिन मन की कुत्सा का पता देती हैं। फिल्म पापुलर कल्चर का माध्यम है। उसमें वही दिया जाता है। जो पापुलर अभिरुचि को तुष्ट करनेवाला आनन्दित करने वाला होता है। इन दिनों गालियाँ, तालियाँ पड़वाने का काम करती हैं। वे कहानी और चरित्र के हिसाब से होती हैं। स्थिति विशेष में होती हैं। अगर फालतू बिना प्रसंग गालियाँ दी जाती हैं तो जमती नहीं हैं। पब्लिक गलियों का मजा लेती है, अगर गाली मजेदार न हो, सटीक न हो तो चलती नहीं। गालियाँ हर समाज में होती हैं। वे सामाजिक सम्बन्धों में 'ऊँच-नीच' और उसके भीतर के तनाव और संघर्ष को बताती हैं। ज्यादातर गालियाँ मर्दों की ओर से दी जाती हैं, जो औरतों के प्रजनांगों को लेकर होती हैं। ज्यादातर गालियाँ औरतों को नीचा करती हुई चलती है। औरतें की गालियाँ देती पायी जाती हैं। शादी-ब्याह में 'गारी' गाने का रिवाज है। लेकिन उनमें भी ज्यादातर औरतों को आदमी के मुकाबले कमजोर ठहराने वाली होती हैं, अपमान करने वाली होती हैं। लेकिन यह सच है मर्दों को गाली देकर औरतें प्रसन्न होती हैं। वे उनकी संचित घृणा को बाहर निकालने में मददगार होती हैं। इस तहर गालियाँ परस्पर ऊँच-नीच विभक्त समाज का इलाज भी करती हैं। असन्तुलित सम्बन्धों में एक असन्तुलित सन्तुलन भी करती हैं। गाली का महात्म्य आजकल के खुले जमाने में बढ़ा है। बड़ा छोटे पर, ताकतवर कमजोर पर रुतवा गाँठता है। कमजोर के मन में आयी गालियाँ ताकतवर के रौब

को कमजोर करती हैं। हास्य का पात्र बनाती हैं। कमजोर बनाती हैं। गालियाँ ताकत के बरक्स कमजोर का निरीह अस्त्र होती हैं। गालियों का पूरा मनोविज्ञान है। वे घृणा प्यार का प्रतिबिम्ब होती हैं। कब कौन-सी गाली घृणा की है। कब कौन-सी गाली स्नेह की है। कब कौन-सी गाली मित्रात्मक की है कब कौन-सी गाली शत्रुभाव की है। यह प्रसंग विशेष और कहने सुनने वाले के लेने पर निर्भर करता है। साधारण जीवन में गालियाँ भाषा का हिस्सा ही बन जाती हैं। बहुत से लोग 'माँ-बहन; 'साले-साली', 'सास-ससुर', 'मामा', 'जीजा', ताऊ-बाप, 'दादा' इत्यादि की ऐसी-तैसी करने वाली गालियाँ ऐसे देते हैं कि वे सामान्य बोलचाल का हिस्सा लगती हैं। उनका साधारणीकरण हो गया लगता है। सामान्य गालियाँ बातचीत की भाषा का सहज हिस्सा बन जाती हैं। वे अलग से महसूस नहीं होतीं। उन्हें देने वाले, लेने वाले एक-दूसरे के अभ्यस्त होते हैं। वे बुरा नहीं मानते। गालियाँ सांस्कृतिक आदान-प्रदान होती हैं। यद्यपि सुसंस्कारों की भाषा में उन्हें असंस्कृत व्यवहार की कोटि में रखा जाता है, लेकिन सांस्कृतिक आदान-प्रदान का प्रमाण होती हैं। दो स्पर्धियों के बीच की गालियों का आदान-प्रदान दो संस्कृतियों के टकराव का द्योतक भी हो सकता है। मित्रों के बीच गालियाँ अतिरिक्त नेह का आदान-प्रदान होती हैं। गालियाँ अनुभूति का वह 'अतिरिक्त सरप्लस भाव' है, जो भावावेश में अपनी सामान्य मर्यादा को तोड़कर छलक उठता है। इरादतन दी जाने वाली गालियाँ तीखी प्रतिक्रियाएँ पैदा करती हैं। गालियाँ भााषा का भीषण-आभूषण हैं। अब तक हम भाषा के कोमल अलंकारों के आदी रहे हैं। भाषाा में औचित्य के कायल रहे हैं। शिष्टता को जरूरी मानते रहे हैं। नागरिक समाज में भाषा नागरिक शिष्टता-भद्रता लिये होती है। उसमें बड़े लोगों की बातें होती हैं। एकदम कोमल-कोमल, शिष्ट-शिष्ट शास्त्रानुसार भाषा व्यवहार होता है। आप-आप की भाषा, आदरणीय हजूरेवाला आदि की भाषा जण्टिलमैनों की भाषा होती है। बेहद औपचारिक होती है। रोजमर्रा के जीवन-व्ययवहार में औपचारिकता से काम नहीं चलता। सब अदब बामुलाहिजा से काम नहीं चलता। सामान्य जनता अपने कामकाज में मर्यादा ही रखती है, लेकिन भावावेग में रहने वाली सामान्य जनता का आपस में औपचारिक होने से काम नहीं चलता। लोग दूरी की जगह निकटता को पसन्द करते हैं। वे घुलना-मिलना पसन्द करते हैं। वहाँ औपचारिकता देर तक नहीं निभती। आपको गुस्सा है और गाली न दें तो दिल का गुबार नहीं निकलता। भड़ास नहीं निकलती। न निकले तो बुरा हाल होता है। भड़ास निकल जाती है। यह भड़ास का बिन्दास युग है। अन्दर की भड़ास बाहर आकर गाली बनती है।

नये 'फ्री स्पेस' बन रहे हैं। तरह-तरह के लोग उसमें मिल रहे हैं। अपने को व्यक्त कर रहे हैं। सम्बन्ध असहज और सहज के बीच झूल रहे हैं। हर एक की हर एक से आपस में भीषण स्पर्धा है। आमने-सामने की जीत-हार है। खून-खराबा है। एक-दूसरे का डर है। एक-दूसरे से बदला है। जिघांसा है। गालियाँ इन बदल रहे 'सम्बन्धों की पहचान हैं। आदमी गाली नहीं देता तो भी देता है। दिल ही दिल में देता है। कोसता है। धिक्कारता है। निन्दा करता है। 'निन्दा' शब्द में पता नहीं कितनी गालियाँ रहती हैं। समाज में रंजग है। शिकायतें, क्रोध है। कुत्सा है। बैर-भाव है। ये नये सम्बन्ध हैं, जिनमें लोग एक-दूसरे के गले आ पड़े हैं। सारी लड़ाई स्पेस की, छीन-झपट की है। ऐसे में जनता की भाषा रोज बनती-बिगड़ती है। एक लम्पट भाषा हर समाज में रहती है, जो शिष्ट भाषा से अलग नजर आती है। फिल्में अब तक मिडिल क्लास की शिष्टता की भाषा में काम चलाती आयी हैं, जबकि समाज में लम्पटता पापुलर कल्चर बन गयी है। फिल्में उसी को व्यक्त कर रही हैं। गालियाँ गोलियों से बेहतर हैं।

□

'आईकॉन' अमिताभ की मुश्किलें

अमिताभ चर्चा में हैं। पहले वे फिल्मों में 'एंग्री यंगमैन' की जबर्दस्त भूमिकाओं के कारण उत्तर नेहरू युग की जनता के बीच लोकप्रिय बने थे। फिर वे 'मित्रधर्म' निभाने के लिए राजनीति में प्रविष्ट हुए और एक 'दर्द' लेकर बाहर हुए। उत्तर राजीव दौर में 'मित्र परिवार' से दूर होते गये और लोहिया की गैर-कांग्रेसवादी राजनीति के उत्तर युगवाली समाजवादी पार्टी के नजदीक हो गये और अमर-मुलायम की 'भैया दद्दू' जोड़ी के एक महत्त्वपूर्ण हिस्से बन गये। उन्हें मुलायम-अमर का राजनीतिक कवच मिला। कांग्रेस की छिटपुट निशानेबाजी का मुकाबला करने वाले जवाबी निशानेबाज मिले। इस दौर में वे 'बिग बी' बने। सदी के 'महानायक' बने। 'बने' का मतलब 'बनाये गये'। 'बनाये गये' मतलब है कि कुछ वे अपनी प्रतिभा से बने और कुछ मनोरंजन उद्योग की पिछली सदी की सकल-पारिस्थितिकी से बने। इस सदी के पिछले दस साल में वे कई ब्राण्डों के 'दूत' बने। करोड़पति कार्यक्रम के अभूतपूर्व संयोजक बने। टीवी ने उन्हें सुपर हीरो से 'आईकॉन' में बदल डाला।

ये दुष्ट-दिन हैं। 'एंग्री यंगमैन' की जगह 'देव डी', 'ओए लकी ओए' और 'कमीने' आ गये हैं। ऐस बेमुरव्वत दिनों में अगर अमिताभ 'एंग्री ओल्डमैन' बनते हैं तो उनके क्रोध से हास्य उत्पन्न होता है। कवि सम्मेलनों तक में अब हरिवंश राय बच्चन के पुराने क्षुब्ध स्वर हिट नहीं करते। हर 'आईकॉन' देवमूर्ति होकर हमारे लिए आनन्द-मंगल का चिह्न बनकर हमारी भाषा, अभिव्यक्ति में आ जाता है। उसके हिताहित हमारे हित से सम्बद्ध नजर आते हैं। उसकी हानि हम बर्दाश्त नहीं कर पाते। हम उसके विकट पक्षधर, 'फैन', अकुण्ठ प्रशंसक बन उठते हैं। वह हमारे सुख का, भले वह क्षणिक तोष से ज्यादा कुछ न हो, साधन होता है। 'आईकॉन' की समस्या यह होती है कि वह जिस वस्तु को पेश करता उससे अलग नहीं रह पाता। वह खुद वस्तु बन जाता है। जब 'आईकॉन' अपने चोले को

बदलता है तो वह तड़क जाता है।

इन दिनों इस 'आईकॉन' और उसके भीतर बैठे व्यक्ति का अन्तर्द्वन्द्व अपने चरम पर है। 'एक रूप'; आईकॉन को अलगाकर, 'दूसरे रूप'; व्यक्ति को अलहदा भूमिका देने की हड़बड़ी अमिताभ में उसी तरह देखी जा सकती है कि जिस तरह इन दिनों पश्चिमी आईकॉन टाइगर वुड्स के प्रसंग में देखी जा रही है। टाइगर और अमिताभ की कहानी एक नहीं है, लेकिन दोनों आईकॉनों की 'सार्वजनिकता' और 'निजता' के बीच बार-बार का बनता-बिगड़ता तनाव और उसका विलोपन लगभग एक जैसा अनुभव है, जिसे विखण्डित किया जाना चाहिए।

पिछले दो-तीन बरसों में अमिताभ ने अपने 'आईकॉन' की सीमाएँ कई बार लाँघी हैं। वे 'आईकॉन' को पीछे कर अपने व्यक्तित्व में वापस होने की जद्दोजहद करते हुए दिखे हैं। पहली बार तब दिखे थे, जब पुत्र अभिषेक की ऐश्वर्या के साथ शादी की निजी घटना की तरह बनाया। इसका चरमोत्कर्ष तब बना, जब वे तिरुपति मन्दिर गये और उसकी फुटेज टीवी की खबरों में विवाद का विषय बनी। तब एक व्यापार वाणिज्य विशेषज्ञ ने टिप्पणी की थी कि अमिताभ को एक सुपर ब्राण्ड होने के नाते किसी मन्दिर विशेष में कैमरे के साथ नहीं जाना चाहिए था। अमिताभ का अपनी 'प्रतिमा' तत्त्व से बाहर आने की दूसरी बड़ी कोशिश उनका ब्लॉग बनाना रही। ब्लॉग लिख-लिखकर उन्होंने कई मसलों पर अपना पक्ष स्पष्ट करने की कोशिश की। ब्लॉग उन्हें 'अपना' स्पेस देता है। अपनी रक्षा की आजादी देता है, लेकिन इस क्रम में वे ब्लॉगवादियों की 'खुला खेल फर्रुखाबादी' बिरादरी की बराबरी में ही खड़े हो सकते थे। इस तरह उनका प्रतिमात्व या श्रद्धास्पदत्व कमतर होता था और एक ऐसी 'फ्री फॉर ऑल' दुनिया से उनका सामना होता था जिसमें उनका प्रतिमात्व शीशे की किसी प्रतिमा की तरह 'नाजुक' हो उठता था। वे मामूली आदमी के रूप में बाध्य होते थे। 'आईकॉन' की अपनी निजता में लौटने का यही दण्ड हो सकता है। अपने 'आईकॉन' की सीमा का तीसरा अतिक्रमण अमिताभ ने तब किया, जब वे 'यूपी में है दम' वाले सपा सरकार के खराब से राजनीतिक विज्ञापन के विवादास्पद दूत बने। चौथा अतिक्रमण कमाल का 'अबाउट टर्न' है। वे गुजरात के ब्राण्ड एम्बेसडर बने हैं। यह शायद 'आईकॉन' के रहे असर का जादू रहा कि जब अमिताभ ने मोदी के गुजरात के ब्राण्ड एम्बेसडर बनने की स्वीकृति दी तो न तो सपा से कोई सेकूलर कराह उठी, न वाम सेकूलरों ने कोई आलोचना की। कांग्रेस भी तब चुप रही। इस शून्य में राज ठाकरे की मराठी मानुषवादी ने उनकी प्रतिमा को विवाद में इस तरह से घसीटा कि वह

'आईकॉन' अरक्षित और अकेला हो उठा। गुजरात का ब्राण्ड एम्बेसडर बनने के पीछे शायद यह अकेलापन रहा हो और वे अपने आखेटकों की शरण में महफूज महसूस करते हों। उन्हें लगा होगा कि निष्ठुर सत्तामूलक विमर्शों में अगर वे किसी एक विमर्श के संरक्षण में न होंगे तो उनके आईकॉनत्व की रक्षा जनता का उपभोक्तावादी प्यार नहीं कर सकता। अपनी जनता से उनके भरोसे का उठना अपने प्रति भरोसे का उठना लगता है।

इसके बाद घटनाक्रम ताबड़तोड़ है। सी-लिंक पुल उद्‌घाटन में अमिताभ का आना, कांग्रेस के मुख्यमंत्री का परेशान होना, फिर मराठी साहित्य सम्मेलन में अमिताभ का आना और मुख्यमंत्री का अमिताभ के साथ मंच पर बैठने से बचने के लिए एक दिन पहले आकर चले जाना और बाद में अमिताभ का उसी मंच से सत्ता पर कटाक्ष करने वाली कविताओं के पाठ को देख लगता है कि अब अमिताभ 'दीवार' के उसी डायलॉग में लौट गये हैं जिसके एंग्री-यंग हीरो के रूप में वे कहते हैं कि 'पीटर अब तेरी जेब से ही चाबी निकालकर ये दरवाजा खोलूँगा'।

अपने क्षोभ में यह आईकॉन नहीं समझ पा रहा कि 'एंग्री यंगमैन' का युग बीत चुका है और कि 'आईकॉन' अपने लिए क्षोभ नहीं किया करते क्योंकि वे दूसरों द्वारा 'स्क्रिप्टेड' होते हैं। यह स्थिति दिलचस्प है। भाजपा के प्रवक्ता उन कविताओं के तुरन्त राजनीतिक अर्थ निकालकर कांग्रेस के खिलाफ सक्रिय हो रहे हैं। कांग्रेस ने आखिर में इस आईकॉन से पूछ ही लिया है कि वे गुजरात के दंगों के बारे में अपना रुख साफ करें। यह सवाल 'आईकॉन' को तड़काने के लिए काफी है। कोई पूछ सकता है कि अगर अमिताभ सिर्फ गुजरात पर्यटन के एम्बेसडर हैं तो क्या उनके अभियान के नक्शे में 'गोधरा' और 'नरोदा पटिया' के वह जले मकान हैं कि नहीं जिन्होंने गुजरात को एक 'साम्प्रदायिक' राज्य की पहचान दी है।

1 अप्रैल 2010

निजता हनन का कारोबार

'सानिया रात भर सो न सकी। वह परेशान है। तनाव में है। ये उसकी ताजा तस्वीरें हैं। वह अपने घर की बालकनी पर खड़ी है। मोबाइल पर किसी से बातें कर रही है। ये देखिए, उसकी माताजी कुछ कह रही हैं, लेकिन देखिए सानिया ने उन्हें झिड़क दिया है। ये एक बार फिर देखिए। ये तस्वीरें एक्सक्लूसिव हैं।' यह शनिवार की दोपहर है। एक चैनल खबर ब्रेक कर रहा है। एक घण्टे, दो घण्टे यही चलाता रहता है। कैमरे लगे रहते हैं। सानिया का बालकनी में आना मुहाल हो रहा है। उसे नहीं मालूम होगा कि दूर कहीं स्थिर किये गये कैमरे उसको कवर कर रहे हैं। बाद में भले मालूम पड़ा हो। घर के अन्दर से आकर माँ ने कहा कि अन्दर आकर बात कर ले, टीवी वाले दिखा रहे हैं। वह नहीं गयी होगी। यह हमारी कल्पना है।

दृश्य पर दृश्य दुहराने के बाद बालकनी पर शोएब मलिक दिखते हैं। मीडिया फिर चालू हो जाता है, 'ये शोएब मलिक हैं। सानिया ने अपना मोबाइल उन्हें दिया है। जिससे वह बात कर रही थी, उसी से मलिक बात कर रहे हैं।' क्या बात कर रहे हैं? पता नहीं। लेकिन बात कर रहे हैं। सानिया के घर के दरवाजे के आगे आकर एक गाड़ी रुकती है। कैमरे दौड़ पड़े हैं।

'आइए देखें शोएब मलिक और सानिया का डांस।' आप इन्तजार करते हैं। डांस अब आये अब आये, लेकिन डांस की जगह खबर आ रही है। पार्टी की खबर। एक दरवाजे के बाहर से कमरे के खुले दरवाजे से अन्दर का सीन लिया जा रहा है। 'वो देखिए, सानिया खड़ी है। आज वह सज-सँवर कर आयी है। पूरी तरह। मलिक टीशर्ट-पैण्ट में हैं। वह पहले ही आ गये हैं। गलतफहमी दूर करने...।' हर चैनल पर ये ही सीन चल रहे हैं।

एक दिन पहले की एक शाम भी सानिया की शादी ही फोकस में है। चैनल मलिक की कथित पत्नी आयशा, उसके माता-पिता की प्रेस कॉन्फ्रेंस को कवर कर

रहे हैं। सब कुछ लाइव है। मीडिया चैनलों के रिपार्टर माता-पिता को कम बोलने देते हैं। खुद ज्यादा बोलते हैं। वे बार-बार पूछते हैं–'आयशा की शादी की फोटो कहाँ है? निकाहनामा कहाँ है? मलिक तो कहते हैं कि यह वो लड़की नहीं है...।' पत्रकार एक-दूसरे पर झपट पड़ रहे हैं। नोक-झोंक होती है। सानिया की इस कहानी में मीडिया ने 'पपराजी' का काम किया है। ताक-झाँक की है।

आयशा का पिता बोलता है गुस्से में। वह दिल का मरीज है। सबको बता दिया गया है कि ज्यादा तंग न करें, लेकिन मीडिया के सवाल हैं कि चुकते ही नहीं। यह विस्फोटक कहानी है। लाइव है। टीआरपी की गारण्टी है। पिता मलिक को गालियाँ देता है, '...उसे कैंसर होगा, मरेगा, बदमाश है। उसी की वजह से मेरी यह हालत हुई। ये पाकिस्तानी यहाँ आकर हमारी लड़कियों को खराब करते हैं।' पूरे प्रकरण में मलिक का पाकिस्तानी होना आपत्ति का विषय बना। गनीमत रही कि किसी 'देशभक्त' ने सानिया को देश का गद्दार नहीं कहा। मगर इशारे साफ रहे। सानिया की शादी की खबर को मीडिया ने एक चटपटी मसालेदार कहानी की तरह बनाया, जिसमें अन्ध देशभक्ति की छौंक लगा दी गयी थी। जिस तरह पाकिस्मानी मीडिया मलिक से सानिया की शादी की बात को अपने मुल्क की जीत की तरह मना रहा था, उसके मुकाबले भारतीय मीडिया भी देश की 'लड़की' को 'दुश्मन' देश में जाने से रोकने का मौका नहीं छोड़ रहा था। अबू आजमी से लेकर शिवसेना तक, सब एक ही स्वर में बोल रहे हैं।

आयशा की माँ रोते, गुस्सा करते हुए भी जानती है कि मीडिया पर वह खबर बन रही है। पिता भी मीडिया से बातें करते हुए जानता है कि वह न्यूज बना रहा है। कोई आधा घण्टे तक यह लाइव कवरेज चलती है। एक चैनल, जो इस केस को शुरू से जरूरत से ज्यादा तवज्जो दे रहा है, सबसे ज्यादा देर तक कवर करता है। बाकी के भी करते हैं, लेकिन कुछ कम।

शाम को जब आयशा के माता-पिता मीडिया के सामने बोल रहे थे, तो एक चैनल ने इस केस को जनमत के हवाले कर दिया। ऊपर माता-पिता की बातचीत चलती थी, टेलीविजन की निचली पट्टी पर एक से बढ़कर एक एसएमएस आते थे–

–'सानिया तूने मलिक में क्या देखा।'

–'सानिया तू दुनिया में किसी से भी शादी करना, लेकिन पाकिस्तानी से न करना।'

–'सानिया तूने ये क्या किया'।

मीडिया में सक्रिय मर्दवादी भी मलिक से लिंग ईर्ष्या महसूस कर रहे थे। सानिया एक विख्यात खिलाड़िन है, तो भी उनके निजी जीवन के निर्णय में किसी को बोलने का हक नहीं मिल जाता। इस समूची कवरेज में सानिया की निजता का हनन हुआ है। आयशा और उसके परिवार का पक्ष भी निजी सन्दर्भ वाला है। उसे इतनी बड़ी कहानी बनाने का औचित्य नहीं है। लेकिन टीआरपी का मारा मीडिया अपने फायदे के लिए किसी की भी निजता की हत्या कर सकता है। इस कहानी को वह तब तक नहीं छोड़ेगा, जब तक कि सानिया की शादी नहीं हो जाती, या टूट नहीं जाती। मीडिया दूसरे के निजी जीवन में उपद्रव मचाकर अपना पेट पालता है। यह पपराजी संस्कार है।

5 अप्रैल 2010

क्या-क्या छोड़ेंगे?

एक ही सप्ताह में दो राजनेता दो अलग-अलग दीक्षान्त समारोहों में गाउन पहने नजर आये। एक ने पहले उस गाउन को पहना, फिर उसे उतार फेंका। गाउन को 'बर्बर' बताया। दूसरे ने पहना, तो पहने ही रहे। उतारा नहीं। पहले राजनेता थे, केन्द्रीय पर्यावरण मंत्री जयराम रमेश, तो दूसरे नेता रहे बिहार के मुख्यमंत्री नीतीश कुमार। एक कांग्रेस के हैं, अंग्रेजीदाँ हैं। वे गाउन पहनकर परेशान हुए और कह बैठे कि ये गाउन ब्रिटिश बर्बरता का प्रतीक है, इसे खत्म होना चाहिए। उन्होंने प्रस्ताव किया कि क्यों न ऐसे अवसरों के लिए हम कुछ अपने देसज लिबास की कल्पना करें!

एक अन्य दीक्षान्त समारोह में समाजवादी नीतीश उसे पहने रहे। नीतीश समाजवादी हैं। लोहिया उनके प्रेरक नायक रहे हैं। उनसे उम्मीद थी कि वे इसका विरोध करेंगे, लेकिन उन्होंने नहीं किया। जिस कांग्रेस पर आरोप लगाया जाता है कि उसने 'अंग्रेजी' से लेकर 'कामनवेल्थ' तक के ब्रिटिश राज के बहुत सारे अवशेष सुरक्षित रखे हैं, उसी के नेता ने गाउन का विरोध किया। हाल में बैठे सबने ताली बजायी, ताली बजाने वाले भी गाउन पहने थे। गाउन पहने हुए गाउन की निन्दा में ताली बजायी। गाउन उतार कर बजती, तो कुछ अधिक नाटकीय नजर आता।

जयराम रमेश ने जो कहा, वह सही कहा कि गाउन ब्रिटिश अवशेष है। वह बर्बरता की याद दिलाता है। वह ईसाई पोप की ड्रेस है। 'कन्वोकेशन' भी उसकी परम्परा से आया है। कन्वोकेशन को अपने हिन्दी में दीक्षान्त कर दिया गया है। गाउन का डिजाइन वही है, जो अंग्रेजों के जमाने में रहा। लेकिन बहुत-सी चीजें तो उससे भी पुराने जमाने की चली आ रही है। एक ने बताया कि घर की अलमारी पुर्तगाली है। पाजामा मुगलों के जमाने से हैं। गुलाब जामुन, बालूशाही, सर्वप्रिय बरफी और पता नहीं, कितनी तरह की मिठाइयाँ मध्यकाल में 'बाहरवालों'

के सान्निध्य से आयी हैं? घर की थाली की सब्जी का आलू लातीनी है। चौके का चकला, बेलन, चिमटा, करछुल, सिलबट्टा, गिलास, कप, प्याला, कटोरी, पतीली, देगची, भगोना में से कौन कितने देसी हैं, कितने विदेशी, इसका फैसला करना मुश्किल है। आज के पेण्ट, शर्ट, जूते, मोजे, बनियान अब कितने विदेशी रह गये हैं? उनमें वह कौन-सी 'अंग्रेजियत' या 'बर्बरता' बची है, जिसे गुलामी के जमाने में लोग महसूस करते होंगे?

बहुत कुछ बदल गया है। बहुत कुछ उपयोगी अपना लिया गया है। बहुत कुछ छोड़ दिया गया है। समाजों में उपयोगिता के हिसाब से 'शुद्धता' और 'मिश्रण' किया जाता है। जबर्दस्ती न कुछ स्वीकार किया जाता है, न अस्वीकार किया जाता है। गाउन ईसाइयत और चर्च के दीक्षान्त की परम्परा से आया है। चर्च में पूरे किताबी दीक्षान्त कर्मकाण्ड होते हैं। विश्वविद्यालयों और अन्य संस्थाओं में होने वाले दीक्षान्तों में वे सब उस तरह नहीं होते। फिर गाउन को पहनकर आदमी गाउनमय नहीं हो जाता। अब तो गाउन हर जगह है। घरों में गृहिणियों ने गाउन को घरेलू पहनावा ही बना लिया है। ऐसे में गाउन का 'गाउनत्व' कहाँ बचा है? वह दैनिक लिबास बन गया है।

अंग्रेजी भाषा गाउन से भी बड़ा 'अवशेष' है। जिसे बोलना पढ़े-लिखे ही नहीं, अनपढ़ के लिए भी एक खास बात है, लेकिन अंग्रेजी भी हिन्दी के साथ 'हिंग्रेजी', पंजाबी के साथ 'पिंग्रेजी', तमिल के साथ 'तिंग्रेजी' बन रही है। जयराम रमेश तो अंग्रेजी वाले हैं, उनमें समायी अंग्रेजी जब उनको गुलाम नहीं बना सकी, तो एक गाउन क्या खाक बना सकता है? इसलिए बात तर्क की नहीं है बात वीआईपी शैली की है। कुछ ऐसा करना-कहना होता है, ताकि खबर बने, वरना पता नहीं चलता कि कौन आया, कौन गया। सो गाउन नजर आ गया, तो गाउन पर बरस पड़े।

बड़े लोगों, यानी एलीट वर्ग की बहुत सारी मजेदार दुविधाएँ हैं। सत्ता में संकुचित हैं, पब्लिक में 'रेडीकल' हैं। भेड़चाल से कुछ अलग करना-दिखना होता है। भारतीय एलीट या श्रेष्ठवर्ग की यह मजेदार समस्या है। अलग करते, 'मौलिक' होते कुछ का कुछ उवाच बैठता है। खबर बन जाती है। ऐसे आदमी को यह मामूली बात भी याद नहीं रहती कि यह 'उदार' जमाना है, जिसे उसी की उदारीकरणवादी सरकार आगे बढ़ा रही है। इस उदारीकरण में भला क्या-क्या उतारोगे भाई!

7 अप्रैल 2010

मारे गये गुलफाम

आईपीएल की कहानी पढ़ते-देखते-सुनते आम आदमी को ऐसा क्यों लग रहा है कि एक बार फिर 'अपराधी कौन' की इस रहस्यकथा के आखिर में कोई अपराधी सिद्ध नहीं होगा। ऐसा क्यों लगता है कि थरूर कुछ तो छूट गये हैं और रहे-सहे जितने आरोपित हुए हैं, उन सब में कुछ और बरी हो जाएँगे, और कि ललित मोदी को झटके लगेंगे, लेकिन आखिर में वे भी बच जाएँगे?

अपराध-शास्त्र में यह वाक्य अमर-वाक्य की तरह आता है और हर जासूस जाँचकर्ता द्वारा दोहराया जाता है कि अपराधी कितना भी होशियार क्यों न हो, आखिरकार अपने अपराध के सुराग छोड़ जाता है, और कानून के हाथ लम्बे होते हैं और उनसे उसे कोई नहीं बचा सकता। एक दिन वह पकड़ में आ जाता है।

गोपालराम गहमरी, इब्ने सफी, वेद प्रकाश शर्मा, सुरेन्द्र मोहन पाठक की अपराध कथाओं में, दिल्ली के फुटपाथों पर बिकने वाले अपराध कथा सीरीज, जासूसी कहानियाँ सीरीज पढ़ने वाले के मन में यह भाव बराबर बना रहता है कि अपराध है, अपराधी भी हैं, और पकड़ने वाला भी है, तो भी सौ-दो सौ पेज तक वह उसे पकड़ नहीं पाता। कथा के जासूस के मुकाबले आप उसे जल्दी पकड़ने वाले जासूस बन कथा के खेल में संलग्न हो जाते हैं। अपराध कथा का यही जादू होता है कि उसे पढ़ते हुए आप एक जासूस की तरह पढ़ते हैं। अपराधी एक स्वायत्त चरित्र की तरह होता है, जिसे आखिर में पकड़ लेने के बाद महसूस होता है कि अन्ततः वह पकड़े जाने योग्य ही था। और उसे कोई भी पकड़ सकता था।

इस तरह हर अपराधी की मासूमियत या मूर्खता उसकी चमत्कारी अक्लमन्दी के साथ-साथ विचरती है। इस सब के बावजूद आखिर में हमें इस 'मासूम-चालाक' अपराधी की चातुरी का कायल होना पड़ता है कि देखो तो वह इतने लोगों को किस तरह से चकमा देता फिरा। भई वाह! इस तरह हर खलनायक अन्ततः हमदर्दी पाया करता है। फिर खलनायक किस्सा बन जाता है। निजन्धी बन जाता

है। बातचीत में आ जाता है। मुहावरा बन जाता है। इस तरह उसका संस्कृतिकरण हो जाता है। उस कमबख्त की भी एक किस्म की लोक-स्वीकृत बन जाती है।

यह दौर अपराध के संस्कृतिकरण का दौर है, उसके सौन्दर्यशास्त्र का दौर है, उसके आकर्षण और उसके मूल्यवान होने का दौर है। इस तरह उसके पकड़े जाने के बाद उसके 'प्रति आलोचनात्मकता अक्सर स्वयं को अपराधी महसूस करती है, पश्चात्तापी महसूस करती है, और मौलिक किस्म की हमदर्दी पैदा होने लगती है। बड़ा अपराधी बड़ी हमदर्दी पैदा करता है—इस तरह के अपराधी का पाठक सोचता है : ओह! देखो तो यह आदमी देखने-बोलने में कितना सुघड़-सुन्दर था। कितना पढ़ा-लिखा था, वह फिसल गया होगा। अब क्या बच्चे की जान लोगे? बहुत हो गया। अब थोड़ा रहम करो।

आईपीएल के परदे जिस तरह से खुल रहे हैं और जितने-जितने खुल रहे हैं, उनमें जो रहस्यभरी कथा बन रही है, उसमें किसी भी रोमांचक कथा का मजा है। उद्यमवादिता है। स्वच्छंदता है। नायकों की कल्पनात्मकता है। साहस है। बड़ा सपना है। मार्केट जीतना है। सुपर ब्राण्ड बनाना है। अमीर होना है। नाम कमाना है। अधिकाधिक ताकतवर होना है। इस निजी उद्यमितायुक्त स्वच्छंदवादी लिप्सा की कोई हद नहीं है। कहानी में रहस्य के परदे नित्य उठते-गिरते हैं।

अब तक क्रिकेट की कहानी का कार्निवाल चल रहा था। रंग-रास निर्विघ्न था। रात को मैच होते। उसके बाद पूरी रात पार्टी की, जश्न की रात हो जाती। पचास हजार देकर वीआईपी लाउंज में सोशलाइटों, हीरो-हीरोइनों, नये मॉडलों के साथ सत्संग करते। फिर पार्टी रात भर चलती। पार्टी लाइफ बन जाती। शहर के धनी-मानी, ताकतवर लोग, खिलाड़ी सब शामिल होते। इधर मैच! उधर महारास! गजब का मस्त मस्त काकलेट बन रहा था। कहानी की उठान में अपना नशा था।

एक चैनल पर तो एक खेल पत्रकार एक पूर्व क्रिकेटर के साथ आईपीएल के होने वाले मैचों में किस टीम की कितनी ताकत है, किसका पलड़ा भारी है, कौन जीत सकता है, इस सब पर बड़े जोर-शोर से बात करते। लगता अपनी-अपनी टीम के लिए वे चैनल के स्टूडियो में ही लड़ पड़ेंगे। वे शर्त लगाते, दाँव लगाते नजर आते थे। यह पैसे का सट्टा तो नहीं था, लेकिन टीमों की जीत-हार के बारे पर्याप्त संकेत मिलते। यह एक प्रकार का बिन पैसे का सट्टा जैसा लगता था। यह क्रिकेट टीमों का 'लीग' निर्माण था। ब्राण्ड निर्माण था।

जैसा कि लोकप्रिय कहानियों में होता है, यहाँ भी हुआ। जिस कहानी में अब तक कोई खलनायक नहीं था, उसमें 'ईगो' खलनायक बन गया। इतने रंग-रास के

बाद विघ्न को आना है। यही मीडिया का सबसे बड़ा पल बना। दन्तेवाड़ा के हिंसक जंगलों की खाक छानने, हिंसा की कहानियाँ कहने से कहीं मजेदार था इस छैला क्रिकेट की अकूत कमाई से उत्तेजित 'पार्टी लाइफ' में इन्द्रों, मेनकाओं, रम्भाओं और उर्वशियों के रास से भरी इन्दरसभा की कहानी कहना। यह कहानी मौलिक थी। रीयल टाइम में बन रही थी। एकदम रीयल टीवी का मजा! आनन्दोत्सव के बीच मीडिया को और पब्लिक को असली सनसनी, असली क्राइम स्टोरी मिली जो सबकी जिज्ञासा का, सबकी दिलचस्पी और सबके ईर्ष्यानन्द का विषय बनी।

मीडिया का मुकदमा जारी हो गया। तमाम सवाल सामने पेश हो गये। कौन है असली अपराधी, किसने किया रंग में भंग। भइए अपराधी कब किसका नाम उछला? किसने क्या किया? इतना पैसा कहाँ से आया, किसकी-किसकी जेब में गया? विभिन्न इन्द्रों की जेबों में कितना गया? उनके लग्गों-तग्गों की जेब में कितना आया? प्रेयसियों को क्या मिला? भाई-भतीजे को कितना मिला? नम्बर वन का पैसा कितना आया? खरबों के इस बड़े खेल में बेनामी माल की लीला कितने की रही? राजनीति के पुराने खुर्राटों ने कितने बनाये? कौन-कौन शामिल रहा। पता नहीं कितने होंगे? उन्नीस हजार करोड़ रुपये की ब्राण्ड वैल्यू वाले आईपीएल का पुण्यप्रसाद किस-किस को मिला?

ऐसे रहस्य-रोमांच से भरपूर, अपराध के आरोपित होते ही बरसने वाली टीवी प्रसूत पर-पीड़ा के आनन्द का दौर आ गया। लम्पट मस्ती का गुब्बारा फूटना था, फूट गया। इसलिए कहानी और 'दूसरे के दर्द में अपना सुख' भरी पोल खोल कहानी बन गयी। दिल्ली के 'मनमाने' ऑटो रिक्शों पर लिखा रहता है उसी तर्ज पर आईपीएल के पीछे लिखा दिखा : 'शेरे ते निक्के ते पप्पू ते गुलफाम—गुलबदन दी पार्टी'।

इस कहानी का दूसरा पहलू उक्त पहले से जुड़ा है। सबको विश्वास है कि कानून के हाथ पुलिस के साथ बहुत लम्बे-चौड़े होते हैं और जहाँ न पहुँचे अपराधी वहाँ भी पहुँच सकते हैं। प्रशासन चाहे तो एक-एक अपराधी को पाताल से भी बाहर निकालकर पकड़ सकता है। सरकारी मशीनरी से कोई बच के नहीं जा सकता भाई साब! आम आदमी आगे सोचता है : लेकिन सवाल फिर वहीं यह उठता है कि प्रशासन की मशीनरी क्यों पकड़े! काहे के लिए पकड़े? चलो पकड़ भी लिया तो कौन तो सजा देगा और कौन दिलवायेगा। जब तक सजा होगी तब तक सब कुछ निपट गया होगा, गवाह गायब होंगे। भाई साब! बड़े-बड़े पकड़े, बड़ों के नाम उछले, किसी का कुछ बिगड़ा? उलटे वे किसी दल का टिकट लेकर

नेता बनकर आ विराजे!

गुलफाम गुलबदन दी पार्टी की यह कहानी 'इन्दर सभा' वाली नौटंकी की तरह खुलती है। अपने उत्सव प्रिय, जश्न प्रिय देश में आईपीएल की इन्दर सभा एक प्रकार का देसी 'कार्निवाल' है, जिसमें दिन-रैन आनन्दोत्सव और 'सरस राग रस रंग' रचा जाता है। जिसमें 'अनबूड़े बूड़' जाते हैं, जो 'सब अंग' बूड़ते हैं वही तिरते हैं।

इसलिए ऐसे रास-रंग भरे उत्सव की कहानी तीखी उत्तेजना पैदा करती है और उतना ही रस पैदा करती है। इसमें सत्य की चिन्ता से अधिक मनोरंजन होता है। जितना बड़ा तमाशा उतना बड़ा मजा। इसीलिए इसे उत्सव की तरह, बड़े मेले--तमाशे या कार्निवाल की तरह ही पढ़ा जा सकता है। तमाशों के नैतिक-अनैतिक पाठ नहीं होते। वे इनसे ऊपर होते हैं। इसीलिए सारे काण्ड में अब तक किसी नैतिक विमर्श की पुकार नहीं सुनायी दी है। बड़ी पूँजी इन बन्धनों से परे होती है। अब तो कुछ लोग आईपीएल के पीछे के दिमाग की अक्लमन्दी, प्रतिभा आदि पर प्रकाश भी डाल रहे हैं।

ऐसे आनन्दोत्सव में परस्पर उत्कट अन्तर्विरोधी अनुभव ही बना करते हैं। एक ही पल में प्यार और उतनी ही वितृष्णा! आकर्षण और विकर्षण एक साथ अनुभव होते हैं। पैसा और आनन्द दोनों को बाँध देता है। आईपीएल हमारा गर्वीला ब्राण्ड भी है और परेशानी भी है कि वह अप्रबन्धनीय हो उठा है। प्रबन्धनीय रहता तो सब जायज था।

'इन्दरसभा' या 'कार्निवाल' पापुलर कल्चर के ऐसे ही आनन्द्रेन्द्रित जटिल अनुभवों को बनाते हैं इस मामले में मिखाइल बाख्तिन की बात किये बिना बात साफ नहीं होगी। प्रख्यात संरचनावादी चिन्तक मिखाइल बाख्तिन ने 'कार्निवाल' का अध्ययन करते हुए यह पाया था कि 'कार्निवाल' जैसी संरचनाओं में 'बहुस्वरता (पोलीफोनी) रहती है। उसमें नाना आवाजें, स्वर, लय, धुन, तान, तुक रहती है। उसमें एक और इकहरी कहानी नहीं होती। उसमें अनेक और परतदार कहानियाँ होती हैं और जरूरी नहीं कि हर कहानी का ताल, लय, स्वर मिल जाए। सब स्वर अलग-अलग एक दूसरे को अतिक्रमित करते, काटते, तोड़ते, बजते होते हैं। हर समय आनन्दातिरेकी अल्कोहल का तुमुल कोलाहल बनता है जो हर कलह को आनन्दवादी अल्कोहल में मिला सुपरहिट कोलाहल में बदलकर आनन्दोत्सवी बना डालता है। अपने गुलफाम-गुलबदन की यह इन्दरसभा भी एक देसी कार्निवाल ही है, जो उसके अन्दर जाकर तमाशा घुसकर देखने वालों के अनुसार 'निन्यानबे

फीसदी पार्टी' और 'एक फीसदी खेल' रहा है। और खेल? वह तो बहुत पहले 'पार्टी' बन चला था। इस तरह यह सौ फीसद पार्टी ही थी। सौ फीसद नयी इन्दरसभा थी।

इस देसी इन्दरसभा का एक अतिरिक्त मूल्य उसकी भाषा में हिंसक सेक्सीपन का होना था। आईपीएल के मौजूदा संस्करण तक आते-आते क्रिकेट सेक्सी बना दिया गया। परेड बना दी गयी। वैसे क्रिकेट में पहले से सेक्सी काकटेल बनायी जाने लगी थी। कई सुन्दरियाँ टीवी पर विशेष कमेण्ट करने लगी थीं।

इसने न केवल क्रिकेट की एक नयी क्लास बना दी, उसके चाहने वालों को भी खेल के संग सेक्स का तड़का देकर मस्त कर डाला; जीत-हार बाद में, पहले सीन देख! फिल्मी हीरो-हीरोइनों, सोशलाइटों, मॉडलों, ग्लैमाराइटों के नाज-नखरे। चिन्ताविहीन रंगोल्लास! वीआईपी लाउंज से लेकर रात की पार्टी के लफंगे लुत्फ। सब कुछ सेक्सी बन चला। बल्ला-बॉल-मैदान-स्टेडियम। सब कुछ। अगर यह अतिरिक्त तत्त्व न होता तो बड़ी कमाई न होती। दाँव न लगते। न अकूत पैसा आता। न मामूली-से मिडिलक्लासी लोग नये बादशाहों के रीतिकाल के रसिया बनते।

सेक्स का रस बड़ी अपराध कथाओं में मौजूद वह लोकप्रिय तत्त्व होता है, जिसमें कई प्रकार के गरम-नरम पाठ बनते रहते हैं। 'कानून काम करता है और सजा भी नहीं होती है' का आनन्द्रारी भाव एक नये किस्म की सहनशीलता पैदा करता है, उससे लगता है कि यह कहानी भी 'अनैतिक सुखान्त' होगी! अनैतिक मगर सुखकारी! कहानी में कहीं कोई पश्चात्ताप नहीं। कोई अपराधी नहीं। कानून काम करेगा। न करेगा तो भी करेगा।

आईपीएल की कथा सघन नयी उपभोक्तावादी 'तीसरी कसम' की तरह पढ़ी जा सकती है, जिसे देखकर आप कह सकते है : वाह मारे गये गुलफाम! आईपीएल का हीरामन 'तीसरी कसम' खाने की जगह तीसरी पारी खेलता है।

25 अप्रैल 2010

गन्दा है पर धन्धा है

कम्पनी फिल्म का गाना आईपीएल में जाके बज रहा है—'गन्दा है पर धन्धा है ये!' लेकिन आईपीएल का अन्त कम्पनी फिल्म की तरह नहीं होना है, यद्यपि इसके हीरो का अन्त उसी तरह से होना है, जिस तरह से 'कम्पनी' के हीरो का हुआ। उसका हिसाब हो जाना है।

जो भी हो, मन्दी के इन दिनों में भी आईपीएल बूमिंग धन्धे का गजब का आइडिया रहा है। इस आइडिया में मलाई ही मलाई थी। आइडिया माँगा मोदी जी ने। इस उदारवादी समय में जल्दी से जल्दी सबसे तेज धन्धेबाज बनने के सपने देखने वाले, 'गुरु' फिल्म के गुरुकान्त देसाई यानी गुरु भाई की तरह सबसे तेजी से धन्धा करने का गुर जानने वाले ललित मोदी ने 2006 में 'आईएमजी' नामक प्रबन्धन सलाह संस्थान से माँगी।

आईएमजी ने पैकेज दिया—बॉस सुस्त क्रिकेट को थोड़ा ग्लैमर दो, थोड़ा सेक्सी थोड़ा मस्त-सी पार्टी-शार्टी बनाओ, मौज बहार का मौका बनाओ। इत्ती बड़ी युवा क्लास मैदान में है। नया मस्त दर्शक है। उपभोक्ता है। उसी का बाजार है। जेब खुली है, हाथ खुले हैं। मार्केट गरम है। डाल दो नया माल। करा दो क्रिकेट की ब्राण्डिंग। जेनरेशन नेक्स्ट है। पचपन करोड़ आबादी वाला पूरा यंगिस्तान है। बड़ी क्लास है। उसे क्रिकेट नहीं चॉकलेट चाहिए। रैपर खोला-खाया और रैपर फेंका। क्रिकेट चॉकलेटी चाहिए, जो 'चीज बड़ी है मस्त-मस्त हो', 'मेंथास' की तरह कूल कर दे, जो दिमाग की बत्ती जला दे। फिफ्टी फिफ्टी को ट्वेंटी-ट्वेंटी कर दो। इस पुराने तमाशे का डिजाइन बदल दो। इस 'ग्लोबल' 'मोबाइल', 'साइबर' 'डिजिटल युग' में, मीडिया मार्केट और माल वाले युग में सब कुछ सुपर फास्ट है।

फास्ट लाइफ है। फास्ट पैसा है। फास्ट बढ़ती-चढ़ती कमाई करती मिडिल क्लास है—राजनीति है। फास्ट बदमाशी है। फास्ट जुआ है। फास्ट फिक्सिंग है।

फास्ट तिकड़म है। फास्ट हिसाब किताब है। फास्ट फिल्में हैं। फास्ट हीरो-हीरोइनें हैं। फास्ट माफिया है। फास्ट ग्रोथ हैं। क्रिकेट को फास्ट कर दो। मार्केट में तब्दील कर दो, केसिनो बना दो। क्रिकेट बरसेगी-पैसा पानी की तरह बहेगा। माल छप्पर फाड़ के बरसेगा। क्रिकेट नहीं 'धनवर्षा लाटरी' होगी जो दिन-रात बरसती रहेगी। ग्लोबल जुआ होगा, जो खबरों के वारे-न्यारे करेगा करायेगा। जो खेलेगा, माल काटेगा। जो खिलायेगा, वो चकाचक माल काटेगा। जो इसे दिखायेगा वो माल काटेगा। जिसने बनाया वो महान्, जो इस आइडिया में तैरा वो महान् हुआ मालामाल हुआ। इतना माल है। मलाई है। खेल है। मनोरंजन है। मालदार लोग हैं। हीरो हीरोइनें हैं। चूमाचाटी है। देर रात तक चलने वाली 'झूम बराबर झूम शराबी' की 'धूम' है। सेक्स है। नशा है। 'जवानियाँ ये मस्त मस्त देखिए उड़ाती चल रही हैं राह में दिये' के सीन हैं। खरबों का पैसा थिरक रहा है। एक हाथ में जाम दूसरे में वामा है, जेब में नामा है। गोरा चाम है। बड़ा दाम है। हरम है। हराम है। इसी आइडिया का परिणाम है आईपीएल जो देखते-देखते माल कमाने का सुपर कैसिनो बन गया। कल तक सब खुश थे। तीन साल से मस्त थे। बीसीसीआई के मालिक बॉस खुश थे। सबका हिस्सा था। सबके नाम अब धीरे-धीरे अपने वीभत्स किस्म के भाई-भतीजावाद, सट्टेबाजी, नशेबाजी, करपोरेटबाजी के विभिन्न सन्दर्भ में आ-जा रहे हैं। सब हिस्सेदार थे कल तक। ऐसा लगता है कि यह आईपीएल नहीं है, कारपोरेट, दो नम्बर के पैसे के धन्धेबाजों, जुआरियों, बॉलीवुड-हॉलीवुड हीरो-हीरोइनों, मॉडलों, सोशलाइटों के नामों का 'हू-ब-हू' है।

आईपीएल के आईडिया में कई जादू थे, तमाशे थे। तमाशे जब होते हैं, तो उसमें बहुत कुछ कल तक उससे खुश बॉस उसके दुश्मन हैं। बॉस को डर लगने लगा कि कहीं यह कल का धन्धेबाज कहीं हमारे धन्धे को न हिला दे। मोदी की ललित कला देख जलने वाले जल मरे। खरबों में खेलता हर वक्त मस्त उछलकर चलता वह छैलछबीला सबकी नजर में खटकने लगा। विघ्न डलवा दिया।

आईपीएल की उन्मद कहानी के चालक तत्त्व मानव सुलभ ईर्ष्या द्वेष ही हैं वरना हर बन्दा धन्धे में शामिल है। सभी आरोपित हैं, सभी आरोपी। कोई दूध का धुला नहीं। इस काजर की कोठरी में सबके कालिख लगी हैं और अब पब्लिक में कुछ दिन धो रहे हैं, फिर उसे मैनेज करेंगे। कहानी सुपर एक्शन फिल्म की सुपर स्पीड वाली है। हर पल उसके सीन बदल रहे हैं। हर रात एक नया एपीसोड धाँय-धाँय करता आगे निकल जाता है। बड़ी पूँजी की इस कहानी का अन्त भी 'गुरु' फिल्म की तरह का होना है।

जाँच बैठेगी। हजार आरोप लगेंगे। सजा तय करने से पहले जूरी अपने आप से एक दार्शनिक सवाल पूछेगी।

'यह आदमी जीनियस है या क्रुक?

और जवाब भी देगी।

'शायद दोनों'

और फैसला सुनायेगी :

अब हम इसे फाँसी तो दे नहीं सकते न! चलो जुर्माना कर देते हैं। खेल खत्म।

कहानी यूँ भी खत्म हो सकती है। सब एक दूसरे से मिल जाएँगे और असल खिलाड़ी बच जाएँगे। दिखाने को एकाध का सर कटेगा, फिर मामला दाखिल दफ्तर! इतिहास बताता है कि अनमैनेजेबिल हो गयी अन्धे-धन्धे की कहानियाँ आखिर में मैनेज हो ही जाती हैं। बड़ी पूँजी की कहानी को और बड़ी पूँजी अन्त में रफू कर देती है।

2 मई 2010

सीरियल मण्डी

इन दिनों में टीवी में ऊब बस गयी है। उसके कार्यक्रमों से बासीपन की बू आती है। परिवार देखते उबासी लेते हैं। वे इन्तजार करते-करते बोर हो गये हैं कि शायद अब कुछ नया दिखे। लेकिन निराशा हाथ लगती है। जिधर देखते हैं वहीं एक-सी सजी-सजायी सपाट कहानी और सपाट चेहरे हैं। सिर्फ सजावट से दुकानें नहीं चला करतीं।

'बालिका वधू' में आधा घण्टे में कहानी एक लाइन आगे नहीं बढ़ती। 'राजा की आयेगी बारात' मे मजाल कि कहानी कुछ सरक जाए। यही हाल 'बहनें' का है, यही हाल 'ससुराल गेंदा फूल' का है। 'तेरे मेरे सपने' में कौन से सपने हैं, समझ नहीं आता है। 'अगले बरस मोहे बिटिया ही कीजो' छीज गया है। 'सपना बाबुल का' में अगर बिदाई हो भी जाए तो क्या फर्क पड़ेगा? 'ये रिश्ता क्या कहलाता है?' हो या 'सबकी लाडली बेबो'—ये किस दुनिया का पता देते हैं?

कोई डेढ़ दर्जन चैनल मनोरंजन चैनल हैं, जिसमें फैक्टरी लाइन से सैकड़ों सीरियल दिखाये जाते हैं जो एक-दूसरे की नकल करते चलते हैं।

बस टाइटिल जरा अलग कर दिये जाते हैं। आप एक को हटा के दूसरा देखें, दूसरे को हटा के तीसरा देखें, आपको कोई फर्क नहीं पड़ने वाला। कहानी नहीं, एक्शन नहीं, कुछ डायलाग होते हैं, वे एकदम फेस टु फेस कट किये जाते हैं। इससे संवाद के बीच की जगह और भाव-निर्माण की जगह खत्म हो जाती है। एक लड़की जब एकदम मुँह के पास आकर एक लड़के से आँखें तरेरकर कहती है कि मैं अपनी इज्जत पर आँच नहीं आने दूँगी तो लगता है कि कहते हुए वह गुस्सा नहीं है बल्कि हँस रही है। न प्रसंग का खयाल, न सन्दर्भ की पहचान। बस बोले जा रहे हैं। वीडियो सम्पादक भांग पीकर सो गया लगता है।

सीरियलों के नाम पर घास काटी जा रही है। मुम्बई से हमारे एक दोस्त बताते हैं कि इन दिनों मुम्बई में कुछ इलाके ऐसे हैं, जहाँ सीरियलों की मण्डी बन

चली है। कोई भी चैनल वाला भाव-ताव करके खरीद ले। जो चैनल चाहे चला ले। बजा ले। अपने प्रोडक्शन की जरूरत नहीं।

न आइडिया की जरूरत, न कहानी की परवाह। न मौलिकता की दरकार, न चोरी के आरोप की चिन्ता। फटाफट कट-पेस्ट। चतुर सम्पादक एक को दूसरे में जोड़कर तीसरा बना देते हैं। कहीं का म्यूजिक उठाकर कहीं डाला जाता है। हजारों कलाकार बेरोजगार घूम रहे हैं। 'इण्डियन आइडोल' से लेकर 'नच बलिए' छाप। तरह-तरह की चैम्पियनशिपों से, टेलेण्ट हण्टों से निकले लड़के-लड़कियाँ उपलब्ध हैं। कम दर पर बारह-पन्द्रह घण्टे काम करने के लिए तैयार हैं। वे सीरियल के हीरो हीरोइन बनने को उत्सुक हैं। कम दाम में चौबीस घण्टे में चार शूट कीजिए और लीजिए पायलट तैयार। अब आप देख लें, परख लें, काम का हो तो कहें। आपका नाम इत्यादि डल जाएगा। काम आगे बढ़ाते हैं। जो जरूरत हो सो बताएँ। कहाँ स्लीवलेस बिकिनीनुमा कपड़ों वाली खलनायिकाएँ डालनी हैं, कहाँ गले में गमछा, मुँह में पान रचाये गँवई खलनायक डालने हैं। उनसे कितने 'आई हेट यू' या 'मैं तुझे मिट्टी में मिलाके रहूँगी/रहूँगा' या 'मैं तेरा खून पी जाऊँगी/पी जाऊँगा' वाले डॉयलाग कहाँ डालने हैं। बस संकेत कर दीजिए। आइटम साँग को इण्डस्ट्री जिस तरह से फली-फूली है, उसी तर्ज पर सीरियल इण्डस्ट्री फली-फूली है। रेडीमेड माल तैयार है। आप खरीदें। उन्हें आगे बेचें। मनोरंजन का एक पहलू यह है। जो कार्यक्रम दिखते हैं, वे अगर एक जैसे नजर आते हैं तो इसी कारण कि उनमें निर्माता-निर्देशक की अलग से अपनी कोई छाप तक नहीं दिखती। बड़े चैनलों के कुछ निर्माता निर्देशक भले अब भी अपने लिए खास प्रोडक्शन कराते हों, लेकिन शहर-शहर जो स्थानीय केबल चैनल हैं, जो छोटे चैनल हैं, वे यहीं से बोरा भरके माल उठाते हैं और धन्धा करते हैं।

टीवी चैनलों में मनोरंजन के नाम पर दिये जा रहे बहुत से कार्यक्रमों की कमी यह है कि उनकी अपनी कोई पहचान नहीं है। वे लोगों को याद तक नहीं रहते। सास-बहू मार्का सीरियल और कुछ नहीं तो 'लाइफ स्टाइल' तो देते थे, अब वह भी नहीं बचे।

न चरित्र हैं, न एक्शन है, न नाटकीयता है, न कहानी है। जो है वह गिटपिट की सजावट है। एक से प्लास्टिक चेहरे हैं, एक से लिबास। और एक से सेट लगते हैं। फ्रेम दर फ्रेम एक से लगते हैं। दर्शक अगर बोर हो गये हैं तो उनका कसूर नहीं।

दुनिया में कहीं भी इस तरह के कल्पनाहीन, ठहरे हुए, थके हुए ड्रामे नहीं

दिखते, लेकिन अपने हिन्दी मनोरंजन चैनलों में दिखते हैं। एक-दूसरे की नकल करते हुए नकली मॉरल से बँधुआ दर्शक को पकड़े रहना है। उसे कोई नयी च्वायस नहीं देनी है।

जिस बाजार में हर तीन महीने पर फैशन बदलता हो, हर दिन कोई ब्राण्ड लांच होता हो, हर महीने मोबाइल बदलता हो, लोगों की रुचियाँ तेजी से बदल रही हों, वहाँ ड्रामा और नाटकीयता रहित कार्यक्रम नहीं चल सकते। प्रायोजन करने वाले ऐसे ही बेकार कार्यक्रमों को प्रायोजित करते रहते हैं। इस समय कोई ऐसा मेगा-सीरियल नहीं है जो सबकी चर्चा का विषय हो, सब उसे देखने को लालायित हों। यह टीवी मनोरंजन के संकट का दौर है। यह गिरावट पिछले चार-पाँच साल में शुरू हुई।

जिस टीवी पर कभी लोगों ने 'हमलोग', 'बुनियाद', 'रामायण', 'महाभारत', 'भारत एक खोज', 'चाणक्य' जैसे नये सीरियल देखे, जिन्होंने दर्शकों को मनोरंजन के नये आयाम दिये, उनकी जगह अब उनकी खराब फोटोकापी नजर आती है। जाने-माने कहानी लेखक होते। संवादों में दम होता। कहानी में सहज गति होती। चरित्रों का निर्माण होता। फ्रेमों में गहराई होती। बड़ी टीमों की बड़े ताम-झाम के साथ बड़े सीरियल बने। बड़े नाम, बैनर जुड़े। बीआर चोपड़ा जुड़े, रामानन्द सागर जुड़े। उन्होंने दर्शकों की रुचियों का निर्माण किया और इस तरह मेगा सीरियलों ने सीरियल क्रान्ति पैदा की।

अब दुहराव भरे सीरियलों की बाढ़ है। दर्शक के पास कुछ भी ठहरता नहीं है। न उनका परिवार किसी देसी मध्यवर्गीय परिवार जैसा परिवार है, न उनके पात्र मेल खाते हैं।

हिन्दुस्तान के परिवार अब रीयलिटी शो देखते हैं। वे बिगबॉस पसन्द करते हैं, नच बलिए पर नाचते हैं। इण्डियन आइडोल देखते हैं। सीरियलों की जगह रीयलिटी शोज ने टेक ली है। रीयलिटी शो में आप ऐसा भरम तो खड़ा करते हैं कि सामान्य दर्शक को लगता है कि आप रियलिटी ही देख रहे हैं। हर दिन कुछ नये देखने की चाहत दर्शक जुटाती है। आप कुछ दिन पहले तक 'सच का सामना' देखते थे। आप लोगों के मन की असलियत देखते-सुनते थे, तो आपका चोर मन ऊपर से भले इस सबको गन्दा ठहराता हो, लेकिन अन्दर से आप उसे देखना चाहते होंगे। सबके सामने देखने में झिझकते होंगे, लेकिन चुपके से झाँकी लेते होंगे।

रीयलिटी शोज ने दर्शकों को ताका-झाँकी वाला दर्शक बना डाला है। नया

दर्शक वयस्क दर्शक है। पचास-पचपन करोड़ की नयी युवा पीढ़ी तो पैदा ही वयस्क हुई है। वह पुराने दर्शक की तरह से भोली, जिज्ञासु और रसिक नहीं रह गयी है। वह खुद टीवी में दिखना चाहती है। नाचना चाहती है, गाना चाहती है। वह माइकल जैक्सन और मडोना बनकर टीवी के जरिए सबके पास पहुँचना चाहती है। हर बच्चा सोनू निगम, अन्नू मलिक, कैलाश खेर है। हर बच्ची माधुरी दीक्षित से लेकर करीना कपूर की तरह नाचना-गाना चाहती है। ईनाम पाना चाहती है। आइडाल बन जाना चाहती है। यह दौर 'जब वी मेट' से लेकर 'लव आजकल' और 'देव डी' का है। सीरियल कहानी के इस मुहावरे तक नहीं पहुँचे हैं। टीवी के सामने नया दर्शक है, जिसकी टीवी से और अपने आप से कुछ नयी उपेक्षाएँ हैं।

सीरियलों से बोर हुए दर्शक पिछले दिनों न्यूज की ओर भी मुड़े हैं। न्यूज लाइव हैं, एकदम रीयलिटी शोज से भी ज्यादा साक्षात् रीयलिटी दिखाने वाली हैं। जितना आनन्द किसी एक्शन फिल्म को देखकर कभी आता होगा, उतना आनन्द संसद के सदनों में उठता शोर देता है। न्यूज थियेट्रिकल है। फुल्टू एक्शन है। छब्बीस ग्यारह के बाद दर्शक कुछ सयाना हो गया है। वह राजनीति को समझने लगा है। खबरों के साथ अपने हित-अहित को जोड़ने लगा है। इसलिए भी न्यूज सीरियलों से ज्यादा आकर्षक है। ज्यादा दर्शक बटोरती है।

सीरियलों का यह उजाड़ इसीलिए है कि मनोरंजन उद्योग ने टीवी के दर्शक को कभी दर्शक नहीं समझा। उसे ऐसा मजबूर दर्शक समझा, जिसके पास मनोरंजन का कोई विकल्प नहीं है। अब उसके पास कई विकल्प हैं। यह नया दर्शक है, जिसे टीवी के मनोरंजन उद्योग ने परिभाषित नहीं किया है। जब तक वह नये दर्शक के विवेकी मनोविज्ञान को नहीं समझेगा, दर्शक को नहीं बाँध सकेगा।

मनोरंजन कोई एकतरफा प्रक्रिया नहीं है। न वह ठहरी हुई प्रक्रिया है। वह बहुत मेहनत माँगती है। टीवी मनोरंजन तो अपने जन्म से ही सुपर फास्ट गति वाला है। जब मनोरंजन उपभोग के क्षेत्र में आ जाता है तो वह बड़े निवेश की भी माँग करता है। हिन्दी टीवी के मनोरंजन चैनल मनोरंजन सम्बन्धी कार्यक्रमों के निर्माण में कितना निवेश करते हैं? इसके जवाब में उनकी गिरी हुई क्वालिटी को देखा जा सकता है! कंजूसी का कैमरा वर्क देखिए। उससे भी कंजूस किस्म का आउटडोर शूट देखिए। इनडोर के नाम पर एक छोटे से कमरे में टाइट शॉट में सोफे के पीछे या आगे खड़े छह सात आदमी औरतें एक दूसरे से कन्धे जोड़े संवाद

करते रहते हैं। इनके मुकाबले जरा विदेशी चेनलों के सीरियल देखिए। उनमें कितना आउटडोर शूट होता है? आउटडोर में दर्शक कुछ नया पाता है, वह यहाँ होता ही नहीं। वही घटिया सिटकॉम! कितने कैमरे होते हैं? किस कदर एक्शन होता है और किस मेलोड्रामा तक नहीं। अभिनेता और निर्देशक काम करते हैं, क्वालिटी अपने आप बोलती है। ज़रा उनकी 'एक्स फाइल्स' देखिए, फिर सोनी का 'सीआईडी' देखिए और मिलान कीजिए। आपको फर्क पता चल जाएगा कि टीवी के अच्छे सस्पेंस थ्रिलर में कितनी मेहनत और कितने निवेश की जरूरत होती है।

वक्त आ गया है, जब टीवी का मनोरंजन उद्योग चालू सस्ता नकली राग गाना छोड़े और नये प्रयोग करे। जनता को नया क्वालिटी मनोरंजन चाहिए। ग्लोबल स्तर का चाहिए। ऐसा चाहिए जिसकी कहानी आम आदमी के दिल से जुड़ती हो। जब तक ऐसा नहीं होगा, टीवी बोर करता रहेगा। ऊबे दर्शक विदेशी चैनलों की ओर देखेंगे, जो अभी से अपने कार्यक्रम हिन्दी में डब करके देने लगे हैं। टीवी उद्योग को जागना होगा। अपने समाज को नये सिरे से खोजना-समझना होगा। उससे जुड़ना होगा। उसका पुनर्सृजन करना होगा। उसकी धड़कन बनना होगा। उसकी आवाज, उसका सार्वजनिक मंच बनना होगा। तब उसे नया रास्ता मिलेगा।

23 मई 2010

चल चल खल खल

पास के मोहल्ले की रामलीला में ज्यों ही रावण ने एण्ट्री ली कि उसके लिए जोरदार ताली बजी। वह तगड़ा था। उसकी बड़ी-बड़ी मूँछें थीं। यह दशानन था। राक्षसराज था। हो-हो-हो कर अट्टहास करता था। डॉयलाग बोलता था तो अट्टहास करता था। उसका अट्टहास गूँजता था। आवाज में दम था। उसके मुकाबले राम कोमल कमजोर आवाज वाले थे। रामलीला चल रही थी। रावण उस लीला का सबसे हिट पात्र था। राम तो नित्य मन्दिरों में मिल जाते हैं। रावण का कोई मन्दिर नहीं है। सुनते हैं कि मध्य प्रदेश में किसी गाँव में एक है और शायद मेरठ में किसी गाँव में है। इतना बड़ा खलनायक है तो भी प्रकट कहीं नहीं दिखता। उसके लक्षण सर्वत्र दिखते हैं। उसका कोई न कोई लक्षण हर व्यक्ति में रहता है। यों उसका अता-पता कहीं नहीं मिलता, लेकिन जानते सब हैं। जीवन में जो कुछ अच्छा है, उसका परमानेण्ट विलोम खल तत्त्व है।

वह सुख में दुख देने वाला, शुभ में अशुभ की तरह आने वाला, मंगल में अमंगल बन जाने वाला, सच के साथ झूठ बनाने वाला परमानेण्ट 'विलोमी-विपरीत विपक्षी' तबीयत वाला होता है। जीवन में यह खल तत्त्व न हो तो मजा नहीं आता। अगर है तो कष्ट देता है। कलियुग का यानी आधुनिक युग के मानव का सबसे प्रिय तत्त्व यही खलत्व है। खल के चाहने वाले कम नहीं होते। उसकी दुष्ट लीला भी मनोहर लगती है। खलत्व का स्वभाव कलियुग का सबसे बड़ा पॉपुलर स्वभाव है। कला, साहित्य, संस्कृति, राजनीति सर्वत्र यह भाव बड़ा ही लोकप्रिय है। किसी का कोई काम हो रहा है। कहीं किसी को नौकरी मिल रही है। कहीं किसी की शादी हो रही है। कहीं किसी का मकान बन रहा है। कहीं किसी की नयी कम्पनी खुल रही है। ऐसे शुभ काम में अचानक कोई विघ्न डाल देता है। तो जिसने विघ्न डाला है, उसकी चर्चा जगह-जगह होती है। जिसके विघ्न पड़ा है, वह कमजोर नज़र आता है। इस तरह विघ्न डालने वाला महत्त्वपूर्ण हो जाता है और

लोकप्रिय हो उठता है। अपने समाज में खलत्व एक वृत्ति है। आदत है। स्वभाव है। वह जन्मजात भले न हो, लेकिन जन्मजात जैसा ही है। खल एक ऐसा 'टाइप' पहले से निश्चित रूपबद्ध होता है, जो सर्वज्ञात होता है। वह खल है तो भी उसे सब सहते हैं। उससे सब डरते हैं। कोई उससे नहीं कहता है कि तू खल है। दुष्ट है। सब उसको आदर देते हैं। उसकी पूजा करते हैं। यही उसकी मनोहर अनिवार्यता है। खल लाक्षणिक होता है। खल अपने लक्षणों से पहचाना जाता है। उसकी व्यंजना करने वाले अनेक शब्द हैं। 'दुष्ट' शब्द उसका सबसे नजदीकी लक्षण है। नीच, घटिया, विलेन, बिगड़ा, बदमाश शब्द उसके आभूषण होते हैं। नकारात्मक विशेषण ही उसकी शोभा है। यही उसका महत्त्व है। गोस्वामी तुलसीदास ने अपने रामचरित मानस के शुरू में ही खलों की वन्दना की है। राम का यह परम भक्त तक डरता था कि पहले खल आकर दुष्टता करेंगे। विघ्न डालेंगे। रामजी तो बाद में ही बचाएँगे न! इसीलिए उन्होंने खलों की सबसे पहले वन्दना की है कि वे बिना कारण आपको दाहिने-बाएँ से टंगड़ी मारकर, विघ्न डालकर आनन्द लेते हैं। हँसते हैं। मूँछों पर ताव देते हैं। कहते हैं कि देखा बच्चू? अट्टहास करते हैं—हो-हो-हो! यह 'विघ्न' करके 'सन्तोष' पाने का युग है। आधुनिक युग की संस्कृति का यह सर्वत्र उपलब्ध आइटम है। आपका काम हो और कोई खल विघ्न न डाले, यह सम्भव नहीं है। मध्यकालीन कवि सोचा करते थे—गोधन, गजधन, बाजिधन और रतन धन खान, जब आवै सन्तोष धन, सब धन धूरि समान। आज के युग में सबसे बड़ा सन्तोष 'विघ्न सन्तोष' है। देवताओं में शनिदेव हैं। सब पूजा करते हैं। इन दिनों शनि की पूजा बढ़ चली है। टीवी पर हर शनिवार शनिदेव की चर्चा ज्यादा होने लगी है। उनकी महिमा बढ़ रही है। उनके गुण बताये जाते हैं। उनके अवगुण बताये जाते हैं। अब तो लगता है कि समाज में शनि महाराज के बारे में जो किस्से प्रचलित रहे, वे राब गलत थे। राजनीति में जो विघ्न का जल्वा है। जिसे देखो वही दूसरे को खल कहता फिरता है। खल ताकतवर होता है। बहती धारा के विपरीत चलता है। चलती प्रक्रिया को रोकता है। दूध में मक्खी की तरह, रोटी में दाल में कंकड़ की तरह, रास्ते में चोट लगाने वाली ठोकर की तरह, विघ्न हर कहीं उपस्थित होता है। आदमी अपना काम करने चलता है तो पहले सोचता है कि कहीं विघ्न न पड़ जाये। कोई टांग न मार दे। सबकी नज़र बचाकर चलता है। इष्ट देवताओं का पूजा-पाठ कर चलता है। पूरी तैयारी करता है। हर तरह से सावधान होकर आगे बढ़ता है। लेकिन अचानक कोई विघ्न डाल देता है या संयोगवश विघ्न पड़ जाता है। किसी

दफ्तर में बाबू किसी प्वाइण्ट को पकड़ लेता है और फाइल रोक देता है। टरका देता है। आपको यकीन था कि आज काम हो जाएगा, लेकिन अब तो काम गया महीनों के लिए, चक्कर अलग लगने हैं। आप बाबू को कोसते हैं। अपने भाग्य को धिक्कारते हैं। जितना बड़ा काम रुकता है, उतना ही बड़ा अफसोस होता है। आपकी दौड़-भाग बढ़ जाती है। आप रोने लगते हैं। कोई शोध करे तो पता चल सकता है कि इस संसार में प्रत्येक व्यक्ति का कोई 'नायक' हो न हो 'खलनायक' जरूर होता है। नायक को कोई याद नहीं करता। खलनायक को याद नहीं करना पड़ता है। वह चित्त में स्थायी तत्त्व की तरह पड़ा रहता है। हर पल याद आता है। कसकता रहता है, लेकिन उसका कुछ नहीं बिगड़ता। खल एक स्थायी स्मृति बनकर हमारे मन-मस्तिष्क में रहा करता है। और किसी समाज में यह तत्त्व मिले न मिले, अपने समाज में यह प्रचुर-प्रभूत मात्रा में उपलब्ध है। यही गतिशील तत्त्व है। यह न हो तो संघर्ष न हो, फाइट न हो। सब शांत हो जाएं। ऐसा प्रशान्त जीवन भी कोई जीवन है? यह युग खलावतार का युग है। खल तत्त्व के रूप में सर्वव्यापी है। वह जितना सताता है, उतना ही प्रिय लगता है। वह न हो तो काम का मजा न हो। जीवन बोर हो जाए। वह कठिनाई पैदा करता है। कठिनाई को पार करने के लिए आदमी संघर्ष करता है। इस तरह आगे बढ़ता है। बताइए, अगर खल न हो तो रामायण महाभारत का क्या हो? हिन्दी फिल्मों का क्या हो, पापुलर कल्चर का क्या हो? आज की कल्चर का पपलू यही 'खल तत्त्व' है।

मई 2010

खुशी का समारोहण

मित्र का कार्ड मिला है—लिखा है कि 'उनकी' और 'विनकी' शादी की पचासवीं सालगिरह मनायी जा रही है, जरूर शामिल हों। फला बैंक्वेट हॉल में, शाम साढ़े सात बजे। कुछ साल पहले हमारे एक और मित्र ने अपनी शादी की पच्चीसवीं सालगिरह मना डाली। एक सीनियर मित्र ने शादी की साठवीं सालगिरह भी मना डाली। अब तो इस तरह का चलन ही चल निकला है। लोगों को ऐसे आयोजन पसन्द आते हैं। घोर संकोची से दिखने वालों को भी यह सब अच्छा लगता है। प्राचीनकाल में विलुप्त हो चली शादी की घटना को उस तिथि के साथ 'पब्लिकली' शेयर करना चाहते हैं। यह पचास-साठ के ऊपर पहुँचने वालों की लीला है। जब कोई इस अचानक 'समारोहण' से चौंकता है तो बताया जाता है कि क्या करें बच्चे नहीं मानते। वे ही पीछे पड़े रहे। वे ही सब कर रहे हैं। क्या करें। अब बच्चों की बात का खयाल तो रखना ही पड़ता है। ज्यों-ज्यों समारोह की तिथि नजदीक आती जाती है, त्यों-त्यों उनके किसी पुत्र या पुत्री का फोन आता है—अंकल आप पापा-मम्मी की शादी की सालगिरह के प्रोग्राम के मौके पर वहाँ आ तो रहे हैं न! प्लीज आइएगा। आपको कार्ड की इबारत से शादी याद आती है। ओहो, कार्ड के नीचे की ओर आमंत्रणकर्ताओं में बच्चों का ही नाम लिखा था। आप इन आत्मजों को नहीं जानते होते। कई बार नाम भूल में पड़ गये हाते हैं। उनकी आवाज से आप उन्हें नहीं जान पाते। वे वैसा ही आग्रह करते हैं जैसा बच्चे अंकलों से करते हैं। उनकी पर्सनल पुकार से आप में कुछ-कुछ वात्सल्य भाव उमड़ आता है। वो आपका प्रिय नहीं है, लेकिन बच्चों ने क्या बिगाड़ा है। भई बच्चे तो बच्चे होते हैं। जैसे हमारे बच्चे वैसे उसके बच्चे। आप किसी तरह कह देते हैं कि अच्छा बेटे हम आएँगे। इसके आगे का सीन आप खुद खींच सकते हैं। आपका मित्र उसकी पत्नीजी किसी ब्यूटीपार्लर से निकलकर आये लगते हैं। पत्नीजी फुल मेकअप में नजर आती हैं। पहचानने में देर लगती है। वे कुछ अतिरिक्त प्रसन्न

दिखते हैं। अधिक चुस्त। आपका मित्र गोल्डन-गोल्डन लम्बा रेशमी कुर्ता और चूड़ीदार पहने हैं। उसने पेशावरी टाइप के इब्नबतूता कबतूता छाप 'चुर्रेट-मुर्रेट' करने वाले नये जूते पहने हैं और खुशबू भी लगायी है। पत्नीजी बाल-बच्चेजी सब ऐसे ही डिजाइनर टाइप खड़े हुए इधर-उधर लपक रहे हैं। समारोह में खाली हाथ जाना कल्चर के खिलाफ है सो आप भी कुछ लेकर जाते हैं। शायद एक गुलदस्ता या शायद एक कार्ड या शायद एक गिफ्ट आइटम, जिसमें शादी की वर्षगाँठ के दिन कोई बढ़िया सा वाक्य लिखा हो। शुभकामना लिखी हो। आप पहुँचते हैं—बैंक्वेट हॉल/पण्डाल रोशनी से जगर-मगर है। म्यूजिक बज रहा है। दरवाजे पर ही आपके मित्र और पत्नी के नाम के साथ 'हैप्पी एनिवर्सरी सेलिब्रेशन' लिखा है। आपके पुराने सरकारी मन को यह सब देख अटपटा लगता है। आप सोचते हैं कि आपका जिन्दगी भर सादगी पसन्द रहा मित्र कब से तमाशाई हो गया। क्या हो गया है? जमाना तमाशाई हो गया है। ये भी प्रदर्शन प्रिय हो गया है। इसके बावजूद आप आगे बढ़ते हैं। अपने मित्र से गले लगकर मिलते हैं। 'हैप्पी मैरिज एनिवर्सरी' कहते हैं और खुश दिखते हैं। आप इसके बाद मिलने-जुलने में लग जाते हैं। आपके मन में जो वितृष्णा घर कर रही थी, वह धूमिल होने लगती है। आप धीरे-धीरे मस्ती के माहौल में रमने लग जाते हैं और अवसर के अनुकूल गपियाने लगते हैं। यह कितना अच्छा है कि समारोह के मस्त वातावरण ने कुछ देर आपको मस्त कर दिया। क्या बुरा किया? इसीलिए मध्यवर्ग में यह समारोहात्मकता बढ़ चली है। ज़िन्दगी में एकरसता है। ऊब है। थकान है। निराशाएँ हैं। परेशानियाँ हैं। आप 'खुशी' के दो पल ढूँढ़ते रहते हैं। ये समारोह आपको जबर्दस्त ढंग से अपनी मस्ती के माहैल में शामिल कर खुशी के कुछ पल देते हैं। यह नयी 'पॉपुलर कल्चर' है। शहर दर शहर मध्यवर्ग ने अपना ली है। आज की ज़िन्दगी की दौड़भाग में हर कोई खुशी के दो पल चाहता है। पार्टी शादी, मिलन-समारोह इन पलों को मुहैया करते हैं। वह इस 'पपलू कल्चर' की ताकत है।

ग्लैमर

'गौतम तुमने मुझे मार डाला', 'गौतम यू किल्ड मी' लिखकर वह पंखे से लटक गयी। गौतम वोरा को मनाने के लिए वह चार दिन से गुलदस्ते भेज रही थी और उसे मिलने आने को कह रही थी। पच्चीस जून की शाम वह आया और कुछ देर बाद चला गया। पड़ोसियों ने उस फ्लैट नम्बर पाँच सौ दो से आपसी लड़ाई की तेज आवाजें सुनीं। वह जाते हुए गौतम को तेज आवाज में कोस रही थी। शाप दे रही थी।

चमकीली जिन्दगी की एक तेज रफ्तार कहानी आउट ऑफ कण्ट्रोल हो रही थी। दोस्त के यों झगड़कर चले जाने के बाद, उसने एक के बाद एक 40 सिगरेटें फूँकीं। शराब के साथ कम्पोज की दस गोलियाँ खायीं। गुस्से में गौतम के दिये गिफ्ट, घर के एक-एक कीमती सामान को तोड़-फोड़ डाला। उसने किचन की गैस खोल दी।

फिर उसने फन्दा बनाया और पंखे से लटक गयी। इस तरह कामसूत्र कण्डोम से लेकर लक्मे, पाण्ड्स, गार्नि‍ए, लोरियल के ब्राण्डों के विज्ञापनों को अपनी आकर्षक देहयष्टि और नाक नक्श के जरिये बेचने वाली, सैकड़ों फैशन शोज से लेकर मिस वर्ल्ड बनी प्रियंका चोपड़ा के साथ मुकाबला करने वाली और बाद में हार न मानकर मॉडलिंग की दुनिया में एक नयी 'दीवा' एक नयी 'अप्सरा' बनकर कामयाब होकर दसियों साल तक रैम्प पर 'शो स्टॉपर' रहने वाली सैंतीस साल की विवेका बाबाजी ने अपनी जीवन लीला समाप्त कर ली।

वह अखबारों के पेज थ्री, फेमिना, स्टारडस्ट, गृहशोभा से लेकर दैनिक पेजों पर छपी छाई रही हिट स्त्री छवि भी। आँख फिसले ऐसी कंचन काया, तीखे नाक नक्श, पतली लम्बी, तनी चाल, चिर अभिमानी मुद्रा में रैम्प पर किसी को न निहारती, 'कैट वाक' करती विवेका जब शहर के नये धन्नासेठों से लेकर डिजाइनरों, हीरो-हीरोइनों के बीच से नंगी-सी निस्संग नजरों को पलटकर अपनी पतली कमर

और पीठ एक बार में ही मरोड़कर गुजरती होगी, तो पड़ती हुई तेज तालियाँ उसे चमकदार नशे में डुबा देती होंगी, जिससे उबरना असम्भव-सा होता है। आप सातवें आसमान पर होते हैं। दिमाग सौवें पर! गिरते हैं, तो ढूँढने वाले को हड्डियाँ तक नही मिलतीं। ग्लैमरी दुनिया की यही कॉमेडी है और यही ट्रेजडी है।

उम्र ढल रही थी। सत्रह साल की उम्र में बीस साल जोड़कर सैंतीस की हो चुकी थी। एक मॉडल की 'उम्र' ही कितनी होती है? हद से हद पाँच-सात साल। वह दस-पन्द्रह साल तक छायी रही। यह रिकॉर्ड ही है। उसके बाद का अँधेरा उसके सामने आ रहा था। वह देख रही थी कि चमक के दिन गये। अब बुझने के दिन हैं।

'किस तरह बुझें?'

यह सवाल इस चमकवादी युग का एक दार्शनिक सवाल है। वह जिस तरह बुझ सकती थी, बुझ गयी। उसकी कहानी दो ही तरह से खत्म हो सकती थी। एक वह जिस तरह उसने खत्म की। दूसरी वह जो धीरे-धीरे खत्म होती। सफल हीरो हीरोइनें ग्लैमराइटें चमकीले लोग अपनी चकम के दिनों में बहुत कुछ जोड़-जाड़ लेते हैं। लड़कियाँ किसी मूंजी को फँसा लेती हैं और घर बसा लेती हैं। बुढ़ापे में सबको एक परिवार चाहिए होता है। वे इन्तजाम कर लेती हैं। इस तरह 'फाल बैक' की तैयारी कर लेती हैं। ऐसी औरतें पूरी उम्र जीती हैं। वे डिजाइनर बन जाती हैं। मॉडलिंग की ट्रेनिंग देने लगती हैं, काण्टैक्ट बनाकर वे किसी इवेण्ट मैनेजर टाइप का बिजनेस शुरू कर लेती हैं। विवेका भी तैयारी कर रही थी, लेकिन उसे एक के बाद एक तीन दोस्तों ने धोखा दिया। उसका दिल टूट गया। वह दुनियादार नहीं थी। हर कोई हिसाब-किताब का पक्का नहीं होता। कोई-कोई ऐसा 'पागल' भी होता है, जो यह मिडिल क्लासी किस्म की जिन्दगी से हर हाल में चिपका नहीं रहना चाहता और अपनी कहानी अपने ढंग से खत्म कर डालता है। एक 'मरणेच्छा'; डेथ विश मन में घर कर जाती है। एक दिन मन मर जाता है।

'ग्लैमर' के पीछे 'मर' शब्द लगा है। 'ग्लैमर' में 'मरना' है। ग्लैमर की दुनिया बहुत-बहुत बड़ी है। खरबों की पूँजी लगी है। प्रसाधन उद्योग, फिटनेस उद्योग, मेडिकल साइंस उद्योग से लेकर मीडिया और अनन्त ग्लोबल बाजार के संजालों में फैली इस दुनिया का आकर्षण दुर्निवार है। ग्लैमर की दुनिया में रातोंरात बड़ा नाम और नाम कमाने की बावली कामना रखने वालों की कमी नहीं। इसके लिए जीने वालों की भी कमी नहीं। औरतों के लिए, मर्दों के लिए इसमें बहुत कुछ है। कामयाबी पाकर वे खुद आईकॉन बनने के सपने देखते हैं। सबके दिलोदिमाग पर

राज़ करना चाहते हैं, यह राज जा सकता है, इसे नहीं सह पाते।

कुछ पहले नफीसा जोसेफ नाम की मॉडल ने आत्महत्या की थी। मॉडल गीतांजलि कपूर दिल्ली में ही लाजपत नगर की सड़कों पर भीख माँगकर जिन्दगी गुजारती मिली थी। जिसकी कहानी 'फैशन' फिल्म का आधार बनी, जिसमें उसका चरित्र कंगना रानाउत ने निभाया। वह आखिर में गोली खाकर समुद्र तट पर मरी हुई पायी जाती। यह खबर प्रियंका चोपड़ा को तब मिलती है, जब वह अपने सबसे महत्त्वपूर्ण शो में रैम्प पर एण्टर करने जा रही होती है। 'ऐसी ट्रैजेडी है नीच' जो यहाँ किसी के साथ भी घट सकती है।

ग्लैमर का तर्क बड़ा चक्करदार होता है। जो ग्लैमर में जीता है, वह ग्लैमर में ही मरता है। कोई फटाक से मर जाता है, कोई धीरे-धीरे अतीत के ग्लैमर को याद कर-करके मरता रहता है। यह एक दो की कहानी नहीं है। ग्लैमर की कहानियाँ इसी तरह बुझा करती हैं।

श्याम बेनेगल की 'भूमिका' फिल्म में स्मिता पाटिल द्वारा अभिनीत चरित्र हंसा वाडकर नामक पुरानी अभिनेत्री की जिन्दगी पर आधारित था। हंसा ने कहा था—इस चमक-दमक भरी फिल्मी दुनिया में हर हीरोइन व्होर होती है, वेश्या होती है। बॉलीवुड से हॉलीवुड और सारे वुडों की सारे फैशन उद्योग की कहानी चमक के भीतर के अँधेरे की अनन्त कहानियाँ लिये रहती हैं। हॉलीवुड की महारानी रही मर्लिन मनरो को हॉलीवुड के एक फिल्मी स्टूडियो के मालिक, निर्देशक, हीरो आदि के साथ समय-समय पर, कोई तीन सौ लोगों के साथ सोना पड़ा था। महान् हीरोइन ग्रेटा गारबो की कहानी ऐसी ही रही।

अब तो सब कुछ खुल्लमखुल्ला है। ये कहानियाँ कहती हैं, 'लिपटन-चिपटन सोया, सोई, सेक्स, खेल आदि आज के ग्लैमरी दुनिया की सहज जीवन शैली है' और कि 'आजकल सब चलता है'। अब तो ग्लैमर वर्ल्ड की सेक्स लीलाओं के एक से एक रसीले किस्से ग्लैमर के बाजारों में बिकते हैं। अखबारों में, टीवी शोज में बिकते हैं। पोर्न साइट्स इन्हीं के बल पर चलती हैं। तो भी हर हीरोइन की कहानी इस मर्दवादी जगत् में एक-सी होती है। चमकीली भोली नायिका सहारे के लिए प्यार करने लगती है, वो सोचती है कि वह एक औरत है और उसे औरत की तरह जीने का हक है। ग्लैमर जगत् कहता है—तू औरत नहीं रही, तू एक माध्यम भर है। एक देह एक चिह्न भर है, जो किसी दूसरे निशान, दूसरे चिह्न का 'माध्यम' भर है। तू अब तू नहीं है।

एक से एक हसीं चेहरों को भक् से चमकाकर भक् से ही जला देने वाली

कितनी कहानियाँ इन दिनों बनती हैं। कुछ खबर बन जाती हैं, कुछ नहीं बनतीं। ग्लैमर की झूठी शान और मरीचिका ने ग्लैमर के बाद के दिनों को जीने लायक नहीं छोड़ा है। यह इस बिजनेस की भीतरी बीमारी है।

चमक जिस वक्त चमकाती है, उसी वक्त जलाती भी है। चमकीले ग्लैमर में भी औरतें सबसे पहले मरती हैं। मर्द कम मरते हैं, वे होशियार होते हैं। दिल का हिसाब-किताब करना जानते हैं। औरतें अपने अब तक के बचे-खुचे भोलेपन में मारी जाती हैं। वे पूरी तरह चतुर नहीं हुई हैं। वे अपना हिसाब-किताब कहीं किसी जगह गलत कर जाती हैं और मर जाती हैं।

सौन्दर्य की दुनिया जटिल है। जिस चमकीली सेक्सी स्त्री देह के बिना ग्लैमर ग्लैमर नहीं बन सकता, वही ग्लैमर उन्हें मार डालता है। ग्लैमर उनके चेहरे, उनकी त्वचा, उनके केश, उनकी नंगी देहों को सबके लिए चमकाता है, साफ सुथरा कर, सुगन्धित कर नये-नये परिधानों में नित्य सजा-धजा कर बेचता है। ऐसी एक से एक कमनीय सेक्सी देहें एवजी में किसी 'ब्राण्ड' को बेचती हैं, वे हम-आपको किसी क्रीम पाउडर, किसी केश काला तेल, किसी शैम्पू, किसी गाड़ी, किसी मोबाइल, किसी दवा या सदा जवान आकर्षक खूबसूरत बने रहने के नुस्खे बेचती रहती हैं। ऐसी देहें कुल-मिलकार एक 'ब्राण्ड करियर' भर होती हैं। मॉडलों के शरीर उनके अपने नहीं रह जाते। ग्लैमर सबसे पहले देह की बोली लगाता है।

मरने पर भी देह एक रसीली सजीली खबर भर होती है। थोड़े से ब्रेक के बाद हम फिर किसी ऐसी ही दूसरी कहानी की प्रतीक्षा में होते हैं।

4 जुलाई, 2010

मन्दी के दौर में देह

'गजनी' फिल्म में आमिर खान ने 'एट पेक एब्स' बनाये हैं। सरल शब्दों में इसका मतलब है सीने, पेट, पीठ और भुजाओं आदि की आठ जगह की मांसपेशियों को ग्रीको-रोमन पहलवानी या डब्लूडब्लूएफ की कुश्तियों वाले पहलवानों वाली देह में बदलना। इससे पहले शाहरुख खान ने सिक्स पेक एब्स दिखाये थे। वे हिट फिल्म 'ओम शान्ति ओम' में नाचने के ज्यादा काम आये थे। उनकी देह की परिभाषा करते हुए फिल्म की निर्देशिका फराह खान ने कहा था–'शाहरुख की देह लड़कियों के लिए एक ट्रीट/दावत/है'। यह मर्द की देह की परम 'सेक्सिस्ट' भाषा थी। फिल्मी नायकों की देह की इस परिभाषा में एक प्रकार का 'माचो' तत्त्व आदर्शीकृत किया गया था।

इससे पहले रितिक रोशन ने 'फिजा' फिल्म में आतंकवादी के रूप में 'डौले-शौले' यानी 'सिक्स' या 'एट पेक एब्स' बनाये थे। उसी क्रम में अक्षय माचो मर्दवादी बॉडी के प्रतीक कहलाते थे। फिल्मी इतिहास में इसके पीछे भी जाया जा सकता है। नायकों की बॉडी में माचो तत्त्व का विकास हिन्दी फिल्मों के नायक के बदलते चरित्र से नापा जा सकता है।

गजनी में आमिर उर्फ संजय सिंघानिया के एब्स मारधाड़ के काम आते हैं। वे दोहरी दावत कहे जा सकते हैं। हिन्दी फिल्मों के माचो निर्माताओं ने जिन हिरोइनों-लड़कियों को ताकत की पुजारिन बना दिया है, उनके लिए तो वे दावत हो ही सकते हैं। इससे आगे वे देह की अन्धक्रूर ताकत के भी चिह्न कहे जा सकते हैं। 'डिजाइण्ड' देह के चिह्न!

गजनी के पोस्टरों में जो आमिर दिखता है और जो बार-बार टीवी चैनलों में दिखाया जाता है, वह 'एब्स' का प्रदर्शन करता है। यह 'ताकत की दावत' है। गजब के 'मसल' हैं जो अपने आप में सम्मोहन पैदा करते हैं। बाँहों पर, सीने पर, पेट पर, कन्धों पर, पीठ पर एक-एक मांसपेशी रस्सियों की तरह बटी नजर आती

है। आमिर का सिर, कन्धा, हँसलियों की गठान, कन्धों का कसाव, सब मिलाकर ऐसा लगता है कि रस्सियों को बटकर किसी ग्रीको-रोमन देवता का पुतला बनाया गया हो, जिस पर एक पारदर्शी खाल चढ़ा दी गयी हो। यह 'डिजाइण्ड देह' की खाल पर मोटे पेन से उल्टी रोमन लिपि में कुछ नाम, कुछ तिथियाँ लिखी हैं। वे नायक ने ही लिखी हैं, क्योंकि वह 'शार्ट टाइम मेमरी' का शिकार है। वह सिर्फ पन्द्रह मिनट तक याद रख सकता है और उसके बाद एकदम भूल जाता है। इसीलिए वह सब कुछ अपनी देह पर लिखता जाता है ताकि उसे याद रहे। भूलने की यह बीमारी उस घटना से सम्बन्धित है, जिसमें एक खलनायक गजनी ने उसके सिर को क्रूरतापूर्वक एक एक्सिल से दो फाड़ कर दिया। वह बच गया। लेकिन उसका असर स्मृति भ्रंश के रूप में हुआ।

देह इस तरह एक पूरी कहानी है। एक बदले की कहानी है, जिसमें कुछ नम्बर और एक लड़की का नाम मोटे अक्षरों में गुदा है। सारी कहानी चिह्नों में चलती है। देह के सुडौल चिह्नों के बीच आमिर का सिर क्रूरता की कहानी है। आमिर उर्फ संजय सिंघानिया का सिर मुण्डा हुआ है, जिस पर दस-पाँच दिन के बाल हैं। उनके बीच एक गहरी माँग खुदी है जो उनकी खोपड़ी को दो-तिहाई और एक-तिहाई में बाँटती नजर आती है और इस तरह उसके सिर को फाड़े जाने की कहानी कहती रहती है। पुरानी फिल्मों में शेट्टी की गंजी खोपड़ी या शाकाल की गंजी खोपड़ी के खल चिह्नों से आगे इन दिनों चलन में आया घुटा-मुड़ा सिर, सिर की 'पंक' वादी परिभाषा भी करता है।

आम मध्यवर्गीय दर्शकों की रोजमर्रा की दुनिया में देखे जा सकने वाले चेहरों में यह चेहरा अलग और चौंकाने वाला लगता है। देह पूरा 'सन्देश' बन जाती है। मसल मैसेज बन जाती है। देह ही नायक बन जाती है। यह एक्शनवादी फिल्मों की दृश्यावली में, उनमें संचारित 'देह भाषा' में बड़ी शिफ्ट है।

आर्थिक मन्दी, आतंक और अराजक उन्माद के इस दौर में देह की ऐसी माचो परिभाषाएँ पढ़ने योग्य हैं। वे एक ताकत खोजते समाज को सम्बोधित हैं। अरसे से 'ये मेरा इण्डिया' वाला भाव जोर मार रहा है। छब्बीस-ग्यारह के बाद बिग ब्रदरली राष्ट्रवादी दादागीरी की एशियाई ख्वाहिशों के मध्यवर्गीय स्वामियों को ऐसे माचो चिह्नों की जरूरत है। पिछले दस साल से ऐसा हजार बार अनुभवाया गया है।

गजनी जिस देशकाल में दिखती है, उसमें रहता दर्शक अपने लिए जरूरी कुछ अर्थों के चिह्न ग्रहण करता है जैसे बलिष्ठ देह, अन्धी ताकत, बदला, बर्बरता, ठण्डी क्रूरता और जवाबी बर्बरता-क्रूरता। यह पदावली हमारे समाज और समय के

जीवन को परिभाषित करती है। छब्बीस-ग्यारह के बाद गजनी का 'सम्प्रेषण' उक्त चिह्नों को जरूरत और कामना में बदलता है।

इस फिल्म के रिकार्ड-तोड़ हिट होने में इसकी टाइमिंग और समाचार चैनलों ने महत्त्वपूर्ण भूमिका निभायी। 'एट पेक ऐब्स' की ताकत से एक घूँसे में तुरन्त ढेर करने वाले या एक ही ठोकर में आदमी के सिर को घृणा से फुटबॉल की तरह उलटे लुढ़काने वाले आमिर का स्लो मोशन में फ्रेम के बीचोंबीच दौड़ना बॉडी का नया संदेश है।

बॉडी को माध्यम बना दिया जाना फिल्म संचार की कला में नया नहीं है। नयी तो वह देह भाषा है जो इन बॉडीज में बनती है। ताकतवर देह को नायक बनाने की कला हॉलीवुड में परवान चढ़ती रही है। निकट अतीत में सिल्वेस्टर स्टलॉन की रॉकी सीरीज की फिल्में या आर्नल्ड स्वार्जनेगर की प्रीडेटर वन या टर्मीनेटर सीरीज वाली हिट फिल्मों में यह बॉडी ज्यादा दिखी है।

फिल्म विधा में देह संदेशों का वाहक होती है। देह अनन्त चिह्नों में अपने को व्यक्त करती रही है। यही चिह्न देह भाषा के अर्थ का मिश्रण करते हैं। अरसे से हिन्दी फिल्में देह को प्रमुखता देती रही हैं और हीरो हीरोइनों को मात्र एक देह में बदलती रही हैं। ऐसा ठीक-ठीक कब से हुआ, कहना मुश्किल है। सत्तर के दशक से पहले देह की माचो परिभाषा फिल्मों में नहीं दिखती थी। वह अधिकतम खलनायक बनते शेट्टी या बी ग्रेड की दारासिंही फिल्मों में ही थी।

सत्तर के दशक में धर्मेन्द्र को माचो हीरो कहा जाता था। अमिताभ एक्शन रोल करके भी ऐसी बॉडी नहीं बना पाये। सत्तर के बाद माचो का प्रवेश अगर होता है तो उसके बीज सत्तर के दिनों के आसपास होने चाहिए। नक्सलवाड़ी के बाद और आपातकाल के पूर्व के दिन एंग्री यंगमैन के बनने के दिन थे, जिसे अमिताभ ने व्यक्त किया। लेकिन बलिष्ठ देह के जरिये नहीं, कहानी के जरिये। इससे पहले धर्मेन्द्र ने 'फूल और पत्थर' में जरूर अपनी मछलियों का प्रदर्शन किया। लेकिन आज के सिक्स पेक एब्स के मकाबले वे हास्यास्पद नजर आती हैं।

हम अपने जिस देशकाल में देशभाषा को बनता पा रहे हैं, वह स्वयं एक 'चरम दृश्यमान काल' है। आज की दृश्यमानता चौबीस घण्टे हरपल की साइबर दृश्यमानता है, जिसमें चिह्न देह को बनाते हुए सक्रिय, लेकिन बहुत आजाद होते हैं और उनके अर्थ अति सक्रिय होते हैं। यह देह एक साइबर जगत् बनाती है और यहाँ एक बड़ी संरचनात्मक परेशानी पैदा होती है यानी कि हम देह के जिस जादू में बँधे होते हैं उसकी प्रकार्यता निस्सीम हो जाती है।

यहाँ से आगे हमें देह के राजनीतिक अर्थशास्त्र पर आना होगा। गजनी का नायक संजय सिंघानिया ब्रिटेन की एक बड़ी कम्यूनिकेशन कम्पनी का सीईओ है और भारत में एअरटेल जैसी बड़ी कम्पनी बनाना चाहता है। उसकी सुडौल एट पेक एब्स वाली देह कम्पनी की देह की तरह ही है जो कि संचार क्रान्ति में पुष्ट हो रही है। गजनी धर्मात्मा फार्मास्यूटीकल के धन्धे के नाम पर मेडिकल माफिया का काम करता है। गाँवों के बच्चों-बच्चियों को उड़ाता है और किडनी निकालकर बेचता है। बाद में बच्चियों को देह व्यापार में धकेल देता है।

नायक और खलनायक दोनों ही नये जमाने के कारीगर हैं। उनके बीच कमाई और क्रूरता का धागा तना है। दोनों जटिल सम्बन्धों में एक दूसरे के सामने हैं। गजनी एक तमिल फिल्म का बेहतरीन रिमेक है। इसमें दो हॉलीवुडीय फिल्मों का असर भी दिखता है। 'प्रिजन ब्रेक' के नायक वेंटवर्थ मिलर का 'मेकअप' दिखता है। मिलर भी ऐसी ही फटी खोपड़ी वाला है। फिल्म 'मोमेण्टो' के नायक का स्मृति भ्रंश इसी तरह का है। उसे भी ज्यादा देर अपना किया–धरा, यहाँ तक कि की गयी हत्या तक याद नहीं रहती।

गजनी के नायक संजय सिंघानिया की माचो देह नयी पूँजी और नये विकास का चिह्न है, जो भूमण्डलीय है। वह ब्रिटेन में कम्पनी चलाता है। आर्थिक बल जिस तरह से उसके देसी प्रेम भाव से नहीं टकराता, उसी तरह उसकी बॉडी उसके काम की बारकी से नहीं टकराती। आईटी का धन्धा करने वाले ऐसी बॉडी नहीं बनाते फिरते।

इसीलिए यह देह नायक के कर्मक्षेत्र की प्रतिनिधि नहीं लगती। उसे किसी और ने बनाया लगता है। नयी वैश्विक पूँजी अपनी ताकत और अपनी देह अपने भीतर नहीं रखती। वह अपनी ताकत को दूसरे में रूपान्तरित करती रहती है। मसलन वह सेंसेक्स के आँकड़ों में या नकली देशभक्ति के उन्माद में, तुरन्ता बदलाखोरी में या कि डिजाइण्ड बॉडी में अपनी ताकत को स्थानान्तरित करती रहती है। इन दिनों मॉडलों से लेकर नये धनकुबेरों का डिजाइण्ड बॉडी-प्रेम तुरन्ता पूँजी की ताकत के स्थानान्तरण का गवाह है। नायक के वैश्विक होने के बावजूद उसमें देसी प्रेम तत्त्व भी रहता है, जिसकी वजह से यह बॉडी अन्ततः विभक्त हो जाती है। प्रेमिका के लिए ही उसकी खोपड़ी फटती है।

इस बॉडी में स्मृति नहीं ठहरती। स्मृति का लोप नये समय की विशेषता है। नयी पूँजी में भी स्मृति-विहीनता है और आसन्न किस्म की तुरन्तता है। वह अपना अतीत किसी रागात्मक वृत्तान्त में नहीं कहती बल्कि आँकड़ों में, चिह्नों में

कहती है। चिह्नों को लिखने के लिए नायक की देह कम्प्यूटर स्क्रीन की तरह काम करती है।

देह को कम्प्यूटर में पड़ी उसकी किसी निजी फाइल की तरह बना दिया जाता है, जिसमें आँकड़े भरे हैं। ये याद दिलाते रहते हैं कि कब क्या हुआ और कब क्या करना है? चिह्नों पर निर्भरता का रूपक विस्तार से देखना हो तो नायक के संग रहने वाले कैमरे और घर में लगी हर जगह की चिटों को देखें। भूलने पर उसे ये चिटें ही याद दिलाती हैं कि कब क्या करना है? यही उसका इतिहास है। पन्द्रह मिनट का इतिहास हर बार।

कहने की जरूरत नहीं कि यह नयी देह साइबर की चिह्न देह है, जो नये समय में बनी है और मन्दी के निराशावादी समय में ताकत को बेचती है। ये बॉडी को आदर्श बनाती है और स्मरण को आँकड़ों में बदलती है। कहा जा सकता है कि गजनी हमारे समय, समाज, हमारी देह और दिमाग की विभक्ति का रूपक है, जो मन्दी में इसलिए हिट हुआ है कि नये उभरे मध्यवर्ग को एक ताकतवर देह चाहिए, भले उसमें पन्द्रह मिनट भर स्मृति रह सकती हो।

8 जनवरी 2009

जय हो की जय जय

हॉलीवुड की 'बेनहर' को अब तक सर्वाधिक ऑस्कर मिले हैं। उसके बाद ग्यारह ऑस्कर लेने वाली फिल्म 'टाइटेनिक' का नम्बर आता है और अब कहें तो आठ ऑस्कर लेने वाली 'स्लमडॉग मिलिनेयर' का नम्बर आता है। फिल्मों के विश्व इतिहास में यह कोई मामूली घटना नहीं है।

मन्दी के इस दौर में 'स्लमडॉग' का 'मिलिनेयर' बनना, गरीब अभावग्रस्त जीवन में पल कर अमीरी की ओर दौड़ती जिद्दी कामनाओं से लबालब ग्लोबलीय निम्न वर्ग का परिचित रूपक है जो किसी सुखान्तिका की तरह कष्टकारी मगर प्रिय लगता है।

स्लमडॉग अपना रूपक आप है और सम्मानों ने उसके अन्तरंग रूपकों को और मजबूत कर दिया है। अब वह एक फिल्म भर नहीं, ग्लोबल मेट्रोकल्चर के निचले हाशियाकृत तबकों की जिजीविषा का अमिट रूपक है।

हर रूपक उसके निर्माण के सीमित बजट से ही शुरू हो जाता है। स्लमडॉग के निर्माण का बजट कुल तेरह मिलियन डॉलर रहा। इससे दस गुना स्लमडॉग की स्पर्धी फिल्म 'द क्यूरियस केस ऑफ बेंजामिन बर्टन' का रहा। स्लमडॉग का प्रचार भी बहुत कम रहा। स्पर्धी फिल्म के प्रचार के लिए ब्रेडपिट का दुनिया भर में प्रचार-दौरा ही कई मिलियन डॉलर का रहा। स्लमडॉग का पश्चिमी स्पर्धियों के मुकाबले प्रचार का कोई बड़ा बजट नहीं था।

स्लमडॉग की दूसरी स्पर्धात्मक सीमा उसमें किसी विश्वविख्यात स्टार कास्ट का न होना था। 'मिल्क' के लिए सर्वोत्तम अभिनेता के रूप में सम्मानित सान पेन या 'द रीडर' फिल्म में सर्वोत्तम अभिनेत्री के लिए सम्मानित केट विंसलेट या 'द डार्क नाइट' में सह-अभिनेता के लिए सम्मानित हीथ लेज और 'विकी क्रिस्टीना बार्सिलोना' फिल्म में सहअभिनेत्री के रूप में सम्मानित पेनीलोप क्रूज जैसे हॉलीवुड के बड़े जमे-जमाये नाम स्लमडॉग में नहीं थे। ले-देकर अनिल कपूर

और रहमान के नाम रहे जो कि बॉलीवुड में भी सलमान खान या शाहरूख या आमिर के बराबर नही माने जाते। बाकी नाम फ्रेडा या देव के रहे जो किसी भी मायने में अनिल कपूर या रहमान की ख्याति के नहीं थे।

तो भी स्लमडॉग आठ सम्मान ले गया। संगीतकार एआर रहमान को रिकार्ड दो सम्मान मिले। एक उनकी 'जय हो' कि धुन के लिए मिला, दूसरा सम्पूरन सिंह गुलजार के साथ इसी गीत के लिए मिला। साउण्ड मिक्सिंग के लिए रसूल पोकुट्टी को मिला। सवोत्तम फिल्म और सर्वोत्तम निर्देशक का सम्मान डेनी बॉयल को मिला। साथ ही सर्वोत्तम सम्पादन और सर्वोत्तम सिनेमेटोग्राफी के लिए भी स्लमडॉग ने बाजी मारी।

यह तो एक इतिहास ही है कि जिस फिल्म को इतने रिकार्डतोड़ सम्मान मिले वह भारतीय सिनेमाघरों में ठीक से चली नहीं। उसके हिन्दी संस्करण तक दिल्ली के सिनेमाघरों में एक दो सप्ताह में उतर गये।

स्लमडॉग के नायक जमाल की तरह ही फिल्म का भाग्य ही कहिए कि मडिया में उसकी चर्चा रही। भारत के अंग्रेजी मीडिया को इस फिल्म में कुछ खास बातें, कुछ खास कमियाँ, जरूर दिखीं। एक अंग्रेजी अखबार के समीक्षक ने इसे पाँच स्टार दिये, दूसरे ने भी कंजूसी नहीं की। हिन्दी वालों ने इसे ज्यादा भाव नहीं दिया। इससे ज्यादा तो 'ओए लकी ओए' से लेकर 'लक बाई चांस' को शाबाशियाँ मिलीं। ब्लॉगर्स में स्लमडॉग को लेकर बहसें छिड़ी रहीं।

स्लमडॉग इन बहसों में एक पॉपुलर फिल्मी रूपक की तरह उभरा। कुछ ने कहा की अंग्रेज हमारी शहरी गरीबी का प्रदर्शन कर रहे हैं, उसे बेच रहे हैं। दूसरे बोले कि यह ग्लोबल समय की ग्लोबल फिल्म है, इसका मुहावरा ग्लोबल है और गरीबी है तो यथार्थवादी सिनेमा का काम है उसे दिखाये। डेनी बॉयल ऐसे ही फिल्मकार हैं, जो यथार्थ दिखा रहे हैं। ज्यादातर बहसों की तरह ये बहसें भी शान्त हो गयीं। इस बीच गोल्डन ग्लोब में स्लमडॉग ने झण्डे गाड़ दिये। बाफ्टा सम्मानों को ले उड़ी।

इससे कई टीकाकार तो लगभग मान बैठे कि अब ऑस्कर लेने से कोई नहीं रोक सकता। इस चक्कर में स्लमडॉग को लेकर चली बहसें बदल गयीं। बॉलीवुड के कई लोग अपने दिल पर पत्थर रखकर बोले कि रहमान को मिल जाये यही हमारी कामना है। रहमान दो सम्मानों के लिए नामित हुए थे। दो नामांकन मिलें, और सम्मानित न हों, यह हो नहीं सकता। ऐसा मानकर कई लोग कहे जा रहे थे कि रहमान को तो मिलना ही है, बाकी देखें कि किसे मिलता है?

ऑस्कर सम्मानों की एक प्रक्रिया बतायी जाती है। कोई छह हजार फिल्म ज्ञानीजन अपने वोटों से फिल्मों को चयनित करते हैं। फिल्म कला की कई श्रेणियों के लिए अलग-अलग सम्मान दिये जाते हैं। कई स्तर पर चयन प्रक्रिया चलती है। ऑस्कर का अपना कर्मकाण्ड भी है। कुछ शर्तें भी हैं। 'एकेडेमी ऑफ मोशन पिक्चर्स ऑफ आर्ट्स ऐण्ड साइंसेज' यानी 'आमपाक्स' के सदस्य अपनी मति के अनुसार वोट देते हैं। इनकी वोटिंग को प्राइसवाटर हाउस कूपर नामक संस्था प्रमाणित करती है। इन वोटों को पटाने के लिए घेराबन्दी होती है। विज्ञापन-प्रचार अभियान चलाये जाते हैं। गुटबाजियाँ होती हैं। उनके दबाव होते हैं। दबाव बनाने के लिए ज्यादा समय न मिले, इसलिए इस बार ये प्रायः अप्रैल में दिये जाने वाले सम्मान फरवरी में ही सम्पन्न कराने की बात हुई। स्पर्धा में प्रवेश के लिए बड़ी बाधाएँ हैं। जब तक कोई फिल्म पिछले सालों में लॉस एंजिलिस की काउण्टी केलिफोर्निया में रिलीज नहीं हुई होती, तब तक वह स्पर्धा में आने के लिए अर्हता हासिल नहीं करती। जो ऑस्कर जीतता है, वह ऑस्कर की स्वर्ण मूर्ति का स्वामी नहीं बनता।

अगर कभी इस मूर्ति को बेचने की बात आती है तो उसे आमपाक्स को वापस मात्र एक डॉलर के दाम में बेचा जा सकता है। इस तरह से ऑस्कर सम्मान मूलतः किसी समिति, किसी क्लब या समूह के ही सम्मान हैं, लेकिन हॉलीवुड की ताकत और मीडिया हाइप के कारण वे विश्व मानक की तरह सामने आते हैं। ऑस्कर एक प्रकार से सिनेमेटोग्राफी का अमेरिकी हॉलीवुडीकरण भी करते हैं।

इस तरह सब सम्मानों की भाँति ये सम्मान भी सम्बद्ध समीक्षकों, वोटरों की निजी राय, रुचियों, मानकों के परिणाम और प्रतिबिम्ब होते हैं और वे दाता वर्ग की अभिरुचि के बारे में ही बताया करते हैं।

बहरहाल, ऑस्कर के अपने भाव हैं और उसके बिल्ले के अपने दाम हैं। एक बार उसका बिल्ला लग जाए तो फिल्म इतिहास में चली जाती है। जाहिर है कि मानकता के न्यूनतम समापवर्त्य यहाँ न होते होंगे और एक न्यूनतम उच्च मानकता सारे दन्द-फन्द के बावजूद बनती होगी। इसलिए मिले सम्मान अपने दिये जाने के साथ तर्क लेकर भी आते हैं। मसलन अगर स्लमडॉग की सिनेमेटोग्राफी के लिए एण्टनी डॉड मेण्टल को सम्मानित किया गया है तो उनके कैमरा वर्क और समूची फिल्म को एक नयी परिभाषा देने वाले विजुअल्स के लिए चुना गया है।

फिल्म देखने से सिनेमेटोग्राफी के कुछ नये चिह्न महसूस होते हैं। वे फ्रेम को सिर्फ अपनी नजर से परिभाषित नहीं करते, वे उसी दृश्य में और उसी दृश्य से

बाहर उससे सम्बद्ध किसी मामूली से पात्र या किसी चीज की नजर से उसी अनकट दृश्य में पैन कर फिर उसे भी एक गति में खींचकर दृश्य की समग्र भाषिक संरचना को बनाते हैं। कैमरे के लिए अभिनेता के शरीर, पूरे दृश्य में उसकी उपस्थिति और अन्य की उपस्थिति ऐसे अनन्त चिह्नों की श्रृंखला रचा करते हैं कि उनमें से उसे अपने फ्रेम के लिए कुछ न कुछ चुनकर ही अपना काम करना होता है।

स्लमडॉग स्लम की कहानी है। एक बच्चे के भीषण जगत् की कहानी है, जिसमें आखिरकार बच्चे की जिजीविषा की जीत होती है। यह मेट्रो के ग्लोबलीय जगत् में कमजोर, मगर अड़ियल समझदारी की कहानी है, जो स्लम बालक से करोड़पति तक की यात्रा करती है। यह मेट्रो महानगर के स्लमीकरण की कहानी है। यह गरीबी को सन्दर्भ बनाती है। दरिद्रता, अभाव, अपराध, नृशंसता और उस सबके शिकार होने और फिर कुछ अक्लमन्दी, कुछ भाग्य के भरोसे मारे जाने से ऐन पहले कमजोर शिकार के बच निकलने की कहानी है।

जमाल उसका ऐसा चरित्र है जो हर स्लम में हर कहीं मिल सकता है। वह दिल्ली, कोलकाता, चेन्नई, पेरिस के आसपास की उपनगरियों में मिल सकता है। हाँ, उसके जैसा भाग्य हरेक का नहीं होता, मगर आकांक्षाएँ एक जैसी होती हैं।

गरीबी और अमीरी आज के ग्लोबल शहरों में ऐन एक दूसरे के आमने-सामने तीखी समक्षता में होती हैं। एक दूसरे पर निर्भर, मगर समाज प्रशासन की संरचना में अलग रह कर भी उनके परस्पर संवाद होते हैं।

जमाल जब अपने स्लम—जो मुख्य रूप से मुम्बई की धारावी है, जो अन्य तमाम स्लम बस्तियों का साकल्य-सा है—से अपने अतिचारी से बचकर किसी तरह भाग निकलता है और एक कॉल सेण्टर के पास चाय देने वाले छोकरे का काम करने लगता है। तब उसका भाग्य अचानक जागता है। फिल्म कथा में ऐसे संयोग कथात्मक तरकीब की तरह हैं। कॉल सेण्टर वाला अचानक कहीं जाता है और उसे अटेण्ड करने को कह जाता है, जहाँ से वह करोड़पति कण्टेस्ट की यात्रा करता जाता है।

करोड़पति की उसकी यात्रा में उसकी जिन्दगी के अपने अनुभव काम आते हैं। वह कठिनतम सवालों के जवाब भी अपने अनुभव संयोगों के आधार पर देता है और जीतता जाता है। खोने को कुछ नहीं, पाने को मानो जहान पड़ा है—यह भाव उसे तब भी विचलित नहीं कर पाता जब एंकर अनिल कपूर उसे एक सवाल का गलत जवाब सुझा कर गलती करने के लिए उकसाता है और जब गुमानी

मध्यवर्गीय एंकर को उसकी हैसियत और अक्लमन्दी के बीच कोई घपला-सा नजर आता है तो उसे वह फ्रॉड कहता है और पुलिस के हवाले कर देता है, जहाँ वह अपनी जिन्दगी के अनुभवों से मिली सूनाओं को ही अपना शस्त्र बनाता है। एक जिद, एक तलछटिया जीवन की दुर्धर्षता और अपने होने का किंचित भरोसा उसे किसी भी बहुत पढ़े-लिखे मध्यवर्गीय से अलग कर एकदम सबाल्टर्न निम्नजीवी बना देता है जो अपनी कहानी आप लिखता है। डेनी बॉयल ने इसी को पकड़ा है।

यह फिल्म हमारे महानगरों के शहरीकरण और स्लमीकरण के बीच की कहानी कहती है। ग्लोबलाइजेशन में स्लमीकरण तेज हुआ है। पैसे वाले शहरी की छानन, फटकन और उतरन से जी रहे और उसके सुखोन्मादी विलासोन्मत्त जीवन से गिर जाने वाले बहुत कुछ उपयोगी सामान के कूड़ा-कबाड़ से बनता जीवन अनन्त अचानकताओं और अवसरों से भरा होता है।

यही है, जिसमें चांस लिया जाता है और जमाल की लिटिल हीरोइक्स यही है कि वह स्थितियों में बहते हुए अचानक अपने विमर्श को जगाकर छलाँगें लगाता है। उसकी आकांक्षा एक कठिन भीषण कविता है। यह इतनी पास-पास होती है कि कभी लिखी नहीं जाती, कही नहीं जाती। अगर कही जाती है तो 'अग्निपथ' की या 'दीवार' की या 'जंजीर' की हो जाती है, जिसमें बदले की कहानी अन्ततः विरेचन करती है, या 'सत्या' या 'डी कम्पनी' की कहानी माफिया के संजाल और फसाव की बड़ी कहानी बन जाती है। स्लम का स्लमीकरण उसकी गन्दगी, उसकी अपराधी दुनिया और उस सब में भी किसी तरह जी सकने वाले बच्चे, नगर में दंगे और माँ खो खोते बच्चे, अनाथ फिर से अपनी दुनिया बनाते हैं। इसलिए यह कहानी विरेचन की नहीं है, आकाँक्षा के एकाग्र पोषण की है।

यहाँ मध्यवर्गीय नैतिकताएँ नहीं रहतीं। न करुणा माँगती प्रार्थनाएँ। यहाँ जीवन की धार पर जीना होता है, इसीलिए हर फ्रेम एक उत्कटता लिये जीवन का होता है। वह प्रामाणिक होता है। संयोगों के बावजूद यही स्लमडॉग का यथार्थ है।

इसीलिए उसे मध्यवर्ग नहीं झेल सकता। नहीं देख सकता। क्योंकि वह डरता है। क्योंकि मन्दी में कोई भी एक झटका उसे नीचे किसी स्लम में ले जा सकता है। इस मायने में फिल्म बेहद तीखेपन से बेहद तीव्र गति से सम्भावित स्लमीकण का अहसास भी कराती है। लेकिन जमाल की तरह 'जय हो' गाती है। उसकी पटकथा को सम्मान इसीलिए मिला है कि वह अलग ढंग की उत्तर-आधुनिक-सी कहानी है जहाँ ग्लोबल इच्छाधारी जीवन के साक्षात हाशिये समक्ष किये गये हैं। ऐसी फिल्म की बिना आस्कर भी 'जय हो' की जा सकती है।

25 फरवरी 2009

भारत एक और खोज

राहुल गाँधी भारत यात्रा पर निकल पड़े हैं। वे घूम रहे हैं। उन्हें देखने, उनके नजदीक आने के लिए लोग लालायित रहते हैं। उनकी गाड़ी के चारों ओर भीड़ हो जाती है। सुरक्षा का घेरा रहता है। लोग एक झलक लेने के लिए बेताब-से दिखते हैं।

उनकी यात्रा अच्छी लगती है कि चलो ये युवा लोगों से मिलने की बात तो कर रहा है। मगर यही बात डराने वाली लगती है। राहुल के दुश्मन भी कम नहीं। आतंकवादी घात लगा सकते हैं। ऐसे में उनका यों निकलना बड़ा जोखिम भरा लगता है। तो भी हिम्मत करके वे निकल पड़े हैं। वे साहसी हैं। उनकी रक्षा हो।

राहुल जहाँ जाते हैं नया भारत खुलता जाता है। वे कभी कांग्रेस के भीतर के अनुभव को लेकर बोल उठते हैं कि दलों के भीतर जनतंत्र नहीं है। वे राजनीति के युवा चेहरे हैं। देश में उनसे आइडेण्टिफाई कर सकने वाला युवा वर्ग मौजूद है। वे युवक हृदय सम्राट बनने की तमन्ना रखते हैं। उनके जैसे युवा कई सांसद हैं जो उनके मित्र हैं। उनकी टीम में हैं। राहुल की तरह वे भी हाईफाई स्कूलों में अंग्रेजी में दीक्षित हुए हैं। इन सबके लिए भारत शायद एक पहेली है। अपनी-अपनी समझ है। कोई भी समाज, कोई भी देश पूरी तरह कब समझ में आता है? हाँ निकलने से जन-सम्पर्क अच्छा होता है। कांग्रेस जैसे दलों को जनाधार बढ़ाने में मदद मिल सकती है। राहुल की यात्रा का अन्ततः एक राजनीतिक अर्थ ही सम्भव है।

एक बार गाँधी जी ने भी भारत खोजा था। भारत की जनता की तकलीफ जानने के लिए भारत भर का दौरा किया। इस यात्रा ने उन्हें एकदम बदल डाला। जब उन्होंने नंगे, भूखे लोग देखे तो अपने अतिरिक्त कपड़े तत्क्षण त्याग दिये और आजीवन सिर्फ धोती में रहे। उन्होंने अपने को किसान से जोड़ लिया। किसानों ने उनसे अपने को जोड़ लिया।

एक भारत की खोज कभी नेहरू जी ने भी की थी। उनकी प्रसिद्ध किताब 'द डिस्कवरी ऑफ इण्डिया' आज भी उनकी मेधा की पहचान है। वे भारत के

इतिहास की लम्बी यात्रा करते हैं। उसे लिखते बनाते हैं और तात्कालीन अंग्रेजी इतिहासों से अलग भारत की पहचान के अपने चिह्न स्थापित करते हैं। एक अच्छी किताब के रूप में आज भी वह पढ़ी-पढ़ायी जाती है।

सब जानते हैं कि नेहरू जी राहुल जी के पड़-नाना रहे। खूब पढ़े-लिखे ज्ञानी ध्यानी रहे। समाजवादी सोवियत क्रान्ति के विचारों से किसी हद तक प्रभावित रहे। कांग्रेस को सत्ता दिलाने वाले रहे। आजादी के बाद भारत के आधुनिकीकरण के जनक रहे। आज का जो भी भारत है, उसके निर्माण में नेहरू की केन्द्रीय भूमिका को भुला पाना सम्भव ही नहीं है।

राहुल जी के पास क्या है? ससम्मान कहें कि किसी को नहीं मालूम कि उनकी विचारधारा क्या है? दुनिया को देखने का नजरिया क्या है? वे जिस पीढ़ी के हैं, वह ग्लोबलाइजेशन, मुक्त अर्थव्यवस्था को स्वीकार कर आगे बढ़ने वाली है। वे प्रबन्धात्मक क्रान्ति के नजरिये से इस दुनिया को देख सकते हैं और समस्याओं के सुप्रबन्धन को एकमात्र हल की तरह देख सकते हैं। ऐसे में उन्हें कौन-सा भारत मिलेगा? वे किस भारत की तलाश में निकले हैं? प्रबन्धात्मक क्रान्ति ने आँकड़ों और विश्लेषण के जरिये हर समस्या का हल निकाल रखा है। उसके लिए घूमने की जरूरत नहीं।

तब वे किस भारत की तलाश में निकले हैं? अगले चुनाव या उससे अगले के लिए कांग्रेस पार्टी को तैयार करने के इरादे से निकले हैं?

अन्ततः उनकी यात्रा राजनीतिक ही ठहरती है। यह भी बुरा नहीं। कांग्रेस में कोई तो है जो जमीन की ओर लौटा है। हर यात्रा, हर जनसम्पर्क आदमी को बदलता है। राहुल भी बदल सकते हैं। सन्देह का इतना लाभ तो उन्हें देना ही होगा। देखना होगा कि यात्रा में उन्हें क्या किसी नये भारत का सपना मिलता है?

30 मार्च 2008

नरेन्द्र का म्यूजिक सिस्टम

छत्तीसगढ़ के दन्तेवाड़ा इलाके में माओवादियों द्वारा जाल बिछाकर सीआरपीएफ के बलों को घेरकर मारने की घटना जिस तरह से प्रस्तुत हुई है, जिस तरह से उसके ब्यौरे सामने आये हैं और चित्र आये हैं, उनमें एक सामाजिक-सांस्कृतिक दर्द कराहता है जो कहता है समस्या की राजनीतिक-आर्थिक प्रस्थापनाओं के अलावा कुछ सांस्कृतिक प्रस्थापनाएँ भी हैं, जो ध्यान चाहती हैं।

इस घटना के चित्र-रिपोर्ताज कम नजर आये हैं। वही स्टाक चित्र हैं। एक गाड़ी है जो सुरंगों के धमाके की गिरफ्त में आयी और अब चिथड़े-चिथड़े पड़ी है। कुछ जवानों की लाशें पुलिस कर्मचारी स्ट्रेचर पर लिये जाते हैं। तिरंगे में लिपटे कफन हैं। अफसर हैं। शोकाकुल परिवारी जन हैं। बिलखती माताएँ-बहुएँ हैं।

हमले की सारी कथा एक दयनीय बिलखती कथा की तरह बनी है। इस कथा में माओवादी अगर दुर्जेय नहीं तो दुर्दमनीय अवश्य नजर आते हैं और स्थानीय प्रशासन से लेकर केन्द्र सरकार तक दयनीय नजर आते हैं। पुलिस बल अरक्षित, निरीह नजर आते हैं। मीडिया में उपलब्ध रिपोर्टों और दृश्यों में माओवादी संगठनों की 'रण कुशलता' के बरक्स सुरक्षा बलों का अनाड़ीपन बार-बार स्पष्ट होता है।

बाद की सारी बातें, ज्ञानियों के सारे मत-अभिमत इस मीडिया द्वारा उपलब्ध कराये जगत से पैदा होते हैं। इसे इस तरह भी देखा जा सकता है कि ये बहसें, सलाहें उनकी ओर से आ रही हैं जो मेट्रो-जन हैं, सोशल हैं, उदार बुद्धिजीवी हैं और जो प्रायः अपने उदारतावाद के चलते एक सिविल सोसाइटी और सिविल स्पेस की बात करते हैं। सामाजिक अन्याय के बरक्स सामाजिक न्याय को तरहीज देते हैं और इतने रेडिकल हैं कि हर अन्याय के लिए सरकार को या निजी क्षेत्र को जिम्मेदार मानते हैं।

इन विचारकों के बीच माओवादी ही नजर आते हैं। उनके हमदर्द नजर आते हैं। अपनी विफलताओं के लिए सफाई देता सरकारी पक्ष नजर आता है और

माओवाद विराधी राष्ट्रवादी नजर आते हैं, जो सीधे समग्र सैनिक कार्रवाई की बात करते हैं।

इन सब बातों की बड़ी सीमा यह नजर आती है कि इन सब में आदिवासी कहीं नहीं हैं। उनके प्रतिनिधि किसी स्थानीय संगठन के, किसी एनजीओ के प्रतिनिधि होते हैं। आप चाहते होते हैं कि कोई धुर आदिवासी तो होता जो कुछ कहता। आदिवासियों के दिल में क्या है, यह पता तो चलता।

इन खबरों में, इन बहसों में असली आदिवासी कहीं नहीं हैं। पूरे देश में तीन करोड़ से ज्यादा आदिवासी बताये जाते हैं। माओवादी आदिवासियों के तरफदार बन कर हिंसा करते हैं। उधर सरकारें उनकी तरफदार बनकर प्रशासन करना चाहती हैं, लेकिन उनका प्रतिनिधित्व नहीं है। मीडिया और ज्ञान-चर्चाओं में उनमें से एक नजर नहीं आता। आदिवासी अपने प्रतिनिधि स्वयं नहीं हैं। आदिवासी एक कटा हुआ और काटा हुआ यथार्थ हैं।

जिस यथार्थ को इस कदर किनारे कर दिया गया हो उसमें माओवाद ने जगह बनायी है। मेट्रोकृत, ग्लोबलित दिखाऊ दिमागों की दुनिया में ये किनारे कभी मुख्यधारा नहीं बनते। कभी-कभी तो लगता है कि हम मेट्रो जनों की बहसें नहीं देख रहे, 'इस जंगल से मुझे बचाओ' नामक रीयलिटी शो देख रहे हैं।

आदिवासी जीवन से शहरी जीवन की दूरियाँ लगातार बनी हुई हैं। समकालीन अस्मितामूलक विमर्शों के चलते साहित्य में आदिवासी जीवन के कुछ पहलू मुख्यधारा में बौद्धिकों के सामने उजागर हुए हैं। आदिवासी जनजीवन के यथार्थ की झलक कहानी-उपन्यासों में दिखी है। हिन्दी में संजीव का 'जंगल यहाँ से शुरू होता है' किसी हद तक जाता है। अन्यत्र साहित्य में यह सब बहुत-बहुत कम है। यह कितना भयानक अहसास है कि आदिवासी यथार्थ ज्ञानानुभव का, रचना का वैसा विषय नहीं बना है जैसा गाँव बना है, शहर बना है।

माओवादियों से चौंकते हुए उनके एक्शन की खबर लेते मीडिया के लोगों का रोमांचकारी भाव उसी तरह का है जिस तरह का भाव 'इस जंगल से मुझे बचाओ' में आये पात्रों का था। जरा-जरा सी तकलीफ बनती थी और उसे चीख-चिल्लाकर बताया जाता था, मानो जान जाने वाली हो। कोई सुन्दरी साँपों के बीच है और चीख रही है। किसी के चेहरे पर कीड़े चढ़ रहे हैं, वह रो रही है। किसी के शरीर पर बिच्छू रेंग रहे हैं, वह चिल्ला रही है।

'जंगल' शब्द असभ्यता और डरावनेपन का चिह्न बनकर आता था। यह अंग्रेजों का 'जंगल का बेटा टार्जन' वाला सभ्यतावाद है, जो जंगल को खतरनाक

रूप में और इस तरह उसे साफ करने योग्य बनाकर पेश करता रहा है। आदिवासी यथार्थ को जंगल का यथार्थ मानकर चला जाता है। यह शहरी सोच उपनिवेशवाद है। आदिवासी अंचल शहरों के 'उपनिवेश' हैं। वहाँ की प्रकृति रोमांचक है।

इन दिनों की सारी भद्र जन बातें-बहसें तब तक मध्यवर्ग के लिए पाँच मिनटीय विचार का विषय बनती हैं, जब तक मीडिया में रहती हैं। ज्यों ही मुख्यधारा का मीडिया अपनी 'मुख्य कहानी' बदलता है, लोगों की मुख्य कहानी भी बदल जाती है। मीडिया हमारी नित्य कथाओं को कण्ट्रोल करता है। माओवाद की कथा भी इसी तरह से निपटेगी। तो भी मीडिया अपनी सीमित और चालू बाइटों में कुछ सार्थक भी दे जाता है जिसे नजरअन्दाज नहीं किया जा सकता।

मीडिया ने जितना और जिस तरह से दन्तेवाड़ा को बनाया है, उसका एक मानवीय, संवेदनात्मक पक्ष भी है। दन्तेवाड़ा के संहार के सन्दर्भ में बहुत-सी बिखरी कथाओं के बीच यहाँ हम दो चित्रों की कथाओं को समझने की कोशिश करेंगे, क्योंकि वे ऐसी दीनता की कथाएँ हैं जो हर सूरत में उपेक्षित कर दी जानी हैं। याद रहे ये चित्र हैं जो विचार की तरह सामने आते हैं।

अंग्रेजी अखबार (हिन्दुस्तान टाइम्स) के आठ अप्रैल के अंक के बीच के पृष्ठों पर कई चित्र छपे हैं, जिनमें एक चित्र यों है : तीन औरतें एक छप्पर के नीचे कच्ची जमीन पर तीन बच्चों के साथ बैठी हैं। तीनों बच्चे अपनी-अपनी माँ के नजदीक हैं। उनके गहरे श्याम शरीरों पर काई कपड़ा नहीं है। माताओं के शरीरों पर एक छोटा-सा कपड़ा है जो उनके शरीर को किसी तरह से ढंक रहा है। काली साँवली सी वे दुबली औरतें कैमरे से नजरें नहीं मिलातीं। उनके मन में कैमरे के प्रति उपेक्षा का भाव साफ है। एक बच्चा 'टुकुर-टुकुर कैमरे की ओर ताक रहा है। एक औरत के आगे एक टोकरी औंधी पड़ी है और नीचे जमीन पर कुछ छिलके-सा पड़ा है। चित्र में खामोश निराशा पसरी है। इसके संग छपी कहानी बताती है कि यह चिन्तलनार गाँव का एक घर है, जिसमें एक मर्द नहीं है। यह गाँव वही है जिसके पास की जगह पर नक्सलों ने पुलिस बलों पर हमला किया था।

रिपोर्टर बताता है कि गाँव के लोग बहिरागतों को सन्देह की नजर से देखते हैं, पत्रकार लोग जब उनसे बात करते हैं तो वे हकबका कर उनसे पूछते हैं : आप कौन हैं? आप यहाँ क्यों आये हैं? आप सवाल क्यों पूछ रहे हैं? क्या आपको पुलिस ने भेजा है? इस नक्सल एक्शन के बाद उन्हें डर है, अब पुलिस आयेगी, घरों को उजाड़ेगी, माओवादियों के बारे में खबरें इकट्ठा करेगी। चिन्तलनार हो या चिन्तागुफा या पोलमपल्ली, इन गाँवों के लोग किसी से बात नहीं करना चाहते। वे

डरे हुए हैं। पुलिस बलों के सम्भव अतिचार से ज्यादा डरे हुए हैं...

दूसरे चित्र की कथा इस प्रकार है। इण्डियन एक्सप्रेस (आठ अप्रैल) में एक बड़ा-सा चित्र छपा है जो गाजियाबाद के गाँव महमदपुर में रहने वाले नरेन्द्र की पत्नी सरोज का क्लोजअप है। वह अपने गोद के बच्चे की ओर देखते हुए जार-जार रो रही है। गोद में उसका बच्चा उससे भी ज्यादा दहाड़ मारकर रो रहा है। वह अट्ठाईस साल के सीआरपीएफ के दन्तेवाड़ा में अभी मारे गये जवान नरेन्द्र की बीवी है।

तीन रोज पहले अपने भाई जिलेसिंह से वह बोल रहा था कि लौटकर घर को अच्छी ईंटों से बनवायेगा। घर का मुख्य दरवाजा बनवायेगा। घर के एक हिस्से को पक्का करेगा और अपने 'म्यूजिक सिस्टम' की मरम्मत करायेगा। यह नरेन्द्र अब नहीं आ सकता। वह दन्तेवाड़ा में माओवादियों के 'एम्बुश' में पचहत्तर जवानों के साथ मारा जा चुका है।

दोनों चित्रों की कहानी, कुछ भेद से, एक-सी है। चिन्तलनार के उस घर में कमजोर-गरीब औरतें और बच्चे हैं। बहुत सारी गरीबी है। अभाव है। नरेन्द्र के पास पक्का होने के लिए घर है। एक म्यूजिक सिस्टम है जिसे ठीक होना है। वह जंगल का सिस्टम ठीक करने गया है। जंगल का सिस्टम ठीक होता तो उसका म्यूजिक सिस्टम भी ठीक हो सकता था। एक सिस्टम ठीक नहीं है तो दूसरा कैसे ठीक हो।

गाजियाबाद के महमदपुर की सरोज का बच्चा भी नहीं जानता कि उसके पिता के संग क्या हुआ है? वह माँ को रोते देख बिलख उठा है या शायद उसे मालूम हो गया है कि वह अनाथ हो चुका है। कहते हैं न तीन साल तक बच्चे सबसे तीव्र संवेदनाघातों से ज्ञान ग्रहण करते हैं, भले उन्हें न कह सकें। और जब ऐसे बच्चे पूरी तरह जान चुकते हैं, तब कुछ जानने लायक नहीं रह जाता। क्या हमारी रिपोर्टों में, बहसों में इन हाहाकारी दर्दों का जिक्र है?

वे जो छिहत्तर बक्से छिहत्तर जवानों की लाशों को लेकर अपने पर तिरंगा रखे हैं, वे राज्य के हैं, लेकिन उनकी कहानी भी एक-सी है। गरीबी है जो जान की कीमत पर उन्हें दूर करनी थी और अब वह कोई और दूर करने की कोशिश करेगा, शायद इससे भी आसानी से जान देकर। वे राष्ट्र की हिफाजत करते मारे गये हैं। वे शहीद हुए हैं। उनके साहस को सलाम है। लेकिन उनके बाद के दर्द को भी सलाम है। क्या उनका दर्द आदिवासी के अभावों के कभी न कहे जाते दर्द से बाहर है?

इस दर्द की नियामक दो सत्ताएँ आमने-सामने हैं। राज्यसत्ता तब भी 'अकाउण्टेबल' है। माओवादी किसी के लिए 'अकाउण्टेबल' नहीं दिखते हैं। हिंसा-प्रतिहिंसा की ताकतों के ऐसे बीहड़ और नृशंस विमर्शों में क्या अधिक संवेदनशीलता से इसके बारे में नहीं सोचा जा सकता? ध्यान रहे कि यह 'इस जंगल से मुझे बचाओ' वाला 'रीयलिटी शो' नहीं है। इस शो की रीयलिटी रीयल में अभी तक अबूझ है।

माओ ने कभी कहा था : सत्ता बन्दूक की नली से निकलती है। लेकिन न तो हिन्दुस्तान सन् चालीस के बाद का है और न यहाँ कोई च्यांग काई शेक है। माओ के नाम पर किशनजी या उन्हीं जैसे कुछ हैं जो 'टीवी सावी' हैं। जो हर बार टीवी को अपनी बन्दूकमय पीठ देकर बात करते हैं और इस तरह इधर के चे ग्वेवारा की तरह अपनी एक छवि बनाना चाहते हैं। लेकिन साथी! यहाँ क्यूबा के तानाशाह, किसी बाटिस्टा का शासन भी तो नहीं है!

17 अप्रैल 2010

एक बेटी की जिद के मायने

प्रियंका जेल जाकर राजीव गाँधी की हत्या की अभियुक्त नलिनी श्रीहरण से मिलीं। वे अपने पिता की उस एकमात्र जिन्दा कातिल से मिलना चाहती थीं। उसे अदालत ने फाँसी की सजा दी थी। उसकी गुहार पर सोनिया गाँधी ने अपील की कि उसे फाँसी न दी जाए और अब वह आजीवन कारावास की सजा भुगत रही है। ऐसी कातिल से मिलना प्रियंका के लिए सबसे निर्मम और विकट क्षण रहा होगा।

अपनी राजनीति के गलाकाटपन में ऐसी बात भी राजनीतिक घटनाओं में बदली जा सकती है। उसके सहज मानवीय सन्दर्भ निर्ममता से परे किये जा सकते हैं। जिन दिनों राहुल गाँधी को पीएम पद के कैंडिडेट की तरह कांग्रेस के भीतर-बाहर से लांच किया जा रहा हो, उस वक्त इस तरह की मुलाकात को सांकेतिक घटना की तरह भी रखा जा सकता है। बहुत से लोग नेहरू-गाँधी परिवार के नाम से ही नाक-भौं सिकोड़ते हैं। वे अन्ध विरोध की माला जपते जीते हैं। वक्त की मार है कि इनकी संख्या अब क्षीणतर होती जा रही है। सभी नेताओं की सन्तानें उसी परिवारवाद के बल पर आगे आने लगी हैं, जिसके लिए नेहरू-गाँधी परिवार को निशाना बनाया जाता रहा है। ऐसे में प्रियंका का अचानक अपने पिता की कातिल से मिलने जाना कुछ मानवीय पहलुओं की ओर भी इशारा करता है। अन्ध विरोध के अन्ध बोध में भी इस घटना को कुछ नये ढंग से पढ़ा जाना चाहिए।

एक घण्टे की उस मुलाकात के विवरण ज्यादा नहीं आये हैं, लेकिन जो और जितना सामने आया है वह पीड़ित और कातिल के बीच कुछ बेहद उत्तेजक क्षणों का साक्षी है। ऐसे क्षण अपने तनाव में इतना तापमान लिये रहते हैं कि वे स्वयं एक्शन बन जाते हैं।

इतिहास ऐसे कातिलों और उनके शिकारों के आमने-सामने की घटनाओं से

भरा है। महाभारत तो ऐसी घटनाओं का ही है। रामायण भी है। मगर हर हत्या का एक नैतिक अर्थ भी है, जिसके महावृत्त में हर हत्या सत्य और धर्म के लिए सही ठहरती है। हत्या या हिंसा का औचित्य साबित होते ही हिंसक की हिंस्रता सही लगने लगती है और वह बेचैनी खत्म हो जाती है जो पूछती रहती है कि करने वाले ने ऐसा क्यों किया? जब तक तसल्लीबख्श यानी तर्कसंगत उत्तर नहीं मिलता, आदमी का मन भटकता है।

आहत प्रियंका का मन आकुल होगा। यह कानूनी भाषा से कुछ परे का अनुभव है, जिसे एक प्रकार के निजी सांस्कृतिक अनुभव की तरह ही बाँचा जा सकता है। यहाँ प्रियंका का वह अनजाना व्यक्तित्व उभरता है, जिसमें अनेक भाव आते-जाते हैं और मुलाकात के वक्त आते-जाते रहे होंगे और जिनका कोई पाठ हू-ब-हू नहीं हो सकता।

जो पाठ मीडिया में निकलकर आया है, वह तीन-चार छोटे सवालों और उतने ही संक्षिप्त जवाबों में सिमटा है।

तुमने मेरे पिता को पहली दफा कब देखा?

जब वे कार से उतर रहे थे।

धमाका क्यों हुआ?

इसका जवाब धनु ही जाने।

तुम इस सब में क्यों रही?

मैं बचपन से ही प्रेम की भूखी रही हूँ। मुझे जो प्यार करता, उसकी सारी बातें मान लेती।

ये सब क्यों किया?

मुरुगन अँधेरे में था। मैं भी अँधेरे में थी...

एकदम पास, आमने-सामने सवाल-जवाब का ये लोमहर्षक नैकट्य उस अन्तराल को खत्म कर देता है जो कहानी और उसे पढ़ने वाले के बीच बनता है। जब कर्ता ही बोले और भोक्ता सीधे सुने तो भला किस अन्तराल की बात रह जाती है?

दरअसल राजीव गाँधी की हत्या की कहानी की उत्तरकथा को इस तरह से मुकाबले में रखना और उसे जैन कमीशन के बाद अचानक खोल देना, याद दिला देना प्रियंका के निजी जिद्दी पाठ की ओर ध्यान खींचता है, जो इस कारण कभी नहीं पढ़ा जा सका क्योंकि प्रियंका उसी परिवार की बेटी है जिसके एक भले से आदमी को यों उड़ा दिया गया। राजनीतिक होड़ वाले समय में प्रियंका में एक

लड़की-एक बेटी का चेहरा नहीं पढ़ा जा सका। यों तो एक विधवा का दुख तक इस समाज ने नहीं पढ़ा, लेकिन एक बेटी के उस दुख को सिर्फ बेटी क्यों न याद रखे, जिसे सिर्फ वही जानती है। हिन्दुस्तान में जिन लड़कियों के सिर से पिता का साया उठ जाता है उनके अकेलेपन के बारे में उनके अलावा और कौन जान सकता है? माना कि प्रियंका एक असाधरण परिवार की बेटी है, तो क्या इस कारण उनका दुख फरेब माना जाए? प्रियंका की मुलाकात कहती है कि आप कुछ भी मानें, पिता के हत्यारे को जानना शायद एक बेहद जरूरी काम है। हत्यारे के उस उद्देश्य को सही-सही जानने से क्या हो सकता है? एक तोष मिल सकता है। यदि प्रियंका चाहें तो सारे काण्ड की एक निजी कथा कह सकती हैं। प्रियंका अकेली ऐसी हैं जो जैन कमीशन लगातार जाती रहीं और हर बात के नोट्स लेती रहीं।

यह एक स्त्री की जिद हो सकती है। एक बेटी की जिद हो सकती है। यही वह सांस्कृतिक आचरण है, जिसकी व्याख्या अपेक्षित है और जिसे सिर्फ इसलिए नहीं भुलाया जा सकता कि प्रियंका बड़े घर की बेटी है।

हिंसा का वर्गभेद, जातिभेद सम्भव है। उसी अनुपात में हर हिंसा एक पक्ष के लिए जायज और दूसरे के लिए नाजायज है। हत्यारे का भी एक पक्ष होता है। शिकार का पक्ष उसके विपरीत होता है। हर हत्याकाण्ड में चरम तनाव के बिन्दु उसके साथ खत्म नहीं हो जाते, बल्कि आगे तक बने रहते हैं।

हिंसा-प्रेमी होते जा रहे इस समय में यह देखना-सुनना चकित करता है कि प्रियंका अपने पिता के हत्यारे के ऐन पास बैठकर जब सवाल पूछ रही थी तो उनके मन की छटपटाहट वहाँ व्यक्त नहीं हो रही थी और चीजें बेहद सहज और सहनीय बना ली गयी थीं। बदले की भावना नहीं थी और यदि रही भी हो तो अन्तर्मुखी थी। उधर नलिनी का मन एक सहज गिरोही का मन रहा, जिसने नपे-तुले जवाब दिये, जिसका भाव भड़का नहीं।

यही बात इस बातचीत को यादगार बनाती है कि दो प्रतिपक्षी जब मिले तो टूट नहीं पड़े, बल्कि एक असहज विषय पर सहज बात की और हताशा के बरक्स तसल्ली का भाव बना।

इसके आगे क्या कहा जा सकता है? हाँ, प्रियंका के व्यक्तित्व के उस हिस्से को इस कहानी में जरूर पढ़ा जा सकता है जो इन्दिरा गाँधी के मिजाज से मेल खाता लगता है और जो भूलने के खिलाफ है।

18 अप्रैल 2008

मन्दी के मारे पप्पू वर्ग का चुनाव

मन्दी के दिनों में चुनाव भी मन्दा-सा नजर आता है। हर रोज चुनाव जिस तरह से बनाये जा रहे हैं, उसमें से जनता गायब नजर आती है और स्वनामधन्य नेता ज्यादा नजर आते हैं। जरायु नेताओं के गली छाप आरोप-प्रत्यारोप, वो कमजोर ये शहजोर की तकरारें, उनका भी दिल है जो आरोप-प्रत्यारोप से टूटता है वाली मुद्राएँ, अक्सर दिखायी देने वाले नेताओं को हास्यास्पद बनाता है। जनता इस 'तू-तू मैं-मैं' का आनन्द लेने लगी है। ऐसा लगता है मानो आर्थिक मन्दी में डेविड धवन की किसी मजाहिया लम्बी फिल्म के अखिल भारतीय स्तर पर सीन-दर-सीन चल रहे हैं।

इस चुनाव के मंगलाचरण में ही इस चुनावी नाट्य का उपसंहार कह दिया गया है। इस मायने में यह एक 'पूर्व घटित' कर दिया गया चुनाव है। दुनिया के सबसे बड़े लोकतंत्र और उसके सबसे बड़े चुनाव का परम्परागत रहस्य रोमांच, 'थ्रिल' गायब हो चला है। लगता है कि सबको सब कुछ ज्ञात है। 'कौन बनेगा करोड़पति' में आखिर तक रहस्य बना रहता था। यह चुनाव इतना भी क्रीड़ा-कौतुकी नहीं लगता कि जरा-सा रहस्यरस रहने दे। चुनाव की प्रकृति और उसकी प्रक्रियागत प्रस्थापनाओं में बड़ा फेर-बदल है, जो हो गया है।

इस मायने में यह चुनाव एक तरह से 'थोक में रीयलिटी शो' की तरह बन रहा है। सबका सबकुछ सबको ज्ञात है। जो कुछ 'अज्ञात' है, वह भी एक दिन ज्ञात होगा, इसका भरोसा है। ऐसा तात्त्विक यथार्थवाद है। इसलिए कोई आपाधापी और जल्दबाजी नहीं है, चुनाव का जुआरी-बाजार तक ठण्डा है।

इस चुनाव की यह लाक्षणिकता पठनीय है। यह एक तरल, 'हाइपर रीयल' चुनाव है जो जनता के नाम पर जनता से विच्छिन्न और मुक्त कर लिया गया है। इसका परिणाम यह है कि नेताओं के 'लेंहडे' हैं, लेकिन 'जनता' नहीं के बराबर है। सिर्फ नेता बोल रहे हैं और जो बोल रहे हैं वह गली छाप स्तर का है। जनता को नहीं बोलने दिया जा रहा है। जनता का अजनबीपन घृणा में बदल रहा है।

चप्पल-जूते चलाने के सीन इस उत्कट निजी अजनबियत का नतीजा हैं। मोदी, आडवाणी, सोनिया, राहुल सब सुरक्षित फासले पर जनता को रखते हैं। जो कुछ सीन नेता और जनता के मिक्स होते भी हैं। वे किसी सभा के पहले से लिये निश्चित स्टॉक शॉट की तरह नजर आते हैं।

टीवी पर बनने वाला चुनाव इसी तरह का बना-बनाया हुआ है, जिसको बनाने से पहले और बनाने के बाद चैनल, उनके रिपोर्टर-सम्पादक मोर्चों के मालिकों की नजरें-इनायत चाहते प्रतीत होते हैं। मीडिया की ऐसी बे-नाखून प्रस्तुतियाँ उनकी कल तक की उन्हीं की काट खाने वाली प्रस्तुतियों पर तमाचे की तरह पड़ती हैं। मीडिया की ऐसी मोर्चानुकूलता भी बाजारी मन्दी और राजनीतिक मन्दी की मारी लगती है।

चुनाव के सीन और रिपोर्टें गवाही देती हैं कि राजनीति और जनता के बीच एक नयी विच्छिन्नता बनी है जो जनता की उदासीनता का पर्याय नहीं है, बल्कि जनता और चुनाव के बीच दलों और नेताओं के बनाये जा रहे सम्बन्ध की निष्प्राणता का परिणाम है।

उम्मीद थी कि बहुदलीय बहुमोर्चे वाली वर्तमान प्रक्रिया जनता को अधिक सक्रिय कर उसे चयन में ज्यादा संख्या में खींचेगी। लेकिन ऐसा लगता है कि या तो दलबहुलता ने और मोर्चा-तरलता ने जनता को दिग्भ्रमित किया है या इस चुनाव ने जनता को 'सुनिश्चित वोट' में बदल कर उसे अपनी-अपनी वोट बैंक की लक्ष्मणरेखा में कैद कर लिया है कि वह स्वतःस्फूर्त पाले लाँघकर इधर-उधर कूदने-फाँदने से बाज आये! न कोई नयी भावनात्मक लहर उठे, न कोई किसी लहर की चपेट में आये। दल, उनके नेता अपने पीछे किसी निश्चित वोट बैंक को माल समझ कर अपनी दलील या मोर्चाई मालगाड़ी में डालकर अपने इच्छित स्टेशन पर उतारने के चक्कर में है।

पहले और दूसरे चरण के चुनाव में मतदान के प्रतिशत में शिथिलता देखी गयी है। इसमें गरम मौसम भी एक कारक है, लेकिन उतना बुनियादी कारक नहीं। पिछले चुनाव में ऐसा ही मौसम था। जनता सत्ता के ऐसे अति विखण्डन की आदी नहीं है। मन्दी में सुरक्षावादी प्रवृत्ति बढ़ती है। समकालीन विश्वव्यापी मन्दी के वातावरण में ऐसा सुस्त जन व्यवहार स्वाभाविक लगता है। वह अपने ही विखण्डन से डरती है।

पहले चरण का मतदान अट्ठावन से बासठ फीसदी बताया जा रहा है। दूसरे चरण का भी सुस्त रहा बताया जा रहा है, जो किसी मोर्चा-बहुल और दल-बहुल राजनीति के स्वभाव और उसके नियन्ताओं के लिए उत्साहजनक नहीं कहा जा

सकता है। इस चुनावी मन्दी ने उनके स्वर विनीत कर दिये हैं। मनमोहन जी चुनाव बाद के लिए अभी से विलम्बित लेफ्टी मधुर धुन सुनाने में लगे हैं और आडवाणी अन्य दलों के लिए गलीचा बिछाने में लगे हैं।

इस सन्दर्भ में तीसरे मोर्चे और उसमें अधिक मुखर वामपन्थी नेता अपेक्षाकृत खुश नजर आते हैं कि उनकी बात सच साबित हो रही है कि कोई एक दल या मोर्चा सत्ता नहीं बना सकता। लेकिन बहुत जल्द वे भी अपने सही होने के अभियान को पिघलता पा सकते हैं। उन्हें सबसे ज्यादा अपने दम्भ की ऊँची अटारी से नीचे आना है।

सब जानते हैं कि सब कुछ परिणाम आने के बाद तय होना है। सारे नारे सारी हुंकारें-फुंकारें और तेवर परिणामों के बाद के हिसाब से तय होने हैं। इस तरह यह चुनाव जनता से ज्यादा 'उत्तर चुनाव-प्रबन्धन' की प्रक्रिया बन उठा है। यह पहला चुनाव है जिसमें सब कुछ इस कदर खुला है कि असरवाद एक विचारधारा की तरह सर्वत्र उपलब्ध है। सब कह रहे हैं कि सबके विकल्प खुले हैं। 'विकल्प' यानी ऑप्शन, यानी सौदेबाजी। ऐसा पटरी बाजारू चुनाव कौन-सा था कि सब कुछ का सौदा खुले में होने वाला हो?

इस चुनाव को लेकर राजनीति-चिन्तक भी ज्यादा सिर नहीं खपा रहे। कल तक सक्रिय 'थिंक टैंक' खामोश हैं। वे भावी के 'कारकों' पर माथापच्ची नहीं कर रहे। अत्यधिक व्यंजित कर दिया गया चुनाव ऐसी मनहूसियत फैलाता है कि विश्लेषण का आनन्द तक नहीं लेने देता।

विश्लेषक इन दिनों चुनाव विशेषज्ञों की आधे घण्टे की चर्चाओं के पर्याय हैं। अब तक के आये चुनाव विश्लेषण आँकड़ों को गोटी की तरह खेलते हुए बताते रहते हैं कि अगर 'ये-ये-ये' इधर या उधर बैठ गये तो 'ये' होगा, वरना 'वो-वो-वो' होगा। इस अतिचंचल राजनीतिक भविष्य में कुछ भी कहना जोखिम का काम है। हालत यह है कि 'सब 'सबके लिए सही' कहना चाहते हैं और इसलिए तरलता के आगे मौन हैं। कोई दाँव नहीं लगा पा रहा कि पीएम कौन होगा? चर्चा का मुख्य बिन्दु 'पीएम कौन' बन चला है। बातें अगले पीएम की 'असम्भव सम्भावनाओं' या 'सम्भव असम्भावनाओं' की होती हैं। एकदलीय बहुमत की बात विदा हो चुकी है। चर्चा में आने वाली यह शिफ्ट बताती है कि बहुदलीयता और बहुमोर्चा में 'दल' पीछे चले गये हैं। दलीय नेता की जगह व्यक्ति पीएम आगे आ गये हैं। यह संसदीयता का नया मुहावरा है। दल की जगह पीएम की चर्चा ने ले ली है।

इस चुनाव के दो प्रिय चर्चा-बिन्दु हैं। एक यह कि राष्ट्रीय की जगह स्थानीय शक्तियों की ओर झुका चुनाव है और इसमें भारत की सांस्कृतिक अस्मिता

बहुलता व्यक्त हो रही है। जनतंत्र का असली रंग-बिरंगापन नजर आता है और सत्ता केन्द्रण से अपसारित होकर हाशिये की ओर आ रही है। कह सकते हैं कि यह प्रक्रिया उत्तर-आधुनिक विखण्डनात्मक प्रक्रिया ही है। यह अनेकता में से भी 'अनेकता' का चुनाव है। बहु-दलत्व के बीच बहु-दलत्व का वरण है।

दूसरा यह कि यह चुनाव विचारधारात्मक न होकर हिसाब-किताब केन्द्रित है। नेताओं और दलों के व्यवहारवाद से बन रहा है। इसलिए परिणाम में अकथनीय है और तरल है।

लगने को तो ये दोनों लक्षण ठीक लगते हैं, लेकिन ये लक्षण किस कारण पैदा हुए, इसे समझने के लिए इसके कारकों पर विचार किया जाना ज़रूरी है। क्या इस चुनाव में सिर्फ क्षेत्रीय अस्मिताओं की एकल भूमिका है? अगर हाँ, तो उनकी सत्तात्मक भूमिका कैसी हो सकती है? उनके सत्तात्मक प्रबन्धन की प्रक्रिया कितनी सफल हो सकती है? और उनके अपने अन्तर्विरोधों का समाहार नये साझा प्रबन्धन में किस तरह से किया जा सकता है? इस खुले वैकल्पिक खेल की अपनी समस्याएँ क्या हैं, इस पर विचार किया जाना चाहिए।

इसी तरह इस चुनाव के बदले मिजाज के अन्य कारकों के बारे में जाने बिना यह नहीं जाना जा सकता कि अगर विचारधारात्मक प्रतिबद्धता की जगह व्यवहारवादी बुद्धि प्राथमिक रहती है तो जो तदर्थता का प्रबन्धन हो सकता है, उसकी कीमत क्या हो सकती है?

यहीं विखण्डन की राजनीतिक क्रिया ने राजनीतिक राष्ट्रवादी सैद्धान्तिकी के लिए मुसीबत खड़ी कर दी है। राष्ट्रवादी थिंक टैंक अवाक् हैं।

इस उत्तर-आधुनिक विखण्डन (फ्रेग्मेण्टेशन) में अब तक के परिचित 'राष्ट्रीय बरक्स' क्षेत्रीय विलोम की एक मुसीबत यह है कि इस तरह के सोचने वाले राष्ट्रीयता को विचारधारा और स्थिरता से और क्षेत्रीयता को विचारधारा विहीनता और अस्थिरता से जोड़ते हैं। 'अस्थिरता की कीमत जनता को देनी होती है' ऐसा कहकर डराते भी हैं। यह राष्ट्रवाद की हताशा है, जो दो बड़े दलों में दिखायी पड़ती है।

तो भी एक कुछ दृढ़मति सरकार हर बार चाहिए और उन दिनों में तो चाहिए ही जब पड़ोस में जनतंत्र का लोप हो रहा हो और इस्लामी तालिबान दरवाजे तक आ रहे हों और हिन्दू तालिबान सड़क पर साम्राज्य बनाने के लिए मचल रहे हों।

इसलिए इस सवाल का जवाब तो सोचना ही होगा कि अखिल भारतीय स्तर पर जगह-जगह स्थानीय दलों और क्षत्रपों की अलग-अलग दावेदारियाँ इतनी तेजी से और इतनी तीखेपन से क्यों दरपेश हुईं? क्या इसका कारण मन्दी है? या

सत्तात्मक विमर्श की आवारगी है, लापरवाही है, जो जवाबदेही से मुक्त हो चला है? यह भी हमदर्दी से समझा जाना चाहिए कि सत्तात्मक दावेदारियाँ सिर्फ चुनाव बाद हिसाब-किताब करने तक सीमित रह सकती हैं या इनमें कोई टिकाऊ 'सहितभाव' सम्भव है? यानी केन्द्र में क्या तीसरा मोर्चा या चौथा मोर्चा कोई टिकाऊ प्रशासनिक 'तंत्र' दे सकते हैं।

सब कहते हैं कि इसका जवाब इस बात से तय होगा कि सबसे बड़ा दल बनकर कौन उभरता है और किसे पहले सरकार बनाने के लिए बुलाया जाता है। इस प्रक्रिया में सब छोटे दल अपने मोर्चे छोड़कर उधर आ मिलेंगे जिधर सत्ता बनती होगी। वे अपना हिस्सा लेंगे और छोटे बिरादर बनकर काम करते रहेंगे। अगले चार साल तक वे ऐसा करते रहेंगे और पाँचवें साल में इसी तरह रूठमटक्का करेंगे। फिर इतिहास दुहरता रहेगा।

कहीं विचलता का कारण कल तक ग्लोबल उछाल और अब अचानक ग्लोबल मन्दी के अनुभवों में तो नहीं है?

शायद यह एक प्रकार की केन्द्रवादी राजनीतिक सत्ता से गहन अजनबीपन की प्रक्रिया है जो अपने तीखेपन के रूप में मन्दी के दौर में घट रही है।

इनका प्रमाण 'पप्पू वर्ग' के व्यवहार से प्रकट होता है। और इसी अर्थ में वह मन्दी की मार खाये विराट पप्पू वर्ग के आचरण में झलक रहा है। तेजी के दौर में पप्पू इसलिए वोट नहीं देता था कि उसके पास और मौज-मजे के काम थे, लेकिन मन्दी के झटके ने पप्पू को बता दिया है कि मन्दी का इन्तजाम नहीं हुआ तो तेरी ऐश इशरतें गयीं।

अपने जनतंत्र का यह पप्पू हर दल में, हर शहर में, हर गाँव में मौजूद है। वह पहली बार अपने पीड़ा को अपेन क्षेत्रीय ग्लोबलता के 'भिच्चे' में महसूस कर बोल रहा है कि मुझे सब कुछ वह चाहिए जो दिल्ली में है। वही सड़क, वही बिजली, वही नौकरी और वही छोकरी जो टीवी में है, सिनेमा में है, हॉलीवुड में है। इस ग्लोबल अनुभव के बीच उसकी कामनाएँ पूरा विश्व लूटने के लिए जब तैयार हो रही थीं तो अचानक मन्दी ने चपेटा मारा और वह चकित बेचैन अपनी खोयी नौकरी, सपने और इस बीच लदे कर्ज से निपटने के लिए आकुल है। क्षेत्रीय दलों के पीछे ऐसी बेचैन आत्माएँ हैं जो कभी अंग्रेजी और कम्प्यूटर के खिलाफ बोल रही हैं, कभी रंगीन टीवी फ्री में देने की बात कर रही हैं।

इस अर्थ में यह चुनाव मंदी की मार खाए पप्पू वर्ग का चुनाव है।

27 अप्रैल, 2009

जाति का पुनर्चक्रण

'जाति' एक समस्यामूलक विचार रहा है। जाति को न मानना, जाति का विरोध या निषेध भी एक समस्याग्रस्त पद रहा है।

जनगणना में जाति-गणना के अटपटे किस्म के चुनावी-हिसाबी विचार के बाद उठे विमर्शों में भी इस अटपटेपन का भाव यथावत चला आया है। उनमें जाति की अन्तरंग समस्यामूलकता का भान कम ही दिखायी पड़ता है। राजनीतिक हिसाब के चुनावी राजनीति के सन्दर्भ ज्यादा ध्यान खींचने लगे हैं। जाति के अन्य सामाजिक सदर्भों के जिक्र कम ही आते हैं।

नित्य जीवन में सक्रिय और उद्‌घाटित होते रहने वाले जातिमूलक सांस्कृतिक सन्दर्भों का जिक्र तो आता ही नहीं दिखता, जबकि जाति इस समाज के तेज ग्लोबल दौर में हर दिन प्रेम या नये यौन सम्बन्धों की अन्तर्क्रिया में नियन्त्रण कायम करने के लिए अपनी 'पाँति' की पवित्रता और उसकी सत्ता बनाये रखने के लिए कहीं खुले रूप में और उससे भी ज्यादा कहीं चुपके-चुपके अपने ढंग की वैचारिक या नृशंस बर्बर हिंसा पर उतारू दिखती है। 'इसका सम्भव ईलाज नयी कानूनी व्यवस्था हो सकती है।' विधानवादी ऐसा सोचकर समझते हैं कि यही इसका हल है। ये सब फौरी फार्मूले हैं।

जाति की तमाम समकालीन कहानियाँ तरह-तरह के युवा क्षोभ और विद्रोहों से भरी-डरी हुई कहानियाँ हैं। ये लगातार बदलती अनियन्त्रित कहानियाँ हैं। हर कहानी जाति की श्रेणी के विचलित होने, तंग होने और उसके टूटने के डर की कहानी है। मीडिया ने इन्हें अपना प्रमुख सूचना-विषय बनाया है। मीडिया के प्रभाव के फलस्वरूप ये हमारे दैनिक विचार का विषय बन रही हैं। इनसे उठने वाली बहसें और विकल-विकट विमर्श संसदीय जाति गणना के उचक्केपन से परे बन रहे हैं, बने रहे हैं और बने रहने वाले हैं।

जाति के इस जागृत विचार ने समाज को दो भागों में बाँट दिया है। एक वे

हैं जो बचे-खुचे राष्ट्रवाद के लिए जाति की गणना को खतरनाक मानकर उसके विपक्ष में बातें कर रहे हैं। जाति का विरोध करने वाले जाति के कितने विरोधी रहे हैं, यह सवाल यहाँ व्यर्थ है। विमर्श में किसी का निजी हलफनामा पूरा तर्क नहीं बनता। जाति के विमर्श हरेक को जाति में मानते हैं। उनकी भी जाति खुली और सक्रिय कही जा सकती है, जो छत पर खड़े होकर कहते हैं कि वे जाति में नहीं हैं।

जाति गणना को चाहने वाले अपने राजनीतिक हिसाब-किताब को छिपाते नहीं हैं। उनके लिए जाति एक पुराना पवित्र चूल्हा है, जिसमें कट्टरता का ईंधन डालकर राजनीतिक सत्ता की रोटियाँ जब चाहे सेंकी जा सकती हैं। यहाँ जाति पहनी-ओढ़ी, बिछायी-खायी जाती है। कल तक कई लोग जातिलोप के जौम में आकर अपने नाम के आगे से जाति मूलक शब्द हटाकर समझते थे कि जाति इसी तरह मिटेगी, उनमें से कई अब जाति के सबसे बड़े हिमायती नजर आते हैं। यह बुरा नहीं है।

राजनीतिक सत्ता का 'माइक्रो' विचार जब-जब बनेगा और जब तक जाति की जगह कोई और श्रेणी नहीं पनपेगी तब तक जाति का बही-खाता ही हिसाब-किताब करेगा। जाति गणित बनकर जब हर पल सक्रिय होगी तो क्या होगा? इस सवाल से वे अनजान लगते हैं। उनका विचलित होते दिखना किसी दल की राजनीतिक जरूरत या नव-राष्ट्रवाद की लॉबी से प्रेरित लगता है। ऐसे लागों को पूर्वभूमण्डलीय दौर के 'राष्ट्रवादी विचार का' वादी कहा जा सकता है।

ग्लोबल समय में राष्ट्र का विचार एक संक्रमणशील और कई स्तर पर तरल-सा विचार है। इसकी प्रतिक्रिया में सामाजिक अस्थिरता के मिथ की प्रतिक्रिया में बचे-खुचे राष्ट्र विचार से चिपकने के कई लाभ हैं। राष्ट्र की पुरानी रजाई में कुछ देर को जाड़ा काटा जा सकता है। राष्ट्र की अब तक खायी जाती रोटी को लूटा-खाया जा सकता है। इसके लिए उन्हें किसी को हिसाब देने की जरूरत नहीं है।

यहाँ भी किसी अन्य नये दौर के नये राष्ट्र-विचार की जगह या तो 'कट्टर हिन्दू राष्ट्रवाद' का विचार अपनी दुकान लगा रहा है या फिर दूसरे विश्वयुद्ध की वहशी परिणतियों को आमन्त्रित कर अपनी अन्धता में अपने आप भस्म हो चुके यूरोपीय किस्म के 'सोशलिस्ट इंटरनेशनल' के 'कट्टर राष्ट्रवाद' का विचार दाढ़ी खुजला रहा है।

अपनी राजनीतिक बहसों में इस तरह के जाति लालच के अनुलोमी या

विलोमी विमर्श होते रहे हैं। हमारी दैनिक राजनीति इस जाति हिसाब को कभी अपने से अलहदा नहीं कर पायी है। पहले वह राष्ट्र के विकास के नारे के नीचे दबी थी, अब ग्लोबल पूँजी के बहाव की लूट के संजालों में राष्ट्र का विचार ज्यों-ज्यों नरम और ढीला हुआ है, उसकी 'आवाज दो हम एक हैं' वाली पकड़ के नीचे कुछ देर के लिए अक्रिय से हो गये 'धर्म' और 'जाति' के विमर्श मुखरित हो रहे हैं।

समाजशास्त्रों में ऐसी श्रेणियों के बारे में विचार चलता ही रहता है, हर दिन की खबरों में जाति आती-जाती रहती है। हर अर्जी में आरक्षण की श्रेणी भरते वक्त हर बार हर किसी को कुछ देर के लिए जाति याद आती ही है, भले वह किसी जाति का हो। सो, यह कहना कि जाति गायब हो गयी है, सच नहीं है। हाँ, जाति परिचित विस्मृति से स्मृति में आ रही है।

जाति के कितने नित्य सामाजिक स्तर हैं, कितने जटिल संक्रमण हैं, कितने संवाद हैं, कितने विमर्श हैं, इसका संज्ञान कम ही विमर्शकार ले रहे हैं। जाति के पक्ष या विपक्ष में चलने वाली बातें रोजमर्रा में बहुत से सहज उपलब्ध तत्त्वों को सक्रिय मानकर नही चलती दिखती, इसलिए पक्षी-विपक्षी पोजीशनिंग है। आपस में अन्तर्संवाद नहीं है। इस तरह सब अपने औचित्य के साथ हैं।

जाति समस्यामूलक पद रहा ही है। वर्ण से जाति में बदलते जाना, धीरे-धीरे हजारों जातियों और उपजातियों में विघटित होते जाना ऐतिहासिक-सामाजिक प्रक्रिया रही है, जिसकी आर्थिक और राजनीतिक वजहें रही हैं।

जाति के संग एक शब्द पांति आया करता है। 'जाति पांति पूछे नहिं कोई हरि को भजे सो हरि को होई' एक लोकोक्ति की तरह कहा-सुना जाता है। पांति, जाति की व्यवस्था करने वाला, उसे एक सामाजिक श्रेणीबद्धता देने वाला पद है। यह जाति को समाजशास्त्रीय किस्म की कोटि का दर्जा देता है। व्यवस्थाकरण का मतलब जाति की कुल हैसियत तय करना है, जो उसके आर्थिक-सामाजिक-सांस्कृतिक सकल विमर्श से तय होती है।

लेकिन जीवन की व्यवस्था करने वाली ये कोटियाँ कभी स्थिर नहीं रहतीं। तेज संक्रमण के समय में इनमें गहरी दरारें पड़ती हैं, अन्तर्कलहें होती हैं, टूट-फूट होती हैं और नये-नये विन्यास होते रहते हैं। इसी कारण पुराने चार वर्ण, अब छह हजार जातियों और दसियों हजार उपजातियों में मिलते हैं। इसका अर्थ यह भी है कि जाति के आधार-कारक कुछ और ही हैं।

समकालीन जाति विमर्श कई मायनों में नया है। यह पुराने लोहियावादी

समाजशास्त्र से कुछ अलग विचार है। इसमें अस्मितामूलक दावे नये तत्त्व के रूप में जुड़ रहे हैं। कुछ अस्मितामूलक सांस्कृतिक वर्चस्व के विमर्श सक्रिय हो रहे हैं। 'खापों' के वर्चस्व के खुले दावे ऐसे ही नये तत्त्व हैं।

जाति का विस्मरण और विलयन एक जटिल प्रक्रिया रही है। मध्यकाल में भक्ति एक ऐसा संक्रमणकारी विचार रहा, जिसने 'हरि' को केन्द्र में रखकर जातिभेद से ऊपर उठने की बातें कीं। इस विचार के केन्द्र में शंकर के अद्वैत का सामाजिक सार कहीं न कहीं सक्रिय रहा दिखता है। किसी एक केन्द्र के अधीन उसके हित के लिए; ब्राह्मणवाद के हित के लिए—अपनी जाति के भेद का विस्मरण एक टैक्टिक्स की तरह ही रहा होगा।

जाति की समकालीन रिचार्जिंग के कई कारण हैं। मौजूदा बहसें राजनीतिक कारणों ओर पहलुओं पर टिकी हैं, जबकि जाति के उपलब्ध ढाँचों से आधुनिक शहरी संरचना, संस्कृति और उत्तर-आधुनिक सांस्कृतिक प्रक्रियाएँ और स्पेस के विमर्श टकरा रहे हैं। जाति विलयन के विचार जाति के आगे समर्पण कर चुके हैं। सिर्फ नयी ग्लोबल पूँजी के मुक्तप्रवाह से उत्पन्न आजादी की नयी कामनाएँ जाति की कट्टरता से टकराकर उसे समस्याग्रस्त बना रही हैं।

मध्यकाल में भक्ति संस्कृति ने जाति की कट्टरता से कुछ बच सकने के स्पेस बनाये थे। इन दिनों यह काम 'प्रेम विवाह' और घर से भागकर की जाती शादियाँ कर रही हैं। गाँवों तक पहुँचते उपभोक्ता ब्राण्ड, फिल्में, फिल्मी गाने, फैशन शोज, रीयलिटी शो, मोबाइल, मल्टीप्लेक्स, मॉल्स, तेज गाड़ियाँ, मोटर साइकिलें और सूचना क्रान्ति के अन्य उपादान—इण्टरनेट, सोशल नेटवर्किंग साइट्स आदि ने जाति के भीतर प्रायः बन्द रह गये गाँवों-कस्बों को महानगरों के निम्न मध्यवर्गीय बच्चों को मुक्त सुखी जीवन की कामनाएँ दी हैं।

ये कामनाएँ बड़े-बूढ़ों को एक ओर ललचाती हैं, दूसरी ओर तंग करती हैं। बच्चे डिकण्ट्रोल हुए जाते हैं। बड़े-बूढ़े कण्ट्रोल सख्त करते जाते हैं। खाप का हिंसक हस्तक्षेप इसी का परिणाम है। नियन्त्रण से बाहर जाते अपने पुत्र-पुत्रियों को वे जब अपने नियन्त्रण में नहीं ला पाते तो दिल पर पत्थर रखकर हत्या के फतवे देने लगते हैं। यह आसपास के तेज परिवर्तनों के साथ जाति के मिथक से कदमताल न कर पाने की प्रतिक्रिया है। हर प्रतिक्रिया में जाति थोड़ी देर के लिए पुनर्चक्रित हो जाती है। जाति नये पूँजीवाद के ग्लोबल स्पेस में फँसी है। यह मध्यकाल से भिन्न स्थिति है। भक्ति में मौजूद रहा प्रेम का निहित तत्त्व अब खुला हुआ है। मध्यकालीन किस्म के प्रेम में कथित धर्म और आध्यात्मिकता का

तत्त्व बिखर गया है। प्रेम अब एक निजी उपभोग है, जो प्रेमियों को किंचित बलशाली बनाता है। हालाँकि जाति के तंत्र के बल के मुकाबले वह काफी निरीह दिखता है।

पिछड़े इलाकों में प्रेम का तत्त्व स्थानीयतावाद और जातिवाद का निषेध करता है और जाति के विलयन-विस्मरण के नये प्रस्ताव देता है, जिन्हें सहेजने के लिए मीडिया के स्पेस के अलावा और कोई सुरक्षित पब्लिक स्पेस नहीं है। स्कूल-कॉलेज-विश्वविद्यालय कार्यस्थल यात्रा आदि में जाति कितनी देर याद आती है। शायद एक बार भी नहीं। लेकिन परम्परागत शादी-ब्याह में जाति-गोत्र सक्रिय कर दिये जाते हैं, जिनमें नये युवक-युवतियों को चयन की आजादी नहीं मिलती। नये जमाने ने उन्हें चयन की आजादी सिखायी है। यही प्रेम का नया उत्तर-आधुनिक्र तत्त्व है, जो अपनी प्रतिक्रिया में जाति के अस्मितावाद को जगा देता है।

जाति की रिचार्जिंग एक प्रतिक्रिया है। इसका अर्थ है कि जाति नये सांस्कृतिक संक्रमण के लिए तैयार नहीं है। यह हमारी हिन्दी फिल्मों में न जाने कब से रिपोर्ट हो रहा है। किसी वक्त में हर फिल्म में कम से कम एक बुजुर्ग आदमी कहता था 'ये शादी नहीं हो सकती'। अब बच्चे यह कहने का भी मौका नहीं दे रहे। न देने वाले हैं।

ग्लोबल विकास के लालच से लबालब, दहेज में कारें, टीवी, मोबाइल के मारे लोग समझते हैं कि जाति उनके हुक्के में रहती है। उनकी देखादेखी कुछ नयी उम्र के बच्चे भी जाति को एक मिथकीय जादुई छड़ी समझते हैं, जिसमें ताकत रहती है। लेकिन बहुत जल्द समझ जाएँगे कि जाति के भीतर की गति बेहद संकुल है, संकरी है, जिसमें मुक्ति होती तो जाति न टूटती, न ढीली होती। जाति के कुएँ में घुसते ही समाजीकरण और विवाह के सारे विकल्प कमतर और महँगे होते जाते हैं। नये जमाने में नये लोग कमतर पर समझौते करेंगे, इसमें शक है।

जातिवादियों को इक्कीसवीं सदी के गणित को समझना होगा। राष्ट्रवादियों को भी राष्ट्र की सीमाओं के विगलन को समझना होगा। जाति का विगलन इसी का विस्तार है। यह होना है। तैयार रहें।

9 जुलाई 2010

गिरते बाजार, बढ़ता प्रतिक्रियावाद

एक ओर दुनिया के बाजार तेजी से गिर रहे हैं, दूसरी ओर विश्व में नये तरह का प्रतिक्रियावाद बढ़ रहा है। विश्लेषक और चिन्तक बाजार के संकट पर तो ध्यान दे रहे हैं, लेकिन उस प्रतिक्रियावाद की ओर उनका ध्यान नहीं है, जो हर तरफ सिर उठा रहा है। फिलहाल यह देखना तो बाकी है कि बाजारों को राज्य का सहारा देकर अर्थव्यवस्थाओं को स्थिर करने के विचार को वहन करने वाला जॉन मेनार्ड कीनेस का मॉडल कितना कारगर रहेगा, लेकिन नव्य प्रतिक्रियावाद से लड़ने वाले विचार गायब-से हैं। या अगर कहीं हैं, तो उन्हें नव्य प्रतिक्रियावाद से अलग करना मुश्किल हो रहा है।

कार्ल मार्क्स ने कहा था कि ज्यों-ज्यों मनी मार्केट रीयल इकॉनमी से अलग होते जाएँगे, संकट बढ़ता जाएगा और पूँजीवादी उथल-पुथल बढ़ेगी तथा पूँजीवाद अपनी मौत की ओर बढ़ेगा। पूँजीवाद की कमजोर कड़ी टूटेगी और क्रान्ति होगी। लेकिन उस क्रान्ति के चिह्न दूर-दूर तक नहीं दिखते। उल्टे समाजवाद संकटग्रस्त हो चुका है। इस महाशून्य में कुछ हरकत करते जो संकेत दिखते हैं वे 'नव्य प्रतिक्रियावादी' हैं। वे भूमण्डलीकरण की प्रक्रिया में उतने ही प्रसारित और संगठनकारी हैं जितने कि औद्योगिक क्रान्ति के दौर में सुधारवादी और उनके बरक्स 'प्रतिक्रियावादी' रहे। प्रतिक्रियावाद हमेशा पूँजीवाद के 'प्रगतिशील' रोल के खिलाफ प्रतिक्रिया करते हुए मशीनीकरण और शहरीकरण के विरोध में रहा। इसकी जड़ें ग्रामीण कृषि से जुड़ी जमीन से बँधी स्थिरता में रहीं। सामन्तीय जमींदारी के समय में 'गाँव बरक्स शहर' का टकराव होना ही था और इतिहास गवाह है कि हर समाज में शहरीकरण की प्रक्रिया इस टकराहट के बाद आगे बढ़ी। गाँव बने रहे, मगर उन्हें बदलकर रहना पड़ा।

अब, जबकि विश्व व्यवस्था, यहाँ तक चीन की व्यवस्था तक विश्व बाजार से जुड़ी है और सारे बाजार गिरावट के दौर में हैं, तब एक विश्व संकट मुँह बाये खड़ा

दिखता है। इससे निजात दिलाने के लिए जो 'नव्य प्रतिक्रियावादी' विचार हैं, वे लादेन के 'मूल इस्लामी उत्थान' से लेकर 'मूल हिन्दूत्ववादी', 'मूल ईसाईवादी', 'मूल यहूदीवादी' और अब 'मूल बुद्धवादी' उत्थान मूलक विचारों के नये बनते इलाके हैं। लैटिन अमेरिका में बने कुछ विकल्प मूलतः राष्ट्रवादी सोशल डेमोक्रेसी हैं, जो खुद इस संकट से महफूज नहीं रह सकतीं। इससे नये अन्तर्विरोध बन रहे हैं। इन अन्तर्विरोधों के जंजाल में पूँजीवादी विचार के अलावा कोई बड़ा केन्द्रीय विचार नजर नहीं आता। यह एक समकालीन सकल उत्तर आधुनिक अवस्था है और उससे टकराते हुए 'नव्य प्रतिक्रियावादी' है।

बहरहाल, बाजार के डिप्रेशन की तरह विचारों का डिप्रेशन भी है और वह भी नव्य प्रतिक्रियावाद को ताकत देता है। इसे हर जगह देखा जा सकता है। बुश के विचार किसी भी कैथलिक तत्त्ववादी के विचारों की तरह रहे हैं। ग्यारह सितम्बर (9/11) की घटना के बाद उनके 'इविल एम्पायर' में समाजवाद की जगह इस्लाम आ गया। ओबामा के विचारों में उनका चर्च संग चलता रहता है। और अब तो अपने हनुमान जी भी उन्हें सहारा देने पहुँचा दिये गये हैं।

एक दिलचस्प विलोम धर्म और आधुनिकीकरण के बीच उभरा है—यह उत्तर औद्योगिक दौर में देखा जा सकता है। इसे प्रतिक्रियावाद का दूसरा बड़ा चरण कहा जा सकता है। इसमें कई नवीनताएँ हैं। इसका उत्स पूँजीवादी जनतान्त्रिक क्रान्ति के अधूरेपन में है। इस परिप्रेक्ष्य में अपने बाजार, अपनी मन्दी और अपने औद्योगीकरण और उसके प्रति दी जा रही प्रतिक्रियाओं से बनते-बिगड़ते परिदृश्य को टटोला जा सकता है। साथ ही एक बड़े उदाहरण के रूप में 'विकास की ख्वाहिशों' और 'नव्य प्रतिक्रियावाद' के बीच टाटा के नैनो उद्यम के ट्रीटमेण्ट को पढ़ा जा सकता है।

नैनो के कई पाठ हैं। एक पाठ टाटा का है। इस उत्तर-फोर्डवादी समय में वह उनका भारतीय मिडल क्लास के लिए भारतीय फोर्डवादी सपना है। दूसरा पाठ पश्चिम बंगाल के सीएम और सीपीएम का है। यह उत्तर-औद्योगिक युग में नव उदारवादी पूँजी के जरिये रोजगार बढ़ाने, विकास करने का सपना रहा, जिसे सीपीएम ने अपने प्रिय 'पीपल्स डेमोक्रेटिक' नक्शे में थोड़ी झिझक के साथ पढ़ा। बुद्धदेव टाटा के साथ 'इजारेदार पूँजीवादी चेंज' के ऑइकान बने, पूँजी को लेकर उनकी झिझक टूटी और टाटा इस टूट की आश्वस्ति के बाद ही वहाँ से गये। उन्हें उम्मीद थी कि एक संगठित मजदूर वर्ग 'पक्के बारगेनिंग' के नियम से चलेगा, औद्योगिक शान्ति रहेगी।

लेकिन बुद्धदेव का सपना फलीभूत नहीं हुआ, उसे ममता ने भंग कर दिया। उसे कुछ एनजीओ और कुछ अतिवादी वामपन्थी समूहों ने छीनकर बिगाड़ दिया। नाम किसानों का लिया गया, बात बेहतर मुआवजे की चलायी गयी, 'नव्य किसान पूँजीवाद' का नारा चला दिया गया। नतीजतन अपने ही निजाम में सम्पन्न बनाये गये किसान सीपीएम की बात सुनने को उत्सुक नहीं रहे। ग्लोबलाइजेशन के दौर में उनकी जमीन के कल्पित बढ़े स्पर्धात्मक दाम उनके लालच-विचार बनते रहे। ममता को सीपीएम से हिसाब चुकता करने के लिए टाटा नहीं, किसान चाहिए थे। किसानों के बच्चों को रोजगार चाहिए था।

इसके बाद विकास का एक मॉडल वह है, जिसमें मोदी का पाठ और परचम लहराता है। उसमें एक कट्टरतावाद, निरंकुश प्रशासनिकता, जनतंत्र और मानवाधिकारवाद के प्रति बेपरवाह नजरिया और जमीन तथा औधोगिक शान्ति की गारण्टी नजर आती है। इसके भी कई उप-पाठ पढ़े जा सकते हैं : मसलन पुराने 'हिन्दू ग्रोथ रेट' से बेहतर नव्य हिन्दूत्ववादी ग्रोथ रेट दे सकने वाले मोदी का पाठ। उदार प्रगतिशील वाम विचार के मुकाबले तत्त्ववाद से भरपूर हिन्दूत्वाद के साथ विकास की भागीदारी। बेहद प्रतिक्रियावादी विचार के साथ विकास के अग्र विचार इसी तरह दिख रहे हैं। एक विचार की पराजय दूसरे की जय की तरह दिखती है। और नव्य प्रतिक्रियावाद की जय सी दिखती है।

मन्दी के इस आसन्न समय में रोजगार और विकास यदि सपना भर नहीं हैं, तो उन्हें मन्दी से उबरने का विकल्प मानना चाहिए। सीपीएम यही मानकर टाटा को ला रही थी, पर ममता ने उसे रोक दिया और मोदी की ओर धकेल दिया। इस मन्दी के दौर में ममता से मोदी तक का मॉडल विकास के 'नव्य प्रतिक्रियावादी' मॉडल की तरह है।

माओवाद की शक्ति और सीमा

माओवादियों की पिछली कुछ बड़ी चर्चित कार्रवाइयाँ उनकी नयी राजनीति और कार्यनीति की पारिभाषिक पदावली की तरह पढ़ी जा सकती हैं।

नन्दीग्राम प्रकरण में जो भी एक्शन रहे उनमें माओवादी भले प्रमुख भूमिका में रहे हों, लेकिन उनके साथ अन्य संगठन भी रहे जिनमें तृणमूल कांग्रेस उनके आजू-बाजू रही और माकपा विरोधी अन्य समूह भी सक्रिय रहे। मार्क्सवादी नीत वाम मोर्चे के सुदीर्घ शासन-प्रशासन और राजनीतिक शैली से ऊबे, असन्तुष्ट, उसकी परिधि से बाहर छिटक आये तत्त्वों ने वाम मोर्चा विरोधी एक व्यापक जनाधार बनाया, जिसके शीर्ष पर तृणमूल कांग्रेस रही। न सिंगूर का संघर्ष अकेले टीएमसी का था, न नन्दीग्राम का 'संघर्ष' अकेले माओवादियों का! नंदीग्राम में केन्द्र और राज्य सरकार ने जो एक्शन किया, उसका प्रमुख निशाना माओवादी ही रहे। कारण कि वे उस सबके अगुआ रहे, तृणमूल भी उनके साथ रही। लेकिन जमीनी कब्जे की लड़ाई में सबसे ज्यादा आक्रामक भी वही रहे।

माओवादियों और माकपा के बीच वैचारिक और आमने-सामने का टकराव नया नहीं है। इसका इतिहास, तृणमूल की मार्क्सवादियों के प्रति घृणा के मौजूदा रूप के मुकाबले बहुत पुराना है। उन्नीस सौ सड़सठ से अब तक देखें तो स्पष्ट नजर आता है कि शुरू से ही पश्चिम बंगाल में माओवादियों की रणनीति वाम मोर्चे की जगह माकपा को मुख्य निशाना बनाने की रही है। उन्नीस सौ सड़सठ में नक्सलबाड़ी 'किसान विद्रोह' के जन्म से ही हिंसक संघर्षों में माकपा कार्यकर्ता निशाना बने।

इसकी प्रतिक्रिया में माकपा भी हिंसक संघर्ष में उतरी। इतिहास गवाह है कि बहुत जल्द तत्कालीन कांग्रेस भी माकपा को अपना लक्ष्य बनाने लगी। यह सच है कि तब माकपा को काफी क्षति उठानी पड़ी। लेकिन नक्सलों के 'चीन का चेयरमैन हमारा चेयरमैन' छाप माओवाद और चीनी लाइन के खिलाफ या सोवियत

लाइन के खिलाफ मार्क्सवादी कम्युनिस्ट पार्टी अन्दर-बाहर सतत वैचारिक संघर्ष चलाकर अपनी अलग पहचान बनाने में कामयाब रही।

आपातकाल और उसके बाद इन्दिरा गाँधी के विरोध की लहर में मार्क्सवादी कम्युनिस्ट पार्टी और उसके नेतृत्व में वाम मोर्चा विकल्प के रूप में सामने आया। तब से अब तक वाम मोर्चे का और उसमें भी मुख्यतः माकपा का वर्चस्व बना रहा। लेकिन उसकी वैचारिक संघर्ष की क्षमता छीजती रही। संगठन क्षमता भी कमजोर होती गयी। अपनी बढ़ती जड़ता और वर्तमान में प्रशासनिक-राजनीतिक-वैचारिक किंकर्तव्यविमूढ़ता के कारण माकपा लगातार अपने जनाधार से अलग-थलग पड़ती गयी। और अब हालात ये हैं कि मार खाकर भी उसे समाज की हमदर्दी नहीं मिलती!

हमदर्दी, इस संचार युग में बहुत महत्त्वपूर्ण तत्त्व है। अगर वह किसी एक्शन या किसी विचार के लोकप्रिय होने का पैमाना मानी जाए तो इस वक्त अपनी हिंसात्मक कार्रवाइयों के बावजूद माओवादी मध्यवर्ग में पढ़े-लिखे तबकों में एक हद तक हमदर्दी बटोरने में कामयाब-से लगते हैं। मार्क्सवादी लगातार रक्षात्मक नजर आते हैं। उनके प्रति-आक्रमण ममता के बरक्स खर्च हो जाते हैं, लेकिन माओवादियों की ओर पूरी तीक्ष्णता से धावित नहीं दिखते। माकपा कहती है कि वह माओवादियों से वैचारिक-राजनीतिक संघर्ष का रास्ता चुनेगी, लेकिन इस दिशा में अभी तक कुछ भी हासिल नजर नहीं आता।

इसके बरक्स माओवादियों की पिछले दिनों की दो-तीन बड़ी कार्रवाइयाँ देखना-पढ़ना दिलचस्प है। इनमें इन दिनों के माओवाद के लक्षण प्रकट होते हैं जो कुछ नेपाली माओवादियों की रणनीति से मिलते-जुलते लगते हैं, साथ ही जिनमें माओ की लाल सेना की लांग मार्च के पुराने रूमान भरे भुला दिये गये छायाचित्र भी पढ़े जा सकते हैं। लेकिन इसके साथ ही बहुत कुछ ऐसा है जो माओवादियों का भारतीय संस्करण भी बनाता है और जाहिर है कि यहीं उनकी शक्ति और सीमाएँ पहचानी जा सकती हैं। यह माओवाद का हमदर्दीवाद है।

रूमानी क्रान्तिकारिता की मार्क्सवादी आन्दोलनों में लम्बी परम्परा रही है। यह क्रान्ति से पहले रूस में भी रही, जिसे देखकर लेनिन ने इसे एक 'बचकाना मर्ज' तक कहा। रूमानी क्रान्तिकारिता की उप-लहर बनी रही और कम्युनिस्टों के बीच बहस का मुद्दा बनती रही।

'उत्तर सोवियत काल' में और 'उत्तर चीनी समाजवाद' के इस नव उदारवादी या 'लेट कैपीटलिज्म' के दौर में यह रूमानियत एक पॉपुलर व्यवहार भी बनी है।

नव उदारवाद के वातावरण में 'ऑफिसियल' मानी जाने वाली बड़ी पार्टियों तक में इस रूमानियत ने जगह बनायी है। लातिन अमेरिका में कुछ देशों में वामपन्थियों के चुनाव जीतने को कम्युनिस्टों के बीच कुछ इस तरह देखा-दिखाया गया मानो साम्राज्यवाद की कब्र खुद गयी हो और अमेरिका 'अब गिरा, अब गिरा' और नया समाजवाद 'अब आया, अब आया' होने वाला हो! हिन्दुस्तान की कम्युनिस्ट पार्टियों ने वेनेजुएला से लेकर चिली तक में एक आशा की किरण देख डाली। अपने ही उजाड़ के बियाबान में हारे बैठे को कहीं एक घास का कुल्ला नजर आ जाए तो वह उसे हरियाली का नया महाकाव्य मान सकता है! किसी का महास्वप्न टूट गया हो तो सपने की झाँई झप्पी भी पूरी फिल्म लगती है।

यह स्वप्निलता की रूमानियत का आनन्द है। लेकिन स्वप्निलता इस घोर पूँजीवादी भूमण्डल में कोई वैकल्पिक मुकम्मल विचार तो नहीं बन सकती। कम से कम मार्क्सवाद का इतिहास ऐसी नसीहत नहीं देता कि आप अपने पसन्दीदा एक फूल को स्वर्ग समझ बैठें। अगर समझते हैं तो आप बुर्जुआ छलना में हैं।

इसी तरह विश्व-पूँजीवाद के अचानक मन्दी की चपेट में आ जाने को लेकर भी यही उतावली रूमानियत देखी गयी। कम्युनिस्ट कहने लगे : देखा, हमने कहा था न! अब अमेरिका नहीं बच पायेगा। पूँजीवाद नहीं बच पायेगा। लेकिन जैसा कि स्पष्ट है कि इस संकट की वजह से पूँजीवादी दुनिया की कोई 'कमजोर कड़ी' नहीं टूटी यानी किसी देश में कहीं समाजवादी क्रान्ति नहीं हुई।

ऐसे 'संकटग्रस्त' और 'क्रान्तिविरही' समय में अनेक लोग अपने ढंग के नये किस्म के समाजवाद का सपना देखने वाले हो सकते हैं। माओवादियों को अगर आतंकवादी न कहकर थोड़ी देर के लिए ऐसा ही रूमानी क्रान्तिकारी मानकर चला जाए और उनकी सुविधा के लिए उनके माओ के देशज भजन को चीन से ज्यादा उनका अपनी जरूरत का माना जाए तो उनका बेहतर परिचय मिल सकता है।

इस प्रसंग में समकालीन माओवादी विमर्श की अन्तरंग ताकत और कमजोरियों को समझना जरूरी है।

शुद्ध व्यवहारवादी, गैर-रूमानी जमाने की प्रतिक्रिया में माओवादियों के हमदर्दों की उनके प्रति रूमानियत के महत्त्व और उसके आकर्षण की अनदेखी नहीं की जा सकती। 'लिबरल' होने का सुख चाहने वाले खाते-पीते मध्यवर्ग के एनजीओ भाव के बुद्धिजीवियों के 'हमदर्द' हुए दिल में अपराध-बोध से प्रेरित रूमानियत भरे पवित्र-पवित्र से, प्रश्नहीन किस्म के महिमामय भाव की पड़ताल तभी की जा सकती है। माओवाद का मजबूत भाव-कवच 'इस कायर समय में' उसका पूर्व

प्राप्त 'क्रान्तिकारी प्रभामण्डल' है। अगर उन्हें 'आतंकवादी' कहा गया है तो भी 'अलग किस्म का' कहा गया है। यह बिन्दु महत्त्वपूर्ण है। आदिवासियों, गरीब किसानों के हितों को बुर्जुआ कानून, संसदीयता और वैधानिक दुष्टताओं से मुक्त कर माओवादियों की सीधे न्याय देने की राजनीतिक प्रक्रिया से अर्जित ताकत उपेक्षणीय नहीं है।

ताकत द्वारा उत्कोचित संसदीयता और कोर्ट-कचहरियाँ आम जनों में जिस निराशा और गहरी अजनबियत को पैदा करती हैं, निम्नवर्गीय जनता की हताशाएँ नये एक्शन भरे विमर्श के जरिये ही किसी हद तक दूर की जा सकती हैं। दूर न भी की जा सकें लेकिन दूर कर सकने का भरोसा दिया जा सकता है। जिसका भरोसा लगातार तोड़ा गया हो और सिस्टम की जड़ता से टूट गया हो, उसे भरोसा देना कि 'न्याय अब भी सम्भव है' छोटी बात नहीं। माओवादियों की 'नैतिक वैधता' यहीं कहीं आकार लेती है।

माओवादियों का तुरन्ता नक्शा सरकार-बाधित न्याय को अपने ढंग से देने के जरिये जनता में एक समान्तर व्यवस्था लाने का है जो वंचितों में आशा का भाव जगाता है। यही माओवादियों की वह सीमा है जो कालान्तर में उन्हें अन्ततः एक और समझदार कम्युनिस्ट पार्टी में बदल दे सकती है। समान्तर कंगारू कोर्ट बिठा कर तुरन्ता न्याय देना, सहकारिता के जरिये शिक्षा, इलाज-व्यवस्था करना, राशन व्यवस्था करना आदि सारी क्रियाएँ आदिवासियों को प्रकारान्तर से विकास के पूँजीवादी रास्ते की ओर ही लाती हैं, चीन की पीपुल्स डेमोक्रेसी की ओर नहीं ले जातीं।

माओवादियों की असल समस्या यहीं है और इसीलिए उनके बारे में बात करते हुए बार-बार यह बात रेखांकित हुई है कि अगर विकास के फल नीचे तक पहुँचने दिये जाएँ तो माओवादियों का यह जनाधार खत्म हो सकता है।

इस पृष्ठभूमि में हम माओवादियों के एक्शनों का सार और सीमा समझ सकते हैं। उनका खेल एक्शन के जरिये जनता के बीच अपनी विशिष्ट राजनीतिक शैली की खबर देना, अपने एक्शन के टीवी सीन लायक खबर बनाकर चर्चा में आना और इस तरह अपनी राजनीतिक पहचान और विचार को प्रचारित करना है। अब तक की खबरें बताती हैं कि माओवादी अपने एक्शन, अपने विचार और सर्वोपरि अपनी छवि के प्रति मीडिया सेवी और सचेत नजर आते हैं। यह नया माओवाद है जो मीडिया की छवि निर्माण क्षमता का उसी तरह उपयोग करता है जिस तरह इस्लामी आतंकवादी समूह करते हैं।

इस क्रम में पहली बड़ी कार्रवाई पुलिस अफसर इन्दुवार की बर्बर हत्या रही। उनका गला काटकर सड़क पर दो हिस्सों में फेंक कर एक नृशंस सीन बनाया गया जो ताल ठोंककर कहता था कि माओवादी इस तरह बदला लेते हैं। इससे उनकी छवि को नुकसान हुआ। माओवादियों ने अपनी बर्बर छवि के उस व्यापक 'अस्वीकार' को और 'अरुचि' को भाँप लिया जो ऐसे सीन देख लिबरल मध्यवर्गीय लोगों में फैली।

इस बर्बर छवि का उपचार बाँसतला में राजधानी एक्सप्रेस को जंगल में रोककर ड्राइवरों को अगवा जैसा करना, फिर उन्हें बिना कुछ कहे छोड़ देना, सवारियों को उतारना, बाहर बैठाना, उन्हें पानी आदि देना, मानो जताता है कि माओवादी बर्बर नहीं हैं, मानवीय भी हैं।

मीडिया माओवादियों की दुविधा और सुविधा, दोनों है। माओवादियों के नेता किशनजी मीडिया से बात जरूर करते हैं, लेकिन मुँह पर अँगोछा डालकर कैमरों से पीठ करके। मीडिया की खबरों में रहना है, मगर सामने नहीं आना है। यानी 'साफ छुपते भी नहीं, सामने आते भी नहीं' वाली मिसाल है। इक्कीसवीं सदी के भूमिगत संगठन इसी तरह मीडिया-सेवी भूमिगतता में रहते हैं। मीडिया के साथ यह अवसरवादी सम्बन्ध सारे अन्तर्विरोध की कहानी कह देता है। वे इसी मानी में एक ही वक्त में पुराने नक्सलों से अधिक वेध्य हैं।

जाहिर है कि इस प्रक्रिया में सेनाएँ लगाना साइबरी लालच को बन्दूक से मैनेज करने जैसा बचकाना है। माओवादियों की वेध्यताएँ उनके एक्शनों में हैं। उनका मिथक बनाने की जगह उनके 'रीयलिटी शो' को समझा जाना चाहिए।

4 नवम्बर 2009

ओबामा का आना

जब ओबामा का फोन आ गया तब जाकर हमारे अंग्रेजी मीडिया के हियरे में चैन पड़ा। उपेक्षित गोपियों-सा मीडिया का विरहगान बन्द हुआ। सब सुख-चैन लौट आये।

बेचैनियों के कारण थे। ओबामा ने जीतने के फौरन बाद सबको पूछा। फोना फानी की। 'जी बीस' वालो से हलो-हाय की। और तो और, पाकिस्तान के जरदारी तक से बात की। बस न पूछा तो हमी को न पूछा! हाय। इतने दिन से अमेरिका से 'ईलू ईलू' करने के बाद क्या उससे इतनी उपेक्षा की उम्मीद की जा सकती थी?

इस 'रंग—रास' के कारण भी रहे। यहाँ ओबामा को चाहने वाले सबसे ज्यादा रहे। अमेरिका में एनआरआई तो रहे ही और देश में भी मन से एनआरआई हो रहे लोग भी दिल दिये बैठे रहे। यहाँ के लोगों से उन्हें सबसे ज्यादा तारीफें मिलीं। चुनाव के पहले दिन से ही सब उनके पक्ष में उदग्रीव होते रहे। करोड़ों ने अमेरिकी चुनाव को लाइव बताने वाले टीवी चैनल देखे। अपने ग्लोबल चैनलों ने अमेरिका में जाकर परिणामों को कवर किया और यहाँ आकर कई दिनों तक राजनीतिक फलसफे मार्का बहस की कि सोचो! अपने यहाँ कोई ओबामा क्यों नहीं हो सकता?

उन तमाम फलसफाई सवालों से भी अपने ज्ञानीजन महीनों तक जूझे जो दुनिया भर में और अमेरिका में उठे। मीडिया ने लगातार उन्हें फोकस में रखा। क्या ऐसा चमत्कार हो सकता है? गोरों के देश में कोई काला आदमी ऊपर दुनिया के एकमात्र शक्ति केन्द्र वाइट हाउस के सबसे ऊँची सीट पर बैठ सकता है? क्या गोरे लोग बैठने देंगे? जो लोग अपनी राय ओपिनियन पोलो में प्रकट नहीं कर रहे थे, क्या वे साथ आयेंगे?

इस तरह जो चुनाव पहले रिपब्लिकनों और डेमोक्रेटों के बीच महदूद हुआ करता था वह धीरे-धीरे दुनिया भर के लिए एक नस्ली विमर्श बन उठा। गोरों के

रंगभेदी विमर्श के पलट काला रंगभेदी विमर्श बन उठा और चुनाव की प्रक्रिया इस विमर्श को बनाने वाली प्रक्रिया बन उठी। यही इस चुनाव का महान् सांस्कृतिक प्रत्यय रहा, जिसका असर अमेरिकी विदेश नीति और धन सम्पदा से कहीं ज्यादा एक 'सांस्कृतिक अतिरिक्त' (कल्चरल सरप्लस) बना है जिसकी लपेट में सब आ गये हैं।

यही तो काले रंग का जादू है, जिसने सब रंगों को ढक दिया है। यह गोरे रंग के साम्राज्यी वर्चस्वकारी रंग से अलग है, यह हाशियेकृत वंचितों का है। इसमें अपने गिरमिटियाओं का रंग मिल जाता है और जब यह रहते नयी पूँजी के रंग में हम सब देश में ही गिरमिटिया हो रहे हों तो इस रंग के सामने आने से हमारे अपने मन में गोरे रंग की प्रभुता की गहरी परतों में कुछ उद्वेलन होता है और हमारा ब्यूटीक्रीमों से संचालित गोरेपन का व्यामोह झटका खाता है कि क्या काला रंग पीछा नहीं छोड़ने वाला?

एक शासक के रूप में ओबामा अन्ततः अमेरिकी वित्तीय और सामरिक पूँजी के सेवादार ही बन सकते हैं, मगर उनका काला रंग उनके व्यक्ति से बहुत अलग और एक पल में स्वायत्त होता हुआ सांस्कृतिक दबदबे की तरह उन दिमागों का पीछा करता रह सकता है जो गोरेपन को निहित मूल्यवान समझने के आदी हो चले हैं।

नस्लवादी अस्मितामूलक विमर्श इस चुनाव का वह अवदान है जो पिछले चुनाव परिणाम में न दिखा हो, मगर उसे अभी दिखना है। ओबामा का जीत के बाद का भाषण 'यस वी कैन' और 'अमेरिका कर सकता है' यों ही नहीं बन गये, उसमें सिर्फ काला जादू काम नहीं कर रहा, बल्कि ओप्राबिन फे के करोड़ों डॉलर और शोज से लेकर दुनिया के गोरे सट्टेबाज वारेन बुफट के करोड़ों डॉलर काम करते रहे हैं। यही नहीं, यह चुनाव जिस बड़ी पूँजी से लड़ा गया है, वह अब तक के अमेरिकी चुनावों में रिकार्डतोड़ रही है।

सिर्फ रिकार्ड बताते हैं कि इस चुनाव में अकेले ओबामा के पास एक अरब डॉलर का फण्ड जुड़ा, उन्होंने तीन लाख तीस हजार टीवी स्पॉट खरीदे, उनके पास इतना धन था जितना कि टीवी चैनलों के पास विज्ञापन समय नहीं था। जबकि 2004 के बुश-केरी चुनाव में दोनों ने मिलकर कुल अठासी करोड़ डॉलर के आसपास धन जुटाया था।

आँकड़े और भी दिये जा सकते हैं। छह अरब डॉलर से ज्यादा का कुल चुनाव अभियान बताता है कि हरहाल में यह चुनाव एक बड़ी पूँजी के संकट में आने पर

बड़ी पूँजी द्वारा ही अपने बचाव में एक नयी जगह बनाने की तरह था, जिसमें तीस फीसदी आबादी वाले कालों को अपनत्व महसूस हो और वे बीमार अमेरिकी गोरी पूँजी की सेवा में एक बार फिर लग सकें। और ओबामा ने अपने पहले भाषण में किसी भी देशभक्त की तरह यही कहा कि हाँ, जो शंका कर रहे थे, वे निराश हुए, अमेरिकी जनता ने जवाब दे दिया है।

परिणामों के बाद के विजय-भाषण में जब जेसी जेकसन रोये और ओप्रा बिन फे रोयी तो बहुत सारे लोगों को लगा कि कालों का आह्लाद सिसकी बन आनन्द में विह्वलता मग्न हुआ; गोरों के दिलों में कुछ अपराध बोध रोया, कुछ अचरज रोया और कुछ दबा हुआ गोरापन रोया।

यह नस्ली विमर्श ही रहा जो कि इस चुनाव में जरा गोरे रंग की पलट बजा बैठा। मगर इस काले रंग के जादू पर बड़ी पूँजी का जादू भी रहा, जिसकी सेवा में यह नियुक्त हुआ और जो हम सब इस जादू में चमत्कृत हुए, वे अचानक एक अमेरिकी नस्लवादी धोखे में आ गये कि यह एक बड़ा बदलाव है।

बड़ा बदलाव है मगर एक विमर्शात्मक बदलाव है और इसी मानी में बड़ा है वरना अपने नव उदारवादी या कहें अमेरिका परिणयी मीडिया को इतना तो इतिहास से याद कर लेना चाहिए था कि अमेरिका जब भी चुनता है एक कॉरपोरेट हित कार्यकारिणी भर चुना करता है। युग अगर बदलता है तो इसी अर्थ में बदलता है कि हर बार पूँजी अपने ही अन्तर्विरोधों में फँसकर हर बार अपने प्रपंच में पानी मिलाती है ताकि अक्षुण्ण बनी रहे।

इसलिए ओबामा की जीत एक ओर अमेरिकी रीति-नीति के नये संस्करण के लिए जीत है और अगर बाकी दुनिया के लिए कुछ है तो एक नस्ली विमर्श है जिसका स्वरूप प्रथमतः सांस्कृतिक राजनीति का है और यही राजनीति और अमेरिकी पूँजी के बीच का सबसे बड़ा अन्तार्विरोध हो सकता है कि शासक व्यक्ति दुनिया के लोगों द्वारा कुछ भेदकारी छवि में देखा जाए और पूँजी उससे अपने हरकारे का काम ले।

गोरे रंग से एकदम अलग है काला, अपना-सा लगता है। गोरा पराया लगता है। अमेरिका में काला दिखना ठीक लगता है।

पढ़े-लिखे दिमागों में जगह-जगह ओबामा-ओबामा होता रहा। और ओबामा जी ने जीतने के बाद हमें ही भुला दिया। ऐसी उभरती अर्थव्यवस्था को जो कि अमेरिका की मन्दी का इलाज कर सकती है। इसलिए अपने देश में यह महत्त्वपूर्ण लगा कि एक बार फोन आ तो जाए। बहरहाल, जब फोन आया तो मालूम पड़ा

कि अपने पीएम के पास उस दिन समय नहीं था कि बात कर सकें और जब समय मिला तो बात हो गयी।

राजनीति के ये अभी-अभी गुजरे प्रसंग हमारे सामाजिक-सांस्कृतिक विमर्श के लिए बड़े दिलचस्प लगते हैं। चूँकि यह लेखक ओबामा के चुनाव को एक बड़ी कारपोरेट सांस्कृतिक परिघटना की तरह देखता रहा है, इसलिए उसे तो यह लगता है कि राजनीति चाहे बुश की जगह ओबामा केन्द्रित हो जाए, भारत की विदेश नीति में बसने वाला एक गोपी भाव अपने संयोग-वियोग को व्यक्त करता रहता है।

वरना ऐसा तो कुछ क्या रहा कि इतना बड़ा देश एक अमेरिकी फोन के लिए तरसे? बार-बार मीडिया कहे कि हाय हमें नहीं पूछा? हमारी ओर एक नजर उठा कर तक नहीं देखा? यह गोपी भाव राजनीति के सांस्कृतिक परिदृश्य में प्रायः अनदेशा रह जाता है, लेकिन इसका पाठ अगर सांस्कृतिक उपादानों से किया जाए तो एकदम गोपी के विरह भाव की तरह पढ़ा जा सकता है।

गोपी और कृष्ण का रूपक भी एकदम सटीक बैठता है बल्कि सांगरूपक की तरह एक कदम आगे चल सकता है। ओबामा काले हैं। कृष्ण जी काले रहे ही हैं। गोपियाँ उपेक्षिताएँ गरीब ग्वालिनें रही हैं। बचपन की मुहब्बत रही है। जवान होकर कृष्ण बिसरा देते हैं, मथुरा चले जाते हैं। गोपी बिसर जाती हैं। तब गोपी दुखी होती हैं और हर पादप से पुष्प से कहती हैं कि तुम क्यों हरे हो जी, जब हम कृष्ण के वियोग में कृशकाय हो गयीं तब भी फिर-फिर पुहुप धारण करते हो बेशर्म?

ओबामा की जीत के वक्त जो दृश्य था, वह क्षोभ और तोष के बीच बनता हुआ दृश्य था। जैसे कभी न घट सकने वाला कोई पल अचानक दुर्निवार और अप्रतिहत हो उठे। एक चाहा गया चमत्कार हो उठे। यह कालों की अपने ही इतिहास के साथ सबसे बड़ी सांस्कृतिक समक्षता थी, जिसमें जेसी जेक्सन से लेकर संसार की सबसे ताकतवर दस औरतों में से शो वूमन ओप्रा विनफ्रे सिसकियाँ भरकर रो रही थीं। इस क्षुब्ध तोष के क्षण में अनेक गोरों के आँसू अपने अपराधों को गला रहे थे।

यह रंगभेद के विसर्जन का एक उदात्त पल और रंग-मिश्रण का निराला अमेरिकी क्षण था जो चार-पाँच दशक पहले सोचा तक नहीं जा सकता था। इसके साथ ही इसमें अमेरिकी समाज में अचानक बन उठे उस उत्तर-आधुनिक सांस्कृतिक मिश्रण की निर्मिति थी जिसे एक वृद्ध पूँजीजीवी समाज में एक न एक दिन

बनना ही था। क्योंकि यह एक अतिविकसित उपभोक्ता समाज में बनना ही था।

ओबामा इस उत्तर आधुनिकता के उपभोक्तामूलक और अस्मितामूलक प्रत्ययों के पूरक हैं। यही उनकी विभक्ति है जो अस्मिता में रहते हुए भी पूँजीवाद में जीने की होती है। अब उन्हें एक ओर अपने उपभोक्तामूलक समाज को गिरने से उबारना है, दूसरी ओर उन्हें अमेरिकी पूँजीवाद को भूमण्डलीकरण के दूसरे 'कोमल' चरण में ले जाना है। ओबामा का होना इसी विभक्ति का होना है। देखना यह है कि 'पूँजी से जुड़ा हृदय' अस्मिता के खण्डित चिह्न में कब तक बिना बदले रह सकता है या कि अस्मिता-भेद की तीव्रता के समय यह एकमुश्त साबुत पूँजीवाद में कब तक जी सकता है?

20 नवम्बर 2008

मुक्ति का बाजार

सबसे पॉपुलर चीज मनुष्य की 'मुक्ति' की कामना है। जिसे देखो वह मुक्ति का ग्राहक है, मोक्ष का इन्तजार करता है। इन दिनों वह किसी न किसी बाबा, आश्रम, गुरु की शरण में, उसकी लाइन में लगा है।

बन्दे के पास सब कुछ है। बिग बिजनेस है, बिग आमदनी है, बिग एम्पायर है, बिग हाउस है, बिग पउआ है। राजनीति इशारों पर नाचती है। इतना पैसा है कि घर-भर में बिखरा रहता है। सारे ऐश्वर्य हैं, ऐश हैं, बल-वैभव हैं, आराम है, सारे सुख आनन्द हैं।

फिर भी बन्दा दुखी है, तन दुखी है, उसे ठीक कराता है। मन भी दुखी है, उसे कैसे ठीक रखे? माया मोह खींचता रहता है। मोह दुख पैदा करता रहता है। आदमी सुख चाहता है, दुख से दूर रहना चाहता है। और दुख है कि उसका पीछा नहीं छोड़ता। वह इस जन्म-जन्म के बन्धन से मुक्ति चाहता है। सोचता है—धरती पर पाप बढ़ गया है। पाप उसका नहीं है, अपना पाप दिखता नहीं है। सब दूसरों का है। वही दिखता है, धरती काँप रही है। प्रलय आने वाली है, कल्कि का अवतार होने को है। रोज भविष्यवाणियाँ की जाती हैं कि इतने सन् में सारी धरती सृष्टि प्रलय की चपेट में होगी। उधर यहाँ दंगा वहाँ फसाद। हिंसा-खून, अरे भाई, नहीं रहना तेरे ऐसे संसार में। अब उठा ले भगवान्! लेकिन भगवान भी तो नहीं सुनता। मुक्ति नहीं देता। तब वह मुक्ति की तलाश में निकलता है, सामने मुक्ति का बाज़ार लहलहा रहा है।

एक बाबा कहते हैं कि तुम मुझे अपना गुरु बना लो और मेरी शरण में आ जाओ। एक कहता है कि अपने मन से माया मोह निकालो, सब कुछ ईश्वर को अर्पित कर दो और मैं उसका माध्यम हूँ, मुझे अर्पित कर दो। सब ठीक हो जाएगा। एक कहता है भजन करो, उसकी लीला का गान करो। दुख दूर होंगे, मुक्ति मिल जाएगी।

कोई तन-मन को ठीक रखने की बात करता हुआ अरबों रुपयों का बिजनेस कर डालता है। कोई दुनिया भर में धर्म का डंका बजा देता है, ध्वजा फहरा देता है।

सुखी-सुखी आदमी उससे मुक्ति पैकेज चाहता है, पैकेज लेता है, लेकिन मुक्ति नहीं मिलती। पैसे वाला कहता है, फिर तिजोरी पर बैठ जाता है। आरती उतारकर पूजा कर प्रसाद चढ़ाकर, पर दिन की कमाई के बाद शाम को पूजा करता है। पाँच सौ करोड़ के पापों से पाँच रुपये के माध्यम से मुक्ति पाता है। पूजा प्रसाद चढ़ाने के बाद पाप हल्का हो जाता है।

उधर दूसरे हैं जो सीधे जन्नत की खोज में हैं। उनके उस्ताद कह चुके हैं कि अगर तुम इस जिहाद को करो तो तुम्हें जन्नत मिलेगी, वहाँ हूरें मिलेंगी। आदमी भरोसा कर बैठता है और कुछ भी कर गुजरता है, लेकिन मिलता कुछ नहीं है। इधर स्वर्ग की तलाश है, उधर जन्नत की और इस आइडिया को बेचने वाले बड़े सुरमा हैं। पता नहीं कब से ये पॉपुलर पुड़ियाएँ बिक रही हैं। मगर उनका पूरा लाभ किसी को नहीं मिलते देखा गया।

पॉपुलर आइटमों की लिस्ट बनाएँ तो धर्म और ईश्वर, खुदा, गॉड शायद सबसे आगे रहने वाले तत्त्व कहे जाएँगे, जो दुनिया में अनमोल कह कर दिये जाते हैं। पता नहीं कब से इनकी 'सेल' लगी है और लगी रहनी है।

भगवान् है और उसकी खोज में ज्ञानी लगे रहते हैं। उनमें बड़ा ज्ञान है। उनमें यह सेल का भाव नहीं है। सारे धर्म ईशाराधना के तरीके भिन्न बताते हैं, मगर ईश्वर की भूमिका सब में एक-सी है। ईश्वर को प्राप्त करना है तो वे मनुष्य को रास्ता बताते हैं, निजी खोज की ओर जाने को कहते हैं। वेद-उपनिषद् पुराणा या बाइबिल, कुरान जब पैदा हुए तो बाजार के लिए नहीं पैदा हुए थे। अब उनके बन्दों ने ईश्वर को उसके माध्यम धर्म ग्रन्थों को बाजार में सुपरसेल पर जगह-जगह सजा रखा है। इस तरह धर्म और ईश्वर का पवित्र विचार भी माया के बीच खड़ा कर दिया गया है। जिस माया से बचने के लिए ईश्वर ने व्यवस्था की है, उसी माया में मनुष्य ने फिर उसे डाल दिया है तो मुक्ति कैसे मिले?

मार्क्स ने धर्म को कभी अफीम कहा था। उसने धर्म को मनुष्य की पीड़ाओं का आर्तनाद भी कहा था। वह अफीम अब सुपर सेल में है और आर्तनाद भव्य दिव्य रिकॉर्ड कीर्तन, भजन बन चला है, जिनमें फिल्मी धुनों पर सब नाच-गान करते हैं।

मुक्ति का बाज़ार इस तरह अरबों-खरबों का है। भारत इस मामले में सबसे आगे है। आदमी को रोटी नहीं, मगर उसके पास एक बाबा है। वह उसी के सहारे जिये जाना चाहता है और ठगा जाता रहता है। अमीर के पास भी बहुत से सहारे हैं। वह तो खुद सुपर सेल का ओनर होता है।

धर्म हमेशा एक परम अनिवार्य भाव रहा, लेकिन उसका उपयोग सदा से ऐसा नहीं रहा। धर्म के साथ अधर्म की चर्चा रहती थी। अब धर्म और अधर्म के बीच की दीवार ढहा दी गयी। अधर्मी भी धर्मी है और कुधर्मी भी धर्मी है।

बहुत-सी ऊपरी उपभोक्ता चीजें बड़ी पॉपुलर नजर आती हैं। खान-पान, कपड़े, ब्राण्ड, गानें, फिल्में, हीरो-हीरोइनें, साजो-सामान, बड़ा मकान, ताकत सारे आइटम पॉपुलर आइटम हैं, मगर जैसा आइटम धर्म है, वैसा दूजा नहीं है और इन दिनों ज्यों-ज्यों पैसा बढ़ा है, त्यों-त्यों धर्म का ग्लैमरयुक्त सुपर आइटम बनता चला गया है और सुपर सेल पर आ गया है।

❖❖❖